Estudos sobre a Jurisdição Constitucional

Estudos sobre a Jurisdição Constitucional

VOLUME II

2018

Organização:
André Rufino do Vale
Fábio Lima Quintas

ESTUDOS SOBRE A JURISDIÇÃO CONSTITUCIONAL
VOLUME II
© Almedina, 2018
ORGANIZAÇÃO: ANDRÉ RUFINO DO VALE, FÁBIO LIMA QUINTAS
DIAGRAMAÇÃO: Almedina
DESIGN DE CAPA: FBA
ISBN: 9788584933945

Dados Internacionais de Catalogação na Publicação (CIP)
(Câmara Brasileira do Livro, SP, Brasil)

Estudos sobre a jurisdição constitucional : volume II / organização André Rufino do Vale, Fábio Lima Quintas. -- São Paulo : Almedina, 2018.

Vários autores.
Bibliografia.
ISBN 978-85-8493-394-5

Índice:
1. Direito constitucional 2. Jurisdição (Direito constitucional) I. Vale, André Rufino do. II. Quintas, Fábio Lima.

18-18725   CDU-342.5

Índices para catálogo sistemático:

1. Jurisdição constitucional : Direito constitucional 342.5

Maria Paula C. Riyuzo - Bibliotecária - CRB-8/7639

Este livro segue as regras do novo Acordo Ortográfico da Língua Portuguesa (1990).

Todos os direitos reservados. Nenhuma parte deste livro, protegido por copyright, pode ser reproduzida, armazenada ou transmitida de alguma forma ou por algum meio, seja eletrônico ou mecânico, inclusive fotocópia, gravação ou qualquer sistema de armazenagem de informações, sem a permissão expressa e por escrito da editora.

Setembro, 2018

EDITORA: Almedina Brasil
Rua José Maria Lisboa, 860, Conj.131 e 132, Jardim Paulista | 01423-001 São Paulo | Brasil
editora@almedina.com.br
www.almedina.com.br

SUMÁRIO

1. JURISDIÇÃO CONSTITUCIONAL E POLÍTICA

Soberania Popular, Representação e Jurisdição Constitucional
Thomaz H. Junqueira de A. Pereira 13

O Supremo, o Bêbado e o Equilibrista
Marcelo Casseb Continentino 21

O Congresso (das Perguntas) e o STF (das Respostas)
Rodrigo de Oliveira Kaufmann 27

A Quem Interessa Um Supremo Tribunal Federal Omisso?
Bruno Vinícius da Rós Bodart 33

Jurisdição Constitucional: Entre Sua Dignidade e Seu Fundamentalismo
Rodrigo de Oliveira Kaufmann 39

Considerações Sobre a Tradição Jurídica do *Common Law*
Sérgio Antônio Ferreira Victor 45

Perda de Mandato Parlamentar Por Força de Condenação Criminal
José Levi Mello do Amaral Júnior 51

O Embate Entre o Supremo Tribunal Federal e o Congresso Nacional: o Poder do Legislador Para Sustar Decisões do STF e a PEC 33, de 2011
Fábio Lima Quintas 59

2. SUPREMO TRIBUNAL FEDERAL: ASPECTOS HISTÓRICOS E INSTITUCIONAIS

Desafios do Novo Presidente do STF
André Rufino do Vale — 69

O Presidente do Supremo Tribunal Federal
Rodrigo de Oliveira Kaufmann — 75

Expurgos Inflacionários: Quem Joga Pelo Empate?
Jorge Octávio Lavocat Galvão — 83

Ampliação das Competências das Turmas do STF: Risco de "Superdosagem"?
Marco Túlio Reis Magalhães — 91

Presidencialismo de Coalizão e o Supremo Tribunal Federal
Sérgio Antônio Ferreira Victor — 99

Supremo Tribunal Federal: Órgão de Cúpula do Judiciário?
Carlos Bastide Horbach — 107

3. TEORIA DA CONSTITUIÇÃO E DIREITOS FUNDAMENTAIS

Restringir Manifestações Não é Inconstitucional!
Beatriz Bastide Horbach — 117

A Liberdade de Religião Precisa Ser Limitada Pelo Estado?
José S. Carvalho Filho — 123

Crescem os Debates Relacionados à Proteção Ambiental no Supremo Tribunal Federal
Marco Túlio Reis Magalhães — 131

Financiamento de Campanha Eleitoral Por Pessoa Jurídica: a Confusão Entre Direito de Voto e Influência
Eliardo Teles — 139

A Televisão Não é o Grande Eleitor Brasileiro de 2014
Rodrigo de Bittencourt Mudrovitsch 147

Concretização Cooperativa dos Direitos Fundamentais
Christine Oliveira Peter da Silva 153

4. JURISDIÇÃO CONSTITUCIONAL E ESTADO DE DIREITO

Questões Federativas Ainda Continuam Sem Resposta
Léo Ferreira Leoncy 173

Segurança Pública e a Responsabilidade do Poder Judiciário
Gilmar Ferreira Mendes 179

Definição de Multa Confiscatória na Jurisprudência do Supremo Tribunal Federal
Celso de Barros Correia Neto 189

"Princípio da Simetria": Uma Proposta de Releitura
Léo Ferreira Leoncy 197

Inconstitucionalidade dos Critérios de Rateio do Fundo de Participação dos Estados: ADI 875 e ADI 5069
Celso de Barros Correia Neto 205

5. PROCESSO CONSTITUCIONAL

A Solitária Voz de Adaucto Lucio Cardoso e o Processo Constitucional Brasileiro
Gilmar Ferreira Mendes 213

Embargos Infringentes no STF: Lições da AP 470
Ana Paula Carvalhal 221

Mandado de Segurança e o Controle Preventivo no Brasil
Eliardo Teles 227

Dados Sobre a Prática Mais Recente do Art. 52, X, da Constituição
José Levi Mello do Amaral Júnior — 239

Possibilidades e Funções da Reclamação Constitucional
Sérgio Antônio Ferreira Victor — 245

Reflexões Sobre a Possibilidade de Modulação dos Efeitos das Decisões Judiciais Proferidas Pelos Tribunais e Pelo Superior Tribunal de Justiça
Fábio Lima Quintas — 251

Supremo Tribunal Federal e Foro por Prerrogativa de Função
Luciano Felício Fuck — 259

6. INTERPRETAÇÃO E ARGUMENTAÇÃO NA JURISDIÇÃO CONSTITUCIONAL

Como a Sorte Influencia a Jurisdição Constitucional
Jorge Octávio Lavocat Galvão — 267

O STF e o Problema das Excessivas Citações Doutrinárias (Quando o Mais é Menos)
Marcelo Casseb Continentino — 271

Porque a Ponderação e a Subsunção São Inconsistentes
Lenio Luiz Streck — 277

7. JURISDIÇÃO CONSTITUCIONAL EM PERSPECTIVA COMPARADA

Cortes Constitucionais e Regimes em Transição Para a Democracia
André Rufino do Vale — 287

Corte Interamericana de Direitos Humanos Decide Pela Vinculação a Sua Jurisprudência
Ana Paula Carvalhal — 293

A Jurisdição Constitucional nos Microestados Europeus
Beatriz Bastide Horbach   299

Julgamento de Ações Afirmativas nos EUA Oferece Lições
Thomaz H. Junqueira de A. Pereira   305

A Interação Entre a Suprema Corte e a Academia
Sérgio Antônio Ferreira Victor   311

Médicos Cubanos e o Art. 4º da Constituição
Ana Paula Carvalhal   317

Jurisdição Constitucional e Política

Soberania Popular, Representação e Jurisdição Constitucional

Thomaz H. Junqueira de A. Pereira

Segundo os termos da Constituição brasileira "Todo o poder emana do povo, que o exerce por meio de representantes eleitos ou diretamente, nos termos desta Constituição" (Art. 1º, paragrafo único), proclamando, assim, três fundamentos centrais do nosso sistema político: (i) Uma vez que, todo poder emana do povo, a soberania popular é a fonte de toda autoridade normativa, inclusive da própria Constituição em que isso se estabelece; (ii) apesar da possibilidade de ser exercido diretamente, geralmente esse poder é exercido por meio de representantes que agem em seu nome; (iii) seu exercício é limitado em suas manifestações diretas e indiretas pela Constituição – cuja autoridade, como já dito em (i), emana do povo.

Mas qual a relação entre o povo-pretérito, que concretamente legitimou a promulgação da Constituição, e o povo-presente, simultaneamente limitado por ela e fonte de "todo o poder"? Qual a relação entre representantes e representados quando aqueles exercem esse poder em seu nome? Como resolver conflitos entre diferentes instituições representativas? Qual a relação entre a normatividade da Constituição e a vontade popular?

Responder a todas essas perguntas evidentemente iria além do escopo dessa breve coluna. Meu objetivo é bem mais simples: tendo tais questões como pano de fundo, e no contexto do salutar debate sobre a adequada relação entre jurisdição constitucional e legislativo, executivo e opinião pública que tem sido travado[1], gostaria de analisar os diferentes tipos de conflitos entre decisões judiciais e a vontade popular – direta ou indiretamente exercida – que se escondem por trás dos termos gerais em que essa questão por vezes é colocada, discutindo como a "vontade popular" idealizada se manifesta concretamente, e as diferentes funções possíveis da jurisdição constitucional – por vezes imaginada como verdadeira representante dessa vontade, por outras como limite ao seu exercício.

Quanto às manifestações concretas da vontade popular, em primeiro lugar, é útil considerar a existência de três "tipos ideais" de cidadãos.[2] O "cidadão-público", que dedica a maior parte de sua atenção e tempo ao acompanhamento das instituições e os debates políticos; o "cidadão-privado", que considera "política" apenas uma (normalmente se quer a mais importante) entre muitas áreas de interesse em que sua vida é dividida (dedicando maior ou menor atenção conforme o momento e tema específico e contando com a existência dos "cidadãos-públicos" para soarem o alarme se algo realmente importante estiver acontecendo); e o "indivíduo-privado"[3], que não tem nenhum interesse nos debates políticos que eventualmente estejam acontecendo. Evidentemente todos eles são "cidadãos" no sentido formal do termo, mas a importância de sua própria cidadania varia para cada um – e sistemas políticos têm suas instituições desenhadas para lidar com essa realidade, seja dando mais

---

[1] Neste mesmo espaço: Rodrigo de Oliveira Kaufman, *O Congresso das perguntas e o STF das respostas* (http://www.conjur.com.br/2013-mar-09/observatorio-constitucional-congresso-perguntas-stf-respostas); Bruno Vinícius Da Rós Bodart, *A quem interessa um Supremo Tribunal Federal omisso?* (http://www.conjur.com.br/2013-mar-10/bruno-bodart-quem-interessa-supremo-tribunal-federal-omisso); Rodrigo de Oliveira Kaufman, *Dignidade e fundamentalismo na jurisdição constitucional* (http://www.conjur.com.br/2013-mar-16/observatorio-constitucional-entre-dignidade-fundamentalismo-jurisdicao); Marcelo Casseb Continentino, *Quem deve velar na guarda da Constituição?* (http://www.conjur.com.br/2013-mar-23/observatorio-constitucional-quem-velar-guarda-constituicao).

[2] Essa tipologia (no sentido weberiano de "tipo ideal") é apresentada por Bruce Ackerman e está na base de sua diferenciação entre "política ordinária" (*normal politics*) e "política constitucional" (*constitutional politics*). Cf. Bruce Ackerman. *We the People: Foundations*. Cambridge: Harvard University Press, 1993, pp. 230-243.

[3] Ackerman usa o termo *"perfect privatist"*.

valor a opinião de uns do que de outros, seja tentando gerar maior interesse e participação popular (por exemplo, delimitando períodos eleitorais, instituindo campanhas informativas, estimulando debates políticos etc). Tal questão pode ser representada simplificadamente como o problema da "profundidade" da opinião pública.

Em segundo lugar, é fundamental ter em mente que cada cidadão possui um conjunto de opiniões políticas diversas, variando significativamente quanto à importância e à prioridade que dá a cada uma delas. Além disso, normalmente se é obrigado a tomar decisões estratégicas sobre onde depositar apoio político, considerando a viabilidade momentânea de uma causa e o fato de que movimentos, partidos e candidatos geralmente representam um bloco agregado de escolhas – com maior ou menor similitude com as suas próprias. Tais questões podem ser representadas simplificadamente como problemas do "voto agregado" e do "voto estratégico".

Em terceiro lugar, há que se considerar que as diversas instituições políticas desenhadas para representar a vontade popular podem ser compostas diferentemente quanto à forma de eleição, momento, e tempo de mandato de cada um de seus membros. Assim, por exemplo, o legislativo pode ser composto por uma ou duas câmaras, com membros eleitos a partir de eleições proporcionais ou majoritárias; o executivo pode ser composto a partir do resultado das eleições legislativas ou independentemente por meio de uma eleição majoritária (que pode ter apenas um, ou mais de um turno); e a jurisdição constitucional pode ser exercida por uma instituição composta por membros escolhidos de maneiras muito diferentes, com maior ou menor influência do legislativo, executivo e judiciário nessa decisão. Além disso, apesar de algumas dessas eleições poderem ocorrer simultaneamente, normalmente as diferenças procedimentais e de tempo de mandato levam a que algumas (se não todas) elas ocorram em diferentes períodos. Tais questões podem ser representadas simplificadamente como problemas do "desenho eleitoral" e da "momentaneidade da representação".

Temos assim, legislativo, executivo e judiciário, compostos em momentos distintos, de maneiras e por períodos diferentes, com graus variáveis de influência de um sobre a composição do outro, e com maior ou menor participação popular direta nesse processo, o qual, realisticamente, é realizado por cidadãos que têm um limite de tempo e interesse em questões políticas, e têm suas escolhas limitadas pelas opções que lhe são apresentadas.

Nesse contexto, cada uma dessas instituições, pode alçar a si mesma como representante privilegiado da soberania popular, seja conforme a sua manifestação nas eleições mais recentes, seja conforme sua manifestação na Constituição. Mas a correspondência real entre o mandato popular clamado pelos representantes políticos e a efetiva vontade do povo soberano é sempre uma questão em aberto.

Na maioria do tempo, as instituições funcionam sem qualquer conflito. Leis são promulgadas pelo legislativo, sancionadas e implementadas pelo executivo e seu cumprimento é garantido pelo judiciário sem que haja confronto entre essas decisões e a opinião popular, seja em sua manifestação atual, seja em sua manifestação constitucional. No entanto, a possibilidade de conflitos está sempre presente, e por vezes se manifesta concretamente em um caso a ser resolvido no âmbito da jurisdição constitucional.

Provocada a tomar uma decisão sobre a constitucionalidade de uma decisão de outra instituição política, a corte constitucional muitas vezes encontra uma divisão entre a opinião popular manifestada diretamente nas ruas, pesquisas de opinião e na imprensa e aquela representada pelo legislativo ou executivo. Por vezes temos, de um lado o legislativo, e de outro o executivo com apoio da opinião popular. Por outras, temos o oposto, executivo em confronto com o legislativo, o qual tem apoio da opinião popular. Outras vezes, temos executivo e legislativo em confronto com a opinião da maioria da sociedade. E, ainda em outras, temos executivo e legislativo, apoiados pela opinião popular, em confronto com um indivíduo ou minoria.

Em cada uma dessas situações, decidir sobre a constitucionalidade de uma medida significa necessariamente tomar partido em um confronto político, seja em um confronto sobre a correta interpretação da Constituição (manifestação da soberania popular), seja em um confronto sobre a permanência daquilo que foi constitucionalmente decidido frente às transformações dos fatos e opiniões ocorridas no decorrer do tempo.

Nesse quadro, há três maneiras muito diferentes de imaginar a função de uma corte constitucional em tal processo: (i) como representante privilegiado da "verdadeira" opinião popular, (ii) como mecanismo institucional de verificação do suporte político real daqueles que clamam ter um mandato para representar o povo, (iii) como limite institucional a certas escolhas políticas, independentemente de seu apoio popular substantivo.

Na primeira hipótese, imagina-se uma corte exercendo uma função "majoritária", em sintonia com a vontade coletiva, e capaz de canalizar em suas decisões demandas e opiniões populares que não são efetivamente representadas pelo legislativo e executivo, seja por deficiências no desenho do sistema, seja pelo poder de veto de uma minoria organizada, seja pela influência de grupos de influências poderosos (mesmo que não representativos). Nesse caso, diante das dificuldades relativas à manifestação concreta da vontade popular[4], a jurisdição constitucional seria considerada mais capaz de representar a vontade popular do que os poderes eleitos diretamente. Situação em que, muitas vezes, a atuação da corte é saudada pela maioria da população e da imprensa e, apesar de resistências específicas, não há grande oposição por parte dos representantes eleitos – os quais podem ficar mesmo gratos pela resolução de uma questão sobre a qual lhes seria difícil ou incômodo decidir.

Na segunda hipótese, imagina-se uma corte exercendo uma função "preservadora/verificadora". Tomando a Constituição como manifestação privilegiada da soberania popular, sua função seria a de preservar tais decisões políticas frente às outras manifestações que não tenham o mesmo grau de representatividade, exercendo o controle constitucional como uma maneira de verificar o real substrato daqueles que clamam um mandato da soberania popular. Assim, a corte não pretende representar a vontade popular atual, mas proteger a manifestação pretérita da vontade popular mobilizada, a qual seria privilegiada por não sofrer (ou sofrer em menor grau) das dificuldades de verificação concreta do apoio popular, que atos legislativos cotidianos normalmente possuem.[5]

---

[4] Especialmente aquelas geradas pelo "voto agregado", "voto estratégico", "desenho eleitoral" e "momentaneidade da representação".

[5] Diferentes Constituições podem ser mais ou menos capazes de superar os problemas do "voto agregado", "voto estratégico", "desenho eleitoral" e "momentaneidade da representação", dependendo do seu processo de elaboração e promulgação. Já quanto à questão da "profundidade" da opinião pública, a excepcionalidade do momento de elaboração constitucional tende a transformar "indivíduos-privados" em "cidadãos-privados", e "cidadãos--privados" em "cidadãos-públicos", de forma que constituições normalmente representam

Situação em que, a atuação da corte por vezes não é questionada pela população – mostrando a falta de apoio popular da medida vetada – ou, por outras, leva a uma grande mobilização política contrária à decisão – a qual pode se materializar na promulgação de nova legislação no mesmo sentido, de uma emenda constitucional, ou na paulatina substituição de membros da corte por outros em sintonia com essa vontade popular. Nesse último caso, a corte, atuando como mecanismo de verificação do apoio popular de uma medida transformadora, encontra de fato uma confirmação da decisão dos cidadãos de transformar substantivamente o sistema político.

Na terceira hipótese, imagina-se uma corte "contra-majoritária". A qual, tomando a Constituição como limite ao exercício da soberania popular, teria função de a proteger de maiorias subsequentes à sua própria promulgação. Tal concepção traz consigo a necessidade de desenvolver uma justificação teórica para essa limitação da soberania popular. Em alguns casos isso é justificado por se imaginar a Constituição como manifestação de uma vontade soberana qualitativamente superior. Em outros, isso é justificado por se fundamentar a autoridade constitucional, não na soberania popular, mas em uma filosofia específica (secular ou religiosa) que é verdadeira e digna de proteção independentemente de seu apoio majoritário. Em outros ainda, isso é justificado por a Constituição representar um pacto entre grupos distintos e antagônicos de uma sociedade, cuja preservação é a única garantia da estabilidade política e social. Independentemente de seu fundamento, nesse caso o que está em jogo não é o questionamento da capacidade do sistema político representar a vontade popular, mas uma limitação substantiva ao exercício dessa vontade majoritária, independentemente de sua real manifestação.

Cada uma dessas diferentes maneiras de imaginar o fundamento de autoridade e função da jurisdição constitucional se manifesta em teorias constitucionais, textos normativos, ideologias políticas e realidades concretas de sistemas político-jurídicos distintos. E, diante disso, qualquer discussão sobre a relação entre soberania popular, representação política e jurisdição constitucional deve, antes de mais nada, identificar

o produto de uma opinião pública excepcionalmente informada e mobilizada em torno de seus interesses.

na história política, no desenho normativo, na cultura e prática de um sistema, qual dessas imagens tem prevalência. Inegavelmente, teóricos constitucionais costumam ter suas próprias preferências e opiniões sobre qual seria a melhor maneira de se constituir essa relação, no entanto, não podem ignorar ou se sobrepor às decisões legitimamente tomadas por uma comunidade política.

O Supremo, o Bêbado e o Equilibrista

Marcelo Casseb Continentino

O direito e o tempo se relacionam intimamente[1]. A Constituição, também. Para alguns, a norma jurídica e, em especial, a norma fundamental fixariam as condições de possibilidade para realização de um diálogo diferido no tempo, no qual os autores da lei transmitem à geração futura os critérios normativos para a solução dos problemas vindouros. O direito e a Constituição, pois, possuem intrínseca historicidade, já que o transcurso do tempo oportuniza a formação de um patrimônio jurídico e cultural (não necessariamente homogêneo) sobre as formas e os critérios de decisão de uma comunidade, formando seu paradigma de justiça. Por isso, é inevitável reconhecermos que, hoje, temos "mais Constituição" do que em 1988[2], não somente porque novos dispositivos a ela foram acrescidos por inúmeras emendas constitucionais, mas sobretudo porque as decisões judiciais integram a Constituição e especificam seu conteúdo, ampliando-o e formando (ou devendo formar) um *corpus iuris constitucional*.

Isso quer dizer que o modo como cada comunidade percebe o direito, o Estado e suas instituições políticas não é estático, mas mutável e cam-

---

[1] Cf. Bretone, Mario. *Il tempo e la norma*. In: Diritto e Tempo nella Tradizione Europea. Roma-Bari: Laterza, 2004, p. 33-60.
[2] Cf. Adeodato, João Maurício. *Limites à jurisdição constitucional*. In: A Retórica Constitucional. São Paulo: Saraiva, 2009, p. 147.

biante de acordo com as circunstâncias políticas, jurídicas e sociais. Uma lei que o Poder Legislativo edite, um ato que o Executivo adote ou uma decisão que o Judiciário tome terá impacto social e na percepção com que a sociedade compreende suas próprias instituições; o grau de repercussão, entretanto, depende da natureza da decisão, da sua "transcendência" (leia-se: efeitos jurídicos, sociais, econômicos e/ou políticos), da capacidade de crítica da sociedade e assim por diante. Desnecessário dizer, por conseguinte, que – após as condenações nos casos Donadon e mensalão – a credibilidade institucional do Supremo Tribunal Federal junto à sociedade talvez tenha atingido seu índice mais alto.

No entanto, a percepção social ou imagem que a sociedade constrói sobre suas próprias instituições paulatinamente se fragmenta ou consolida-se, de acordo com as sucessivas decisões caso elas se conformem ou não com os parâmetros de justiça anteriormente definidos nas decisões passadas, formando uma tradição constitucional específica. O tempo, portanto, é um poderoso elemento na configuração da compreensão social do Estado e dos poderes políticos.

Nesse contexto, o próprio Supremo parece cambalear entre uma corte austera e vigilante na guarda da Constituição e um centro desgovernado de irradiação de decisões profusas em última instância. A crítica que a doutrina lhe tem dirigido nos últimos tempos não é desprezível (para resumir, basta lembrarmos a expressiva crítica de autores brasileiros à noção de "neoconstitucionalismo"), principalmente porque, com alguma frequência, os ministros têm pretendido vestir certos votos com a roupagem da racionalidade, da tecnicidade e da erudição a fim de legitimar suas decisões, ignorando, por assim dizer, nosso *corpus iuris constitucional*[3].

O caso do "mensalão" oferece-nos um bom exemplo, pois, a um só tempo, representaria a salvação e a perdição do Supremo. Conforme recentemente apontou Lenio Streck[4], a única coisa que justificaria a absolvição de alguns condenados no crime de formação de quadrilha, ocor-

---

[3] Já fiz crítica semelhante em texto anterior, aqui publicado. Cf. CONTINENTINO, Marcelo Casseb. *O problema das excessivas citações doutrinárias no STF*. Observatório Constitucional – CONJUR. Disponível em: http://www.conjur.com.br/2012-set-15/observatorio-constitucional-problema-citacoes-doutrinarias-stf [9 de março de 2014].

[4] Cf. STRECK, Lênio. *Eis porque abandonei o "neoconstitucionalismo"*. Senso Incomum – CONJUR. Disponível em: http://www.conjur.com.br/2014-mar-13/senso-incomum-eis-porque-abandonei-neoconstitucionalismo [8 de abril de 2014].

rida em segundo julgamento no âmbito da apreciação dos embargos infringentes, teria sido a alteração na composição da corte: saíram Cezar Peluso e Carlos Ayres, entraram Zavascki e Barroso. Em outras palavras, haveria muita subjetividade em detrimento da pouca intersubjetividade nos julgamentos da corte; logo, há muito voluntarismo e discricionariedade em detrimento da normatividade e previsibilidade nas decisões judiciais.

Decisões em casos de ampla repercussão social (*v.g.*: mensalão, "aborto de anencéfalo", ficha limpa, financiamento de campanhas etc.) provocam a imediata reação crítica da comunidade em geral. Claro, alguém dirá, o Supremo é um órgão contramajoritário que não deve levar em consideração o que a sociedade pensa tampouco ceder à pressão social, devendo julgar estritamente conforme a Constituição ainda que contrariamente à sociedade. Se isso é verdade por um lado, não podemos ignorar, por outro lado, que, em muitos casos, especialmente nos célebres "casos difíceis", para os quais a Constituição em princípio contempla mais de uma possibilidade interpretativa, a decisão do Supremo poderia redundar uma verdadeira contrariedade à vontade democrática devidamente manifestada nos termos da Constituição, formal e materialmente.

Nesse contexto, uma decisão do Supremo que vá contra as expectativas da sociedade ou de um segmento da sociedade estaria dentro das regras do jogo. Porém, seguidas decisões do Supremo nos casos difíceis, para os quais a Constituição oferece mais de uma solução jurídica viável, poriam em xeque sua credibilidade institucional e a legitimidade de sua atuação em geral[5]. Não por outra razão, Peter Häberle tem defendido na Alemanha que o Tribunal Constitucional leve em conta "a especial legitimação democrática" das leis submetidas ao processo de interpretação

---

[5] Como explica Frank Michelman em relação ao contexto norte-americano, as instituições são respeitadas mesmo quando há discordância com decisões individuais ou específicas sobre determinada matéria. A legitimidade constitucional dos poderes políticos, nesse caso, remete-se à noção mais geral de *"respect-worthy"*, isto é, porque em seu conjunto ou em sua visão global, o sistema e as instituições funcionam devida e constitucionalmente conforme com os parâmetros de justiça compartilhados pela comunidade, todos devem respeitar cada uma das decisões individualmente consideradas, inclusive aquelas que tragam prejuízos imediatos para certos grupos. Cf. MICHELMAN, Frank. *The integrity of law. Ida's way: constructing the respect-worthy governmental system*. Fordham Law Review: Vol. 72, 2004, p. 345-365.

constitucional[6]. Isto é, quando a lei for aprovada por meio de um rígido controle social e de expressiva participação da opinião pública, haveria um fator decisivo a ser considerado pela corte que provavelmente conduziria ao reconhecimento de sua validade e de sua legitimidade constitucional. Afinal, sabemos nós, a construção histórica do Estado Democrático de Direito não se operou somente sobre o pilar da Constituição mas pressupôs (e ainda pressupõe) outro de igual estatura, que é o da democracia.

Posta em xeque a credibilidade do Supremo, o que sucederia? As instituições reagem. A sociedade reage. Na Câmara dos Deputados, por exemplo, diversas Propostas de Emendas Constitucionais (PECs) estão em tramitação: PEC nº 290/2008; PEC nº 3/2011; PEC nº 33/2011; PEC nº 45/2011; PEC nº 143/2012; PEC nº 161/2012; PEC nº 227/2012; PEC nº 275/2013; PEC nº 378/2014. De uma maneira ou de outra, essas propostas pretendem tolher a intervenção do Supremo Tribunal Federal no processo político diante do suposto ativismo judicial ou da alegada intervenção judicial na esfera de competência dos poderes Executivo e Legislativo, seja pelo condicionamento da eficácia de decisões judiciais, seja pela sustação de atos normativos do Judiciário, seja pela modificação da composição da corte e/ou da forma de nomeação dos ministros, seja pela extinção da vitaliciedade dos cargos de ministro.

E aí justamente reside o problema, pois, tendo em vista uma perspectiva temporal mais estendida, facilmente perceberíamos que as atuais atribuições de competência do Supremo decorrem de um gradual processo de aprendizado institucional no bojo do qual se reconheceu que ele seria o órgão mais adequado para desempenhar legitimamente as funções de guarda da Constituição. No entanto, nem sempre foi assim, nem nada se impõe para que continue sendo obrigatoriamente adotada essa mesma fórmula institucional. Nossa história constitucional o demonstra.

Com efeito, na vigência do sistema constitucional imperial, o controle da constitucionalidade das leis foi uma competência exercida pelos Poderes Legislativo e Executivo. O que é preciso ter em mente, portanto,

---

[6] Cf. HÄBERLE, Peter. Hermenêutica constitucional. A sociedade aberta dos intérpretes da constituição: contribuição para a interpretação pluralista e procedimental da constituição. Trad. Gilmar Ferreira Mendes. Porto Alegre: Fabris, 1997, p. 44 e ss.

é que as decisões do Supremo são estrategicamente apropriadas pelos atores políticos para os mais diversos propósitos, inclusive o de seu enfraquecimento institucional, o que somente pode ser confrontado diante da atuação exemplar do próprio Supremo.

O problema é extremamente grave e delicado. Tomemos o caso da ADPF nº 54, em que se discutiu o aborto do anencéfalo. Logo após o final do julgamento, houve uma rápida mobilização de alguns parlamentares para agilizar o andamento da PEC nº 33/2011 em retaliação à decisão do Supremo; justamente a PEC nº 33, que objetiva sujeitar a eficácia de certas decisões da corte à aprovação do Congresso Nacional. Essa mesma PEC, após a decisão da AP nº 470, como sabemos, foi aprovada numa polêmica sessão da Comissão de Constituição e Justiça da Câmara (CCJ).

Nesse conturbado contexto político e institucional, o que permite antever a constitucionalidade ou inconstitucionalidade de uma PEC dessa natureza, ou sua legitimidade ou ilegitimidade, não é propriamente a Constituição, mas o *corpus iuris constitucional*. Ou seja, o critério elementar de avaliação crítica será como o Supremo Tribunal Federal vem se pautando na interpretação e na construção da Constituição ao longo do tempo. Se o desempenho de suas funções estiver em consonância com os paradigmas de justiça da Constituição e com os seus próprios precedentes a partir de uma atuação coerente e íntegra que nos autorizem ler a totalidade de sua obra como "digna de respeito", dificilmente qualquer proposta de modificação legislativa terá legitimamente algum êxito. O atual sobrestamento da PEC nº 33/2011 constitui um bom exemplo. Nesse momento, considerado o contexto de sua reativação, tal PEC importaria um atentado contra a Constituição e contra o Supremo.

Entretanto, se o Supremo apresentar-se como instância voluntarista, infensa à crítica e pretensamente investida da autoridade de dizer o que bem entender da Constituição a despeito das interpretações firmadas e consolidadas por ele próprio e também por outras cortes e partícipes da interpretação constitucional, então, nessa hipótese, ele estará a semear uma possível crise institucional e de legitimidade cujo resultado seria difícil de prever.

Por conseguinte, lançando o olhar sobre os quase dois séculos de história constitucional brasileiro, imagino existir uma espécie de lógica pendular a influenciar a compreensão sobre a organização e a estrutura das instituições políticas. Isso implica dizer que nenhum órgão ou instituição está acima do bem e do mal ou, melhor dizendo, da Constituição. Nem mesmo o Supremo Tribunal Federal, que, mais cedo ou mais, terá de prestar contas à sociedade pelo exercício do poder que exerce. O Supremo, pois, tem o mesmo destino da "Esperança", tão melodicamente cantada pelo poeta: "Dança na corda bamba de sombrinha/E em cada passo dessa linha/Pode se machucar". Convém, pois, cultivar o *corpus iuris constitucional*.

O Congresso (das Perguntas) e o STF (das Respostas)

RODRIGO DE OLIVEIRA KAUFMANN

Nos últimos meses, várias novas decisões do Supremo Tribunal Federal (STF) aumentaram o tácito acirramento existente com o Congresso Nacional. Em 07.03.2012, o plenário do Tribunal, por exemplo, por 7 votos a 2, havia declarado a nulidade formal da Lei nº 11.516/07 que criava o Instituto Chico Mendes de Conservação da Biodiversidade (ICMBio) por julgar inconstitucional o art. 6º da Resolução nº 1/2002 do Congresso Nacional (ADI nº 4.029, relator Ministro Luiz Fux). No dia seguinte, com o anúncio de que sua decisão importaria no risco de nulidade de 560 medidas provisórias que haviam sido aprovadas pelo mesmo rito julgado agora inconstitucional, o STF foi obrigado a acatar a questão de ordem do Advogado Geral da União e modular os efeitos de sua decisão, validando, as medidas provisórias até então aprovadas.

Em 17.12.2012, o Ministro Luiz Fux deferiu a liminar no MS nº 31.816 e determinou que a Mesa Diretora do Congresso Nacional se abstivesse de examinar os vetos da Presidência ao Projeto de Lei nº 2.565/2011 (acerca das regras de partilha de *royalties* pela exploração de petróleo). A decisão estabeleceu que os vetos acumulados deveriam ser analisados em ordem cronológica, antes do exame daqueles objeto do mandado de segurança. Mais uma vez, criou-se dificuldade prática com a perspectiva de o Congresso ter que analisar mais de 3.000 vetos acumulados desde 2001, pendentes de apreciação. Em 27.02.2013, o plenário do Tribunal cassou a liminar, atribuindo à decisão de apreciação cronológica dos vetos efeito *ex nunc*.

Os casos, longe de servirem como típico exemplo de aplicação do art. 27 da Lei nº 9.868/99, permitem, em realidade, ponderação acerca dos potenciais equívocos na construção da relação entre STF e Congresso. Não há dúvida de que, em ambos os casos há a presença de *"razões de segurança jurídica ou de excepcional interesse social"* para fins de modulação dos efeitos da decisão de inconstitucionalidade. Entretanto, porque houve a necessidade de se criar a celeuma política e institucional para que o Tribunal identificasse, com clareza, as dificuldades por trás dos casos? Será que há algum tipo de bloqueio na comunicação entre esferas políticas? Será que onde deveria haver diálogo e abertura, há, em realidade, distância e fechamento?

Não é a primeira vez que o STF é obrigado a se curvar às contingências práticas de decisão passada ou a rever os pressupostos de sua decisão. Caso notório ocorreu no julgamento do CC 7.204 (relator Ministro Ayres Britto, DJ 09.12.2005), quando o Tribunal alterou entendimento fixado três meses antes quando apreciou o RE nº 438.639 (relator para o acórdão Ministro Cesar Peluso, DJ 05.03.2009) acerca da competência para julgar ação de indenização por dano moral quando o fato pudesse ser classificado como acidente do trabalho.

Também não é a primeira vez que há divergências de opinião acerca da regularidade constitucional de práticas do processo legislativo ou da atuação interna do Congresso. Não é rara a declaração de inconstitucionalidade de leis e mesmo de emendas constitucionais com base no aspecto formal. Apenas para exemplificar, citem-se os emblemáticos julgamentos da ADI nº 2.135 (relatora para o acórdão Ministra Ellen Gracie, DJ 07.03.2008) e dos MSs nºs 26.441 e 24.849 (relator Ministro Celso de Mello, DJs 18.12.2009 e 29.09.2006).

Por fim, não é novidade que, em determinados casos, haja real e legítima discordância de opiniões políticas (ou interpretativas) entre STF e Congresso acerca de determinadas questões, tal como colocado, por exemplo, na atual discussão sobre a interpretação do art. 55, § 2º, da Constituição Federal, no que se refere aos mandados dos condenados na AP nº 470 (relator Ministro Joaquim Barbosa, acórdão pendente de publicação). Outros exemplos podem ser lembrados, como ocorreu entre o RE nº 153.771 (relator Ministro Moreira Alves, DJ 05.09.1997) e a EC nº 29/2000 (progressividade do IPTU com eficácia extrafiscal); entre as APs nº 313, 315 e 319 (relator Ministro Moreira Alves, DJ 09.11.2001) e ADI nº 2.797 (relator Ministro Sepúlveda Pertence, DJ 19.12.2006) e a Lei nº 10.628/2002 (competência especial por prerrogativa após o término do exercício da função pública); e as ADIns 2.626 e 2.628 (relatora para o acórdão Ministra Ellen Gracie, DJ 05.03.2004) e ADI nº 3.685 (relatora Ministra Ellen Gracie, DJ 26.09.2008) e a EC nº 52/2006 (verticalização nas eleições). Esses são também casos delicados, mas que podem e devem ser resolvidos dentro dos caminhos político-jurídicos previstos no ordenamento constitucional.

Os dois casos inicialmente citados, entretanto, na linha de outros vários, parecem sugerir distanciamento entre o julgador e o julgado, típico do desenho clássico da posição "neutra" e "imparcial" do juiz na relação triangular com as partes no processo jurisdicional. Essa compreensão do fenômeno parece indicar a equivocada noção de que, em temas polêmicos, de discussões políticas, de pleno exercício democrático das funções legiferantes do Congresso, o STF ainda aplica o velho esquema da *"lógica jurisdicional"*, da figura do onipresente *"Estado-juiz"*, como se o Parlamento fosse também seu jurisdicionado. O resultado disso é esse asséptico e ilusório distanciamento que apenas prejudica o exercício de sua real função nesse tipo de temática: seu papel de mediador, seja do ponto de vista político-institucional, seja do ponto de vista linguístico-discursivo.

Essa talvez seja o grande desafio dos próximos anos para a teoria constitucional no Brasil: reinventar-se por meio de novas análises, novos diagnósticos, novas críticas e novas propostas que sirvam para o fortalecimento da democracia e para o rearranjo institucional que aproxime poderes da República.

No período pós-Constituição de 1988 praticamos um discurso constitucional de ênfase na figura do Poder Judiciário. Não há dúvida que esse foi um bom caminho e a maior prova disso é que amadurecemos como República Federativa, evoluímos na defesa e reconhecimento de direitos e impedimos a continuidade de nossa dramática herança de golpes e rupturas constitucionais.

A Constituição de 1988 é hoje uma grata realidade protegida por um exército de constitucionalistas profissionais ou amadores que, a todo tempo, reafirmam a necessidade de sua plena vigência e a obrigação cívica de sua observância. O Poder Judiciário se tornou nesse modelo, a *sedes materiae* de defesa desses princípios.

Entretanto, a teoria constitucional é – e sempre deverá ser – um projeto inacabado, um espaço para o livre exercício das análises e hipóteses de nosso empreendimento constitucional, laboratório de nossas investigações acerca das possibilidades para o experimentalismo constitucional e institucional.

Já defendo há algum tempo o exaurimento desse modelo discursivo de primazia do Judiciário em tempos de democracia razoavelmente amadurecida[1]. Além dos graves problemas que esse desenho gera na relação serena que deve haver entre Poderes ou Instituições, tem-se ainda que conviver com o seu recrudescimento. Refiro-me ao movimento prestigiado da filosofia constitucional chamado de neoconstitucionalismo. Nas palavras de um dos seus mais nobres representantes, o Professor PRIETO SANCHÍS, "*mais princípios do que regras, mais ponderação do que subsunção, onipresença da Constituição em todas as áreas jurídicas e em todos os conflitos minimamente relevantes, em lugar de espaços isentos em favor da opção legislativa ou regulamentar; onipotência judicial em lugar da autonomia do legislador ordinário; e, por último, coexistência de uma constelação plural de valores.*"[2]

Com o prestígio desse movimento doutrinário, ampliou-se também, em todas as esferas jurídicas e jurisdicionais, esse certo preconceito, essa hesitação, essa ressalva com o trabalho legislativo que está impregnado no discurso neoconstitucionalista. O STF, como o principal fórum das questões constitucionais, também sofreu os influxos dessa corrente.

O que se discute, entretanto, é o efeito da lógica da "*onipotência judicial*" em matérias politicamente delicadas que envolvem a relação entre poderes. A primazia do Judiciário não é assegurada sem o desprestígio do Legislativo e das Casas e pensar dessa forma reafirma o modelo equivocado de que o Parlamento é jurisdicionado do STF e que, portanto, o julgamento de tais questões envolve algum tipo de "*revelação*" interpretativa da Constituição que somente os Ministros do STF teriam condições de alcançar.

---

[1] KAUFMANN, Rodrigo de Oliveira. *Direitos humanos, direito constitucional e neopragmatismo.* São Paulo: Almedina, 2011. Pág. 145 e SS..
[2] PRIETO SANCHÍS, Luis. *Justicia constitucional y derechos fundamentales.* Madrid: Editorial Trotta, 2003. Pág. 117.

O CONGRESSO (DAS PERGUNTAS) E O STF (DAS RESPOSTAS)

Em realidade, STF e Congresso estão muito próximos na forma como analisam problemas e questões dessa envergadura, especialmente nessa esfera de ascendência política.

Uma maneira bastante honesta de analisar o trabalho do Parlamento e do STF, evitando distorções casuísticas e parciais, é tomar por base o modelo de exame de campos do conhecimento utilizado por ROBIN GEORGE COLLINGWOOD, o célebre filósofo e historiador inglês de Oxford. COLLINGWOOD examinava filosoficamente áreas do conhecimento identificando-as como uma estrutura de perguntas e respostas[3].

Nessas estruturas, sempre seria possível, dar-se primazia à coluna de perguntas (questões ou dúvidas científicas) ou das respostas (hipóteses ou prováveis soluções), e essa abordagem filosófica definiria as características desse ramo do conhecimento.

Assim, por exemplo, se a ênfase é dada às perguntas, nunca as respostas serão suficientes e sempre serão colocadas em cheque. As respostas seriam proposições vulneráveis e instáveis e apenas conseguiriam levantar novas questões. Já se a importância é dada à coluna das respostas, teríamos o efeito oposto, uma vez que a prioridade passaria a ser a solução, a unidade do sistema, a completude de lacunas e as perguntas, a partir de certo limite, passariam a ser vistas como ameaças a esse sistema, como pontos de instabilidade.

O primeiro modelo teria cunho investigativo, questionador, englobante, dando primazia ao crescimento científico, ao olhar sob todos os ângulos, ao amadurecimento intelectual. O segundo modelo seria essencialmente hermético, fechado, pouco crítico, mas estável, sólido e seguro.

Essa forma para compreender melhor os ramos científicos se tornou tão importante que foi utilizada por THEODOR VIEHWEG em sua reconstrução da tópica[4] como estilo de pensamento adequado ao Direito e que, mais tarde, viria a se tornar método de interpretação constitucional aplaudido por constitucionalistas e juristas.

---

[3] COLLINGWOOD, Robin George. Na autobiography. London: Oxford University Press, 1970. Pág. 29.
[4] VIEHWEG, Theodor. Algunas consideraciones acerca Del razonamiento jurídico. In: *Tópica y filosofia del derecho*. Barcelona: Editorial Gedisa, 1997, pág. 118; VIEHWEG, Theodor. Sobre El futuro de La filosofia Del derecho como investigación básica. In: *Tópica y filosofia del derecho*. Barcelona: Editorial Gedisa, 1997, pág. 135.

É dessa lógica original que Viehweg faz a diferenciação entre *"zetética"* (do grego *zetein: perquirir, investigar*) e *"dogmática"* (do grego *dokein*: ensinar, doutrinar), pontuando que a passagem de um para outro se daria apenas com a mudança de postura do cientista ou jurista em relação ao objeto de estudo. Essa é a idéia chave para o uso da tópica no Direito: a tópica como estilo de pensamento problemático, caótico, aberto passaria a ser instrumento fundamental para o enriquecimento da decisão judicial, cuja natureza é "dogmática", fechada, de primazia da segurança, de formação de opinião.

Chego ao ponto que me parece fundamental na avaliação da relação entre Parlamento e STF: o STF (das respostas) como Estado-juiz de questões constitucionais está em posição dogmática, de prestígio da *"lógica jurisdicional"*, da idéia de solução de conflito e de estabilidade e segurança do sistema. O Parlamento (das perguntas), como órgão central do exercício da democracia, está na posição *"zetética"*, com prioridade à problematização, ao olhar multifacetado, à riqueza do debate e à inclusão das várias opiniões divergentes.

Para cada caso difícil analisado ou que remeta necessariamente à complexidade das discussões democráticas no Congresso, o STF, assumindo sua função mediadora (e não inquisitorial), precisa se abrir com boa vontade às múltiplas facetas e aspectos do debate político, entendendo que o modelo zetético (ou das perguntas) de tratamento de um tema é também, em regra, o mais democrático.

Há razões políticas que precisam ser consideradas pelo STF quando julga temas com essa conformação ou quando atinge práticas legislativas já consolidadas (como, por exemplo, o procedimento de aprovação das medidas provisórias e a votação dos vetos no Congresso). Isso não quer dizer que tais razões políticas se sustentem ou que tais práticas não possam ser declaradas inconstitucionais. Porém, compreendê-las em um espaço *"não-jurisdicional"* é um caminho institucionalmente maduro que, a um só tempo, permitiria ao STF antever situações práticas difíceis de serem contornadas e realizar função mediadora-decisória mais útil e funcional para o país.

A Quem Interessa um Supremo Tribunal Federal Omisso?

Bruno Vinícius da Rós Bodart

No dia 9 de março de 2013, duas colunas da revista eletrônica Consultor Jurídico ("Observatório constitucional" e "Diário de classe") dirigiram duras críticas ao posicionamento que o Judiciário vem adotando em face do Legislativo. Afirmou-se que o Supremo Tribunal Federal tem recorrido a argumentos "exotéricos" e a um "invencionismo hermenêutico". No outro artigo, defendeu-se que o único caminho institucionalmente maduro para o debate seria o "espaço não-jurisdicional". Ambos listaram diversos julgados da Corte que reconheceram inconstitucionalidades formais e materiais em provimentos do Congresso.

O presente artigo se destina a discorrer sobre a vertente que considera a postura atual do Judiciário excessivamente voluntariosa na sua relação com o Legislativo. Um termo aventado na coluna "Diário de classe" ilustra bem a visão dessa corrente: "onipotência judicial". Com efeito, defendeu-se que o Congresso não é jurisdicionado do Supremo Tribunal Federal e que o julgamento de matérias "politicamente delicadas" envolve uma "revelação interpretativa" da Constituição que os Ministros desse Tribunal não são capazes de alcançar.

Recordo-me de um encontro recente que tive com o Prof. Alec Stone Sweet, da *Yale Law School*. Sendo ele um estudioso do comportamento das Cortes Constitucionais (para citar apenas um de seus trabalhos sobre o tema, indica-se o seu primoroso *"Governing with judges"*), pedi a sua opinião sobre a atual situação do Brasil, explicando que o Supremo tem sofrido duras críticas em razão de um suposto "ativismo judicial". A resposta veio em forma de outra pergunta. Sweet indagou se eu entendia que a Corte errou nas suas manifestações, ao reconhecer erros formais ou materiais de outros Poderes. Em outras palavras, queria ele saber se esses erros realmente existiram ou as decisões foram fruto de preciosismo dos Ministros. Após refletir por alguns segundos, disse-lhe que, em verdade, eu apenas conseguia lembrar casos em que o Supremo deveria ter reconhecido uma inconstitucionalidade, mas não o fez. Foi então que ouvi sua memorável conclusão, quase em forma de protesto: "*Então, deixe que eles esperneiem!*".

O questionamento de Stone Sweet é mais que relevante. O debate sobre a jurisdição constitucional no Brasil perdeu o seu rumo. Basta ver que nenhuma das referidas colunas do Conjur se preocupou em apontar um equívoco substancial do Supremo Tribunal Federal, mas apenas em exaltar a importância política do Legislativo. O discurso tem se resumido a uma queda de braço entre Poderes, sem que se reflita qual o modelo que se apresenta mais apto à promoção dos direitos fundamentais. Nenhum dos Poderes da República é um fim em si mesmo, tanto é que o catálogo desses direitos figura topograficamente em posição privilegiada na Carta Magna. Ora, a quem interessa que o Supremo deixe que o jogo político corra desenfreado, quando a Constituição lhe assegura textualmente o papel de seu guardião?

Voltemos nossas atenções para o Parlamento. Recorro novamente à coluna "Observatório constitucional", onde foi dito que o Congresso é o "órgão central do exercício da democracia". Por ser aquele que concentra o maior número de membros eleitos pelo voto popular, poder-se-ia pensar que o Legislativo é, de fato, o mais democrático dos Poderes. O equívoco dessa compreensão deriva da ideia, muito comum, de identificar a democracia como o regime da maioria. Tal argumento, ao contrário do que pensam seus defensores, milita em desfavor da própria existência do Legislativo. Os avanços tecnológicos permitem, hoje, que os indivíduos participem da esfera pública diretamente e em tempo real. Muitos manuais jurídicos justificam a eleição de representantes do povo para um Parlamento na impossibilidade de reunião dos habitantes da pólis para decidir sobre as questões relevantes da vida pública na Ágora, como acontecia na Grécia antiga. Ocorre que a *internet* tornou perfeitamente factível a votação direta, pelo povo, a respeito de todas essas matérias. Aliás, iniciativa louvável nesse sentido é o *site* "Vote na Web" (www.votenaweb.com.br), onde internautas são convidados a manifestar-se sobre os projetos de lei em curso no Congresso. Poder-se-ia alegar que poucos cidadãos teriam disponível o tempo necessário para votar sobre a ampla gama de questões em deliberação, porém é consabido que o quórum das votações no Parlamento é usualmente reduzido. Sendo assim, seria desejável a extinção do Legislativo para dar lugar a uma democracia direta digital?

Esse paradoxo deixa exposto o grande equívoco que significa apontar, como cerne da democracia, a regra da maioria. Inclusive, afigura-se delicado eleger o Congresso como a casa da maioria quando a sociedade brasileira sabidamente não possui qualquer identificação com a maior parte dos ocupantes de cadeiras na Câmara e no Senado, o que se deve a diversos fatores: o sistema de eleição proporcional, o regime de suplência, o enfraquecimento dos partidos políticos, o descrédito gerado pela corrupção *etc*. Além disso, tantos são os regimes reconhecidamente autoritários ao redor do mundo cujos governantes são eleitos para sucessivos mandatos, muitas vezes com vitórias arrasadoras nas urnas. Identificando essa falha conceitual, o economista indiano Amartya Sen ganhou o prêmio Nobel ao definir a democracia como o regime por meio do debate. O desenvolvimento econômico e social, que deve ser a finalidade última de qualquer sistema político, está diretamente ligado à possibilidade de exercício consciente e informado da cidadania. Mesmo na Grécia antiga, o caráter democrático das Ágoras residia no debate público ali instaurado, e não exatamente na regra da maioria. A democracia não se exerce apenas no Parlamento, e sim através de múltiplas instituições em que o povo seja instado a discutir a respeito dos fatos da vida pública, nas quais as ideias amadureçam e delas resulte a decisão fundamentadamente mais adequada para o bem comum. Nenhum Poder da República pode rotular-se como o "órgão central da democracia", porque todos eles têm um compromisso inexorável com a razão.

Bem por isso, em todas as recentes decisões do Supremo Tribunal Federal de certa relevância política, é difícil encontrar, dentre as pessoas devidamente informadas dos argumentos envolvidos, quem discorde das razões que levaram a Corte a decidir em tal ou qual sentido, principalmente quando opta pela inconstitucionalidade. Em artigo publicado em 9 de março de 2012, observei que a nossa Corte Constitucional raramente decide em desacordo com a opinião pública, expliquei os motivos que levam a esse fenômeno e defendi a sua absoluta legitimidade (*"Quem tem medo do povo?"* – http://www.conjur.com.br/2012-mar-09/lei-ficha-limpa-assistimos-advento-stf). Se assim é, também corresponde à verdade dizer que o Congresso atua, em inúmeras situações, em desarmonia com o entendimento da maioria do povo, e nem sempre com o intuito de prestigiar os direitos fundamentais das minorias.

Há que se considerar, ainda, que o Supremo muitas vezes identifica inconstitucionalidades conectadas precisamente ao enfraquecimento do Legislativo, produzindo decisões que, embora pontualmente pareçam desprestigiar a independência da atuação deste Poder, destinam-se a consagrar e a fortalecer a sua posição institucional no cenário político brasileiro, tal como delineado na Constituição. Assim ocorreu, por exemplo, em dois casos comentados tanto pela coluna "Diário de classe" como pelo "Observatório constitucional". Em um deles, a Corte exigiu do Congresso a instauração de comissão mista de Deputados e Senadores para o exame de medidas provisórias, como exige o art. 62, § 9º, da Carta Magna. O art. 6º da Resolução nº 1 de 2002 do Congresso Nacional foi considerado inconstitucional por permitir a votação da medida provisória sem o parecer da comissão mista. No outro, a polêmica envolvia o trancamento de pauta previsto no art. 66, § 6º, da Lei Maior, como consequência pela não deliberação de veto presidencial em trinta dias. Os fundamentos do voto do relator, já divulgados pelo Conjur (http://www.conjur.com.br/2013-mar-06/leia-voto-ministro-luiz-fux-votacao-vetos-congresso), demonstram que a análise dos vetos em ordem cronológica é a única forma de não fazer-se letra morta do comando constitucional que determina sejam "sobrestadas as demais proposições". Afinal, se, quando do decurso do trintídio para a apreciação do primeiro veto, o Congresso dispunha de apenas uma opção deliberativa, como defender que, treze anos depois, o leque de opções aumentou para mais de três mil, sem desconsiderar solenemente o trancamento da pauta? Anote-se que, ao contrário do afirmado na coluna "Diário de classe", a maioria dos ministros não questionou o acerto desse raciocínio. O ministro Teori Zavascki, por exemplo, afirmou que, por imposição dos parágrafos 4º e 6º do artigo 66 da Carta Magna, a votação dos vetos presidenciais *"ficaria submetida a um sistema ordenado, a partir do vencimento do prazo de votação de cada veto pendente*". A ministra Rosa Weber reconheceu ser a ordem cronológica de apreciação dos vetos uma consequência dos referidos dispositivos constitucionais, mas observou que o pedido do impetrante era restrito à sustação da deliberação do "veto dos royalties". Por sua vez, os ministros Marco Aurélio, Celso de Mello e Joaquim Barbosa acompanharam o relator. Seis ministros, portanto, defenderam a necessidade de apreciação dos vetos em ordem cronológica. O agravo regimental foi provido, na realidade, em virtude do reconhecimento de óbices formais, como o não cabimento do Mandado de Segurança na hipótese ou a inconveniência de decidir sobre a matéria em sede liminar.

Perceba-se que, em ambos os dispositivos, o texto constitucional é de clareza meridiana ao definir a atuação do Parlamento, de modo que eventual inação do Supremo é que constituiria indevida derrotabilidade de regras. Uma postura criativa na construção de sentido de princípios é tão censurável quanto uma postura omissa na aplicação de regras categóricas. Ademais, ao aprovar indiscriminadamente medidas provisórias sem um profundo debate e ao permitir que o veto presidencial ganhe efeitos práticos de rejeição definitiva das leis, o Legislativo abre mão de suas prerrogativas constitucionais, em especial a sua função legislativa, em favor de um quase absoluto Executivo (aqui sim, "onipotência presidencial"), dando margem a uma concentração de poderes incompatível com o sistema de freios e contrapesos previsto na Constituição.

Por tudo isso, o presente artigo se destina a não deixar que caia em esquecimento, um momento sequer, a pergunta lançada por Stone Sweet: "A quem interessa um Supremo Tribunal Federal omisso?" Talvez àqueles que também tenham interesse em um Legislativo omisso... Que as discussões sobre as relações Judiciário-Legislativo sejam sempre orientadas à promoção do desenvolvimento econômico e social do Brasil e ao respeito pelos direitos fundamentais.

Jurisdição Constitucional: Entre Sua Dignidade e Seu Fundamentalismo

RODRIGO DE OLIVEIRA KAUFMANN

Em 9.3.2013 foi divulgado neste espaço[1] artigo de minha autoria intitulado *"O Congresso das perguntas e o STF das respostas"* em que defendi uma visão mais aberta e benevolente dos juristas (personificado na figura do STF) com a dinâmica própria das discussões políticas em espaço tipicamente não-jurisdicional. No dia seguinte, foi divulgado, também no portal do CONJUR o artigo *"A quem interessa um Supremo Tribunal Federal omisso?"* de autoria de Bruno Vinícius da RósBodart[2]. A opinião do colega acadêmico é oposta e defende que a jurisdição constitucional precisa continuar a controlar o Legislativo, a não ser que se aponte um *"equívoco substancial do Supremo Tribunal Federal"*, de que o modelo adotado é o *"mais apto à promoção dos direitos fundamentais"*. Faz inclusive a simbólica pergunta: *"a quem interessa que o Supremo deixe que o jogo político corra desenfreado, quando a Constituição lhe assegura textualmente o papel de seu guardião?"*.

---

[1] http://www.conjur.com.br/2013-mar-09/observatorio-constitucional-congresso-perguntas-stf-respostas
[2] http://www.conjur.com.br/2013-mar-10/bruno-bodart-quem-interessa-supremo-tribunal-federal-omisso

Entendo que seria possível retorquir o artigo de 10.3.2013 com seus próprios argumentos, com sua própria linguagem e dentro de sua própria "lógica jurisdicional". Aliás, trata-se do estilo de debates que tem merecido quase o monopólio de atenção de nossa atual teoria constitucional. Discutimos sobre nosso mundo jurídico, nossos instrumentos, nossos métodos, filigranas conceituais, principiológicas, demonstramos erudição e estofo teórico, sempre sob a perspectiva da centralidade do direito e sob o enfoque de que ao STF foi dada pela Constituição posição de ascendência em relação a qualquer outra instituição.

Entretanto, acredito que há mérito em trazer o debate para uma perspectiva mais ampla, que põe em evidência duas facetas bastante marcadas dos movimentos de filosofia e de filosofia do direito do século XX. Parto do pressuposto de que nossa própria visão dos estudos constitucionais não é desapegada ou ingênua. Em realidade, essa forma de enxergar as questões constitucionais (tal como está na perplexidade da pergunta acerca do *"jogo político correr desenfreado"*, muito embora não se questione a preocupação com o *"jogo jurídico-jurisdicional correr desenfreado"*) traz em si o simbolismo de uma mentalidade específica. É essa mentalidade que merece ser avaliada antes mesmo de transformar a oposição de visões expostas nos artigos em "torcidas" a favor ou contra a jurisdição constitucional.

Nossa divergência vai muito além de se apurar quem é a favor do STF (e seus 11 identificados Ministros) ou a favor do Congresso (com seus 594 identificados parlamentares). O que se tem é uma oposição entre aqueles que entendem que a razão (no caso, jurídica) pode nos levar a algum tipo de"revelação" ou a uma "resposta correta" das questões constitucionais (se for desenvolvido pelo método correto) e aqueles que, decepcionados com o projeto racional-iluminista, não conferem a essa razão jurídica posição de destaque, mas papel funcional no jogo político-democrático.

Para a finalidade específica de tratar dessa oposição, entendo que Bruno Bodart se aproxima mais do movimento neoconstitucional do que eu, uma vez que essa corrente de pensamento constitucional traz essa lógica diluída em seu discurso (com as medidas para mais ou para menos de cada autor). Chegaria a afirmar que essa posição, de fato, é representativa da mentalidade que compõe os estudos constitucionais no Brasil: toma por base o preciosismo do racional jurídico, imagina o processo de interpretação como algo técnico que pode ser enquadrado em um método "correto" (daí, inclusive, não se aceitar bem a dinâmica própria da política que, por óbvio, não tem método), crê em um ambiente jurisdicional infenso a defeitos de interpretação ou até asséptico de posições políticas, acredita que o regime democrático precisa de uma figura onipresente, de um guardião que vele pelo futuro de todos e corrija os erros de seus súditos (ou jurisdicionados), supõe que discutir juridicamente uma questão é um salto evolutivo e civilizatório em si, entende que há algo intrinsecamente suspeito nos mecanismos políticos de tomada de decisão e algo intrinsecamente belo e coerente no processo jurisdicional de tomada de decisão, confia transcendentalmente que a jurisdição constitucional é elemento essencial no esquema democrático e que o constitucionalismo não existiria sem essa figura.

Para quem parte desses pressupostos, parece até óbvio que a crítica ao STF somente possa ser feita se for possível apontar um "erro" de julgamento. De fato, seria até possível apontar "erros" de julgamento. O próprio STF avalia esse ângulo quando cassa decisões monocráticas em plenário ou revê sua própria jurisprudência. Entretanto, não é disso que se trata esse debate, uma vez que diagnosticar uma decisão do STF como "erro" depende da posição política e ideológica de quem avalia e se essa posição restou vencedora ou vencida no Tribunal. Para quem enxerga o trabalho do STF sob um viés funcional torna-se difícil imaginar que questões como aborto, cotas, células-tronco, casamento homoafetivo, questões religiosas, marcha da maconha, relações entre poderes, trazem em si o germe de uma "resposta correta" que seria alcançada com o método adequado.

Esse quadro de pressupostos ou "crenças" daqueles que pensam em termos de onipresença judicial está balizado em um princípio primordial: a ideia fundante de que a razão jurídica nos libertará do mal, da insegurança, dos corruptos, dos problemas e das angústias. Para essa corrente, as incertezas e dissensos intrínsecos à vida – e que são bem representados e catalisados nos ambientes de discussão política – se resolvem com sofisticação técnica de pensamento, com aprofundamento dos métodos e princípios de interpretação e com objetivação de condições que deveriam balizar e, assim, limitar essa insegurança (a necessidade de um *compromisso inexorável com a razão*").

O Direito, o Judiciário e o STF funcionam como personificações dessa razão jurídica sublime que nos salvará. Por consequência, o que não se enquadra nessa formatação especial da "lógica jurisdicional", todas as formas de interlocução ou raciocínio que não se baseiem na segurança e na ordem (dogmática) são, por conceito, ameaças a esse encaixe das coisas. A dinâmica dos debates políticos do Congresso passa a ter importância secundária e o STF acaba por acumular uma posição perigosa de oráculo, de "superego da sociedade". A própria jurisdição constitucional deixa de ser uma construção histórica e passa a se basear em algum tipo de princípio transcendente e atemporal de justiça ou de democracia que, na mão dos interessados no fortalecimento dos Tribunais, indica quadros de verdadeira inversão institucional. Bruno Bodart sugere, por exemplo, no seu artigo, que a democracia talvez seja melhor representada pelo STF que *"raramente decide em desacordo com a opinião pública"* e não pelo Congresso que *"atua, em inúmeras situações, em desarmonia com o entendimento da maioria do povo"* e que bem poderia ser substituído por uma *"democracia direta digital"*.

Quando chegamos a esse ponto, nossas reflexões se distanciam perigosamente dos problemas que tais instituições deveriam resolver ou equacionar. Imaginamos fórmulas teóricas absolutas, justificamos posições drásticas, reduzimos a complexidade das questões uma vez que o texto constitucional "é de clareza meridiana", reafirmamos a lógica da superioridade da jurisdição constitucional e defendemos que ela bem pode dialogar com o direito comparado, aplicar a doutrina estrangeira, mas não pode se sujar no diálogo com o Congresso ou ver os trabalhos desenvolvidos naquela Casa com respeito e boa vontade. Por isso mesmo, causa surpresa conceder a uma resposta informal do Professor Alec Stone Sweet, de Yale, como faz o artigo, uma áurea de princípio interpretativo da relação entre Poderes no Brasil, valor esse que acho difícil que o próprio professor concordasse em dar. Nesse ponto não se fala mais de espaços legítimos de atuação jurisdicional e da relação entre Congresso e STF. Passamos ao campo do fundamentalismo quando se tem que diminuir o Congresso e discutir a sua própria existência para valorizar o trabalho do STF.

Volto a dizer que a teoria constitucional dos próximos anos precisará assumir novo papel nessas questões, necessitará desenvolver fórmulas criativas de diagnosticar problemas e propor alternativas de encaminhamento. Para tanto, o Direito –visto da forma tradicional – oferecerá exíguos limites e certamente será necessário ampliar os horizontes, dar voz a visões multifacetadas de um determinado problema. A jurisdição constitucional, por esse enfoque, deixa de ser um fim em si e passa a ser um meio para se atingir valores mais altos.

Essa linha de reflexões certamente não leva a um desprestígio da jurisdição constitucional, a não ser que se assuma que a única forma de valorizá-la seja imaginar um STF total e superior, com o pátrio poder sobre outras instituições de equivalência política. Seu trabalho é certamente o de julgar, de dar decisões, de definir questões. Porém, nada impede que esse trabalho diário seja dirigido por um senso de mediação, de interlocução, de abertura, de equacionamento adequado de posições, de se dar primazia à solução de impasses e problemas práticos. Para aqueles que não são deslumbrados com o projeto racional, o STF não precisa ser "herói", "salvador", "professor" ou "censor" para reafirmar seu papel fundamental no esquema institucional de separação e harmonia entre os Poderes.

Considerações Sobre a Tradição Jurídica do *Common Law*

SÉRGIO ANTÔNIO FERREIRA VICTOR

Alega-se, atualmente, haver uma aproximação entre os modelos americano e europeu de controle de constitucionalidade, ao ponto de torná-los em muitos aspectos equivalentes. Identifica-se, na tradição anglo-saxônica do *common law*, o caminho natural para se chegar à ideia de controle judicial de constitucionalidade das leis (o *judicial review*). Para adentrar essa discussão, este texto terá como propósito compreender, antes de qualquer outra coisa, a noção original do que seja o *common law*, para, em outras oportunidades, proceder à reflexão sobre a procedência da tese que advoga existir tal aproximação entre os modelos referidos.

As discussões sobre o *common law*, em geral, começam com a afirmação, por uma das partes engajadas no embate, de que o *common law* é, ou era, o costume comum tal como vivenciado pelos habitantes do Reino Unido.[1]

Para alguns estudiosos do *common law*, sua caracterização deveria ser mais precisa, apesar de uma compreensão minimamente adequada

---

[1] POSTEMA, Gerald J. Philosophy of the common law. In: COLEMAN, Jules e SHAPIRO, Scott. *The Oxford handbook of jurisprudence & philisophy of law*. New York: Oxford University Press, 2004, p. 588-622, p. 590.

do assunto constituir-se verdadeiro quebra-cabeças.[2] Fazia-se, então, a distinção entre costumes que poderiam ser considerados, de modo geral, como compartilhados pelo povo inglês desde tempos imemoriais – cuja origem sequer poderia ser encontrada com segurança – e aqueles outros que somente representariam hábitos de regiões particulares do Reino e, portanto, consistiriam costumes locais, não generalizáveis e, assim, não formadores do *common law*. A antiguidade do costume e seu enraizamento na comunidade seriam determinantes de sua razoabilidade e adequação, até porque sua aplicação e aceitação teriam passado pelo teste do tempo.[3]

Havia desacordo entre os *common lawyers* sobre o significado da expressão "tempos imemoriais" para descrever a origem do *common law*. Coke afirmava que as raízes do *common law* eram profundas e alcançavam os tempos de dominação romana, e até mesmo pré-romana, do Reino Unido.[4] Hale, por outro lado, afirmava que o *common law* fora trazido pelos saxões e normandos, entre outros. Sua aceitação como direito no Reino Unido, entretanto, dependeu de seu recebimento e de sua aprovação pela população e pelas autoridades aplicadoras do direito naquele país.[5]

Postema procura demonstrar que a imagem do *common law* com origens antigas ou imemoriais sustenta-se em três fatores principais. O *primeiro* afirma que o *common law* caracteriza-se por sua continuidade no tempo. Apesar de sofrer diversas alterações no curso da história, são essas mudanças que permitem que ele continue como uma ordem jurídica estável e coerente, mantendo, assim, sua integridade. Isso significa que, por mais alterações que haja sofrido, o *common law* mantém-se o mesmo, pois é de sua natureza a continuidade em sua evolução.

O *segundo* fator a ser mencionado está conectado com a noção de continuidade. Quer dizer que a permanência no tempo do *common law* é

---

[2] SCHAUER, Frederick. Is the common law law? *California Law Review*, v. 77, 1989, p. 455-71, p. 455.
[3] POSTEMA, Gerald J. Philosophy of the common law. In: COLEMAN, Jules e SHAPIRO, Scott. *The Oxford handbook of jurisprudence & philisophy of law*. New York: Oxford University Press, 2004, p. 588-622, p. 590-91.
[4] COKE, Edward. The *Selected writings and speeches of Sir Edward Coke*. v. 1. Ed. Steve Sheppard. Indianápolis: Liberty Fund, 2003, Part Two of the Reports.
[5] HALE, Matthew. *A history of the common law of England*. Ed. Charles M. Gray. Chicago: University of Chicago Press, 1971, p. 43.

dependente da integração de cada uma de suas partes ao todo. Ou seja, afirmar a existência imemorial do *common law* significa dizer que a validade e a cogência de cada nova regra de direito são dependentes não da proveniência da norma (de quem a promulgou ou criou, por exemplo), mas de sua efetiva recepção e aprovação no Reino Unido. Essa integração tornava-se evidente na medida em que novas regras eram incorporadas aos textos de doutrina e práticas que formam o *common law*.[6]

Ressalte-se que essa integração de costumes, legislação e decisões judiciais que veio a definir o *common law* não é simplesmente matéria de coerência e consistência lógica, mas antes de tudo é fruto de trabalho prático, inserido em seu contexto histórico.

A integração dos elementos costume, legislação e decisões judiciais é tema inerente à prática jurídica porque apenas por meio da efetiva utilização (pelas pessoas em geral, bem como pelos profissionais do Direito e oficiais públicos) das regras e dados que surgem no sistema é que os referidos elementos vão integrando-se ao ordenamento. A empreitada é também histórica em razão do fato de que somente pelo decurso do tempo se pode ter certeza de que determinada regra ou prática foi efetivamente integrada ao *common law*.

Por fim, essa integração dever ser realizada de modo a acomodar à natureza da nação as regras ou máximas que vão se incorporando ao *common law*, ou seja, ao seu temperamento, de forma que possa tornar-se uma espécie de constituição ou estrutura normativa básica enraizada na mentalidade coletiva.

Note-se que, diferentemente do entendimento de Constituição inerente ao direito moderno (à tradição do *civil law*), no sentido de constituição de um governo e de suas estruturas, o *common law*, por esse processo de integração, terminava por se legitimar como uma constituição do povo mesmo (*constitution of the people*).[7]

Pode-se abordar o tema a partir da distinção entre *general costums* e *maxims*. Os primeiros, esses costumes gerais, eram conhecidos pelos

---

[6] POSTEMA, Gerald J. Philosophy of the common law. In: COLEMAN, Jules e SHAPIRO, Scott. *The Oxford handbook of jurisprudence & philisophy of law*. New York: Oxford University Press, 2004, p. 591.

[7] POSTEMA, Gerald J. Philosophy of the common law. In: COLEMAN, Jules e SHAPIRO, Scott. *The Oxford handbook of jurisprudence & philisophy of law*. New York: Oxford University Press, 2004, p. 591-592.

advogados, de maneira geral, e pelo povo espalhado pelo reino; as *maxims* eram regras especiais de direito conhecidas apenas nas Cortes reais (*king's courts*).[8] É claro que havia uma relação entre os costumes praticados no reino e o direito ditado pelas Cortes reais. O interessante é que essa relação legitima-se em via de mão dupla, isto é, as decisões judiciais utilizam-se dos costumes gerais para legitimarem-se e, ao mesmo tempo, desenvolvem tais costumes tornando-os outra coisa.

Desse modo, a atividade dos profissionais do direito nas Cortes de Justiça modela continuamente o *common law*, refinando-o pelo uso de técnicas argumentativas mais apuradas.[9] Schauer informa que *"any common-law rule is tentative, remaining continuously open to defeat in a particular case or subject to modification as new situations arise"*.[10] Assim, o *common law* segue em constante modificação, criação e reformulação por meio das decisões judiciais emanadas dos diversos juízes e tribunais, a partir dos casos que lhes são submetidos.

As decisões judiciais, no entanto, fazem as devidas referências aos costumes gerais no intuito de se mostrarem com eles congruentes, atribuindo a essa conexão sua validade e sua força vinculante. Assim, o *common law* não se identifica fielmente aos costumes gerais do reino, mas estes constituem a sua fonte de validade enraizada na nação, não somente por uma certa forma de derivação, mas como fonte atribuída e pelo esforço de congruência a que se submetem as decisões judiciais.[11]

Significa dizer que os juízes e tribunais, no modelo do *common law*, possuem uma importância incomensurável na criação ou sedimentação do direito, no entanto descrevem a atividade que exercem como se estivessem a descobrir o direito comum do Reino, e não a criá-lo. Essa referência aos costumes e práticas da comunidade confere às decisões judiciais a necessária fonte de legitimidade para, de fato, construírem o Direito que regerá a nação.

---

[8] St. German, Christopher. *Doctor and student*. Ed. por T. F. T. Plucknett e J. L. Barton. London: Selden Society. 1. ed., 1974, p. 59.

[9] St. German, Christopher. *Doctor and student*. Ed. por T. F. T. Plucknett e J. L. Barton. London: Selden Society. 1. ed., 1974, p. 59.

[10] Schauer, Frederick. *Thinking like a lawyer*: a new introduction to legal reasoning. Cambridge: Harvard University Press, 2009, p. 104-05.

[11] Postema, Gerald J. Philosophy of the common law. In: Coleman, Jules e Shapiro, Scott. *The Oxford handbook of jurisprudence & philisophy of law*. New York: Oxford University Press, 2004, p. 592.

Desse modo, ainda que pouco se consiga vislumbrar acerca de como os costumes gerais imemoriais do povo inglês estaria a embasar determinadas decisões dos tribunais, estes sempre buscam fundamentá-las reconduzindo-as a tais costumes, em ordem a reinseri-las, as decisões, na cultura imemorial do povo, o que tem o condão de servir como fonte de legitimação da atividade judicial criadora do Direito.

É de se notar, assim, que a *ratio* das decisões judiciais é extremamente importante não apenas na construção do *common law*, mas também em sua legitimação como ordem jurídica de toda a comunidade que o adota. Nesse sentido, os defensores clássicos do sistema afirmavam que o *common law* não é outra coisa senão a razão comum prevalecente em dada comunidade. A razão seria a vida do Direito, contudo não uma razão comum (*common reason*) ou uma razão natural a que todo e qualquer homem tem acesso, mas a razão artificial adquirida pelos operadores do direito, treinados por meio de longas horas de estudo, observação e experiência.[12]

Em aparente contradição com o que Coke dissera séculos antes, Holmes abre sua obra sobre o tema afirmando: "*The life of the law has not been logic: it has been experience*".[13] Pragmaticamente, segue informando que, muito mais do que por meio de silogismos, o *common law* foi formado a partir das necessidades sentidas em cada época, pela moral prevalecente, pelas teorias políticas que predominavam no cenário, pelas políticas públicas empreendidas e até mesmo pelos preconceitos compartilhados entre juízes e seus concidadãos. Tudo isso determinava a forma como os homens eram governados. Desse modo, para Holmes, o Direito incorpora a história de uma nação, acompanhando seu desenvolvimento e, portanto, não se pode lidar com ele como se seus axiomas e corolários estivessem todos contidos em um livro de matemática. Para se saber o que é o Direito em dada comunidade, é preciso conhecer o que ele foi e o que ele deverá ser no futuro.[14]

---

[12] COKE, Edward. First Institute of the Laws of England. In: *Theselected writings and speeches of Sir Edward Coke*. vol. 2. ed. Steve Sheppard. Indianápolis: Liberty Fund, 2003.

[13] HOLMES, JR, Oliver Wendell. *The common law*. Kindle Edition. Louisiana: Quid Pro Books, 2010, p. 1.

[14] HOLMES, JR, Oliver Wendell. *The common law*. Kindle Edition. Louisiana: Quid Pro Books, 2010, p. 1. A passagem está assim descrita no original: "The felt necessities of the time, the prevalent moral and political theories, intuitions of public policy, avowed or unconscious,

Menciona-se acima que Holmes apenas aparentemente entra em contradição com Coke porque, em verdade, ambos admitem que o *common law* é, em grande medida, senão principalmente, experiência. A afirmação de Coke no sentido de que o *common law* é a razão e, sobretudo a razão artificial, que para ele é a razão jurídica apreendida por meio de estudo, observação e experiência, não destoa do referido por Holmes. O relevante é que ambos convergem na definição desse sistema jurídico como fundamentado na experiência prática, em especial na atividade dos juízes.

Assim, o estudo do *common law* deve considerar com especial atenção a atividade jurídica ou judicial propriamente dita. Ou melhor, deve buscar compreender como o *common law* lidou com as tentativas de fundamentar as práticas judiciais ante os obstáculos que lhes foram impostos, até que se lograsse a construção da prática do *judicial review*.

even the prejudices wich judges share with their fellow-men, have had a good deal more to do than syllogism in determining the rules by which men should be governed. The law embodies the story of a nation's development many centuries, and it cannot be dealt with as if it contained only the axioms and corollaries of a book of mathematics. In order to know what it is, we must know what it has been, and what it tends to become".

Perda de Mandato Parlamentar Por Força de Condenação Criminal

José Levi Mello do Amaral Júnior

A Constituição de 1988, no que se refere à perda de mandato parlamentar por força de condenação criminal, não adota conjunto normativo muito claro. Recentes decisões do Supremo Tribunal Federal em duas Ações Penais e em um Mandado de Segurança trouxeram ainda maiores dificuldades ao problema.

Introdução ao assunto
A Constituição de 1988 veda a cassação de direitos políticos, mas admite sejam eles perdidos ou suspensos em algumas poucas hipóteses, como, por exemplo, a condenação criminal transitada em julgado[1].

Por outro lado, dentre as hipóteses de perda do mandato parlamentar, estão: (i) a suspensão dos direitos políticos; e (ii) a condenação criminal transitada em julgado, enquanto durarem seus efeitos[2].

No contexto até aqui narrado talvez pareça evidente que da condenação criminal transitada em julgado – quando relativa a parlamentar – decorra, ao natural (ou seja, como efeito da própria condenação), a perda do mandato parlamentar: isso porque o mandato pressupõe o gozo

---
[1] Constituição brasileira de 1988, art. 15, incisos III.
[2] Constituição brasileira de 1988, art. 55, incisos IV e VI.

de direitos políticos, o que não se tem com a suspensão desses advinda do trânsito em julgado da condenação criminal.

No entanto, o próprio texto constitucional faz duas colocações potencialmente conflitantes: (i) no caso de suspensão dos direitos políticos, "a perda será *declarada* pela Mesa da Casa respectiva"[3]; e (ii) no caso de condenação criminal transitada em julgado, "a perda do mandato será *decidida* pela Câmara dos Deputados ou pelo Senado Federal"[4].

Dito de outro modo: (i) no geral dos casos, em se tratando de suspensão dos direitos políticos, a perda do mandato é automática e será apenas declarada pela Mesa da Casa respectiva; (ii) porém, no caso de condenação criminal transitada em julgado – não obstante dela decorra suspensão dos direitos políticos – a perda do mandado fica sujeita a uma decisão da Câmara dos Deputados ou do Senado Federal.

Essa questão foi enfrentada recentemente pelo Supremo Tribunal Federal nos autos de duas Ações Penais, a Ação Penal n. 565/RO (caso Ivo Cassol) e a Ação Penal n. 470/MG (rumoroso caso "mensalão"), mas que conheceram soluções divergentes dada a ocorrência de variação na composição da Corte no interstício havido entre uma decisão e outra. Em um terceiro caso (caso Donadon), insinua-se, ainda, um desdobramento no mínimo curioso, inclusive porque parece implicar inovação ao Direito aplicável. É o que se passa a examinar.

Condenação criminal e perda de mandato parlamentar no caso mensalão

No julgamento da Ação Penal n. 470/MG, Relator o Ministro JOAQUIM BARBOSA, julgada em 17 de dezembro de 2012, relativa a graves crimes contra a Administração Pública, o Relator sustentou que a previsão constitucional acerca de decisão da Câmara ou do Senado sobre perda de mandado de parlamentar condenado criminalmente "justifica-se (...) nas hipóteses em que a sentença condenatória não tenha decretado a perda do mandato pelo parlamentar, seja por não estarem presentes os requisitos legais para tanto (...), seja por ter sido proferida antes da expedição do diploma". Para ele, "o procedimento estabelecido no art. 55 da Constituição da República disciplina as hipóteses em que, *por um*

---

[3] Constituição brasileira de 1988, art. 55, § 3º.
[4] Constituição brasileira de 1988, art. 55, § 2º.

juízo político, pode ser decretada a perda de mandato eletivo parlamentar. (...) Situação inteiramente diversa, porém, é aquela que envolve a decretação da perda do mandado eletivo pelo Poder Judiciário, que pode atingir não apenas o parlamentar eleito como qualquer outro mandatário político, seguindo normas específicas de direito penal e processual penal. (...) Condenado o Deputado ou Senador, no curso de seu mandato, pela mais alta instância do Poder Judiciário nacional, inexiste espaço para o exercício de juízo político ou de conveniência pelo Legislativo, pois a suspensão de direitos políticos, com a subsequente perda de mandato eletivo, é efeito irreversível da sentença condenatória (...)".

Por sua vez, o Ministro RICARDO LEWANDOWSKI, funcionando como Revisor, abriu divergência. Para ele, "a condenação criminal (...) configura apenas uma condição necessária, mas não suficiente, para a perda dos respectivos mandatos, a qual depende da instauração do competente processo na Câmara, que não pode deixar de fazê-lo, se devidamente provocada".

A Ministra ROSA WEBER, ao acompanhar a divergência, argumentou que "o juiz competente para julgar sobre o exercício do poder político, do poder de representação, em uma democracia, é o povo soberano, que o faz diretamente (caso de democracias cujas Constituições preveem o instituto do recall) ou por meio de seus representantes (caso da hipótese prevista no art. 55, VI e § 2º, da Constituição brasileira)". Para ela, "o mandato se reveste, durante o período para o qual constituído, da qualidade da intangibilidade, somente podendo ser afetado nas hipóteses e segundo os procedimentos expressamente previstos pela Constituição".

O Ministro GILMAR MENDES buscou harmonizar as diversas disposições constitucionais pertinentes. Sustentou que a condenação de parlamentar por crimes contra a Administração Pública – crimes esses que dificilmente deixam de ser considerados atos de improbidade administrativa (e improbidade administrativa também é causa de perda ou suspensão de direitos políticos[5]) –, em que o próprio juiz assenta a perda do mandato, impõe-se à Casa parlamentar competente a mera declaração da perda do mandato parlamentar.

O Ministro MARCO AURÉLIO afirmou considerar automáticos os efeitos do art. 15, III, da Constituição brasileira de 1988. Também defendeu

---

[5] Constituição brasileira de 1988, art. 15, inciso V.

que o § 2º art. 55 da Constituição brasileira de 1988 "é reservado a situações concretas em que não se tem, como consequência da condenação, a perda do mandato".

Enfim, o Ministro CELSO DE MELLO disse concordar com a distinção feita pelo Ministro GILMAR MENDES, qual seja, remanescem na esfera das Casas legislativas os casos em que o crime pelo qual foi condenado o parlamentar não contém, como elementar típica do tipo penal, ato de improbidade administrativa. Enfatizou a prevalência de decisão transitada em julgado, que guarda relação com a concepção mesma de Estado Democrático de Direito. Destacou que a Constituição brasileira de 1988 confere ao Supremo Tribunal Federal o monopólio da última palavra em tema de exegese das normas constitucionais. Encerrou afirmando que "a insubordinação legislativa ou executiva ao comando emergente de uma decisão judicial revela-se comportamento intolerável, inaceitável e incompreensível".

O resultado do julgamento no ponto foi por maioria apertada, cinco votos contra quatro, para decretar a perda do mandato dos parlamentares julgados.

Condenação criminal e perda de mandato parlamentar no caso Donadon

No julgamento da Ação Penal n. 565/RO, Relatora a Ministra CÁRMEN LÚCIA, julgada em 08 de agosto de 2013, em que figura como réu um Senador[6], a jurisprudência foi modificada. Dois novos Ministros, TEORI ZAVASCKI e ROBERTO BARROSO, aderiram ao entendimento vencido na Ação Penal n. 470.

Por outro lado, semanas antes, em 26 de junho de 2013, transitara em julgado a Ação Penal n. 365/RO, Relatora a Ministra CÁRMEN LÚCIA, julgada em 28 de outubro de 2010, em que figurava como réu um Deputado Federal[7]. O parlamentar foi recolhido à penitenciária logo após o trânsito em julgado. Em 28 de agosto de 2013, a Câmara dos Deputados votou a perda do mandato do parlamentar: foram 233 favoráveis à perda, 131 contrários e 41 abstenções, resultado insuficiente para

---

[6] Ivo Cassol, eleito pelo Estado de Rondônia.
[7] Natan Donadon, eleito pelo Estado de Rondônia.

a perda do mandato (que demanda voto da maioria absoluta dos membros da Casa[8], ou seja, 257 votos no caso da Câmara dos Deputados).

Configurou-se, então, a inusitada situação de cidadão detentor de mandato parlamentar preso no cumprimento de decisão transitada em julgado.

Contra a decisão da Câmara dos Deputados, Líder de partido de oposição impetrou o Mandado de Segurança n. 32.326/DF, Relator o Ministro ROBERTO BARROSO, pendente de julgamento plenário. O Relator, em decisão monocrática proferida em 02 de setembro de 2013, concedeu liminar para suspender a deliberação da Câmara dos Deputados que não cassou o parlamentar condenado e preso[9].

Para o Relator, "quando se tratar de Deputado cujo prazo de prisão em regime fechado exceda o período que falta para a conclusão de seu mandato, a perda se dá como resultado direto e inexorável da condenação, sendo a decisão da Câmara dos Deputados vinculada e declaratória".

A propósito, vale conferir os seguintes excertos do despacho:

36. *De acordo com a legislação em vigor e a interpretação judicial que lhe tem sido dada, o preso em regime aberto e semiaberto pode ser autorizado à prestação de trabalho externo, independentemente do cumprimento mínimo de 1/6 da pena. Este tem sido o entendimento pacífico do Superior Tribunal de Justiça, podendo-se citar, exemplificativamente, os acórdãos proferidos no HC 251.107 e no HC 255.781, ambos julgados este ano. Por outro lado, no tocante ao preso em regime fechado, a Lei de Execuções Penais (arts. 36 e 37) não apenas restringe o trabalho externo como exige o cumprimento mínimo de 1/6 (um sexto) da pena. Reiterando: o preso em regime fechado tem restrições severas ao trabalho externo, além de não poder prestá-lo antes do cumprimento do sexto inicial da pena.*

37. *Disso resulta que o condenado em regime inicial fechado, cujo período remanescente de mandato seja inferior a 1/6 (um sexto) da pena a que foi condenado – isto é, ao tempo mínimo que terá de permanecer necessariamente na penitenciária (LEP, art. 87) –, não pode conservar o mandato. É que, nessa situação, verifica-se uma impossibilidade jurídica e física para o exercício do mandato. Jurídica, porque uma das condições mínimas exigidas pela Constituição para o exercício do mandato é o comparecimento às sessões da Casa*

---

[8] Constituição brasileira de 1988, art. 55, § 2º.
[9] Inteiro teor em: http://www.stf.jus.br/arquivo/cms/noticiaNoticiaStf/anexo/ms32326.pdf

(CF, arts. 55, III, e 56, II). E física, porque ele simplesmente não tem como estar presente ao local onde se realizam os trabalhos e, sobretudo, as sessões deliberativas da Casa Legislativa. Veja-se, então: o mandato do Deputado Natan Donadon terminaria em 31.01.2015, isto é, cerca de 17 (dezessete) meses após a deliberação da Câmara, que se deu em 28.08.2013. Porém, 1/6 da sua pena de 13 anos, 4 meses e 10 dias corresponde a pouco mais de 26 meses. Logo, o prazo de cumprimento de pena em regime fechado ultrapassa o período restante do seu mandato.

O Relator, ao final do despacho, explicita que tomou em consideração "a gravidade moral e institucional (...) de uma decisão política que (...) chancela a existência de um Deputado presidiário". Também faz expressa referência à "indignação cívica", à "perplexidade jurídica", ao "abalo às instituições" e ao "constrangimento" que a situação gera aos Poderes constituídos, fatores esses que, segundo o Relator, "legitimam a atuação imediata do Judiciário"[10].

Parece bastante claro que essa decisão monocrática – abstraindo a circunstância de haver suspendido uma não-decisão: a decisão pela não--perda do mandato de parlamentar preso – decorreu de interpretação bastante construtiva. Tanto isso é verdade que o Ministro GILMAR MENDES afirmou que o despacho implicaria um "mandato salame", de cumprimento fatiado, na medida em que o parlamentar progredisse de regime prisional[11].

Conclusão

Mandato parlamentar é algo da maior importância, mormente em um regime democrático. Sua cassação arbitrária não tem lugar e sua perda não deve ser uma ocorrência banalizada. De modo acertado, não é essa a prática brasileira, que revela um escrutínio judicial prudente, respeitoso à dignidade da função parlamentar. Há, aqui, uma interação construtiva entre Congresso Nacional e Supremo Tribunal Federal, com pequenas

---

[10] Há outras declarações do Ministro Roberto Barroso sobre a influência da "opinião pública". A propósito, entrevista publicada em 03 de novembro de 2013 na revista jurídica virtual Consultor Jurídico (http://www.conjur.com.br).

[11] A declaração foi publicada, por exemplo, no jornal Folha de São Paulo, de 04 de setembro de 2013, editoria "Poder".

fricções ocasionais, mas saudáveis à melhor definição dos limites decisórios de cada instituição.

Por outro lado, as variações de entendimento jurisprudencial sobre como se dá a perda do mandato após condenação criminal de parlamentar com trânsito em julgado não são desejáveis, mas compõem quadro próprio a assunto novo, mormente em face do ingresso natural de novos membros na Corte.

Essencial, no contexto, é defender de modo bastante claro e firme o próprio Congresso Nacional como instituição fundamental do regime democrático que é. Compreensivelmente isso implica, por vezes, decisões do Supremo Tribunal Federal – como árbitro do jogo institucional – que repercutem, de algum modo, sobre o mandato parlamentar. Claro, daí não pode decorrer vulneração das prerrogativas decisórias próprias às instituições parlamentares (o que não parece ser o caso no quadro posto). De toda sorte, melhor seria que houvesse uma definição jurisprudencial clara e final acerca do texto constitucional aplicável (ou que fosse ele ajustado para eliminar qualquer dúvida).

O Embate Entre o Supremo Tribunal Federal e o Congresso Nacional: o Poder do Legislador Para Sustar Decisões do STF e a PEC 33, de 2011

FÁBIO LIMA QUINTAS

Merecem ser encaradas com certa naturalidade as hoje rotineiras críticas dirigidas ao Supremo Tribunal Federal, como decorrência da importância que a Corte tem adquirido na discussão dos grandes temas de interesse nacional. Aquilo que, entretanto, se limitava a expressar descontentamento de setores da sociedade e dos demais Poderes constituídos, como o Congresso Nacional, contra certas posições do Supremo tem evoluído para a formulação de iniciativas concretas voltadas a reduzir ou controlar o seu protagonismo político.

Com esse declarado objetivo, tramitam hoje na Câmara dos Deputados duas propostas de emenda à Constituição que buscam conferir ao Congresso Nacional o poder de sustar decisões do Poder Judiciário (ou, mais precisamente, do Supremo Tribunal Federal). Trata-se das Propostas de Emenda à Constituição nos 3 e 33, ambas de 2011 (a primeira delas já com parecer aprovado pela Comissão de Constituição e Justiça e a segunda ainda aguardando votação do parecer).

Haverá aqueles que qualificarão tais iniciativas como frontalmente inconstitucionais, independentemente do formato jurídico que assuma a proposta, por considerarem que a mera proposição de alterações da espécie violaria a cláusula pétrea da separação dos Poderes (art. 60, § 4º, inciso III, da Constituição).

Distanciando-nos desse entendimento, consideramos mais correto pensar que a Constituição não impede *a priori* a introdução de certas modificações institucionais no sistema de controle de constitucionalidade no concerto constitucional vigente.

É a conclusão a que se chega a partir do exame de algumas decisões do Supremo Tribunal Federal, nas quais, em várias situações, reconheceu a constitucionalidade de dispositivos contidos em Emendas Constitucionais e, até mesmo, em leis ordinárias que introduziram modificações substanciais no regime de controle de constitucionalidade (ampliando, nesses casos, os poderes do Supremo Tribunal Federal em detrimento do Congresso Nacional, da Administração Pública e, por que não dizer, dos demais órgãos do Poder Judiciário)[1]. Ao assim decidir, o Supremo Tribunal Federal assume que, em certa medida, o Constituinte derivado e o legislador nacional têm poderes para modificar o equilíbrio originalmente estabelecido para o exercício do controle de constitucionalidade.

Parece-nos evidente que não é legítimo pensar que apenas as normas ampliativas dos poderes do Supremo Tribunal Federal possam ser constitucionais, reputando-se inconstitucionais aquelas que sejam restritivas, sob a premissa de que o princípio da separação de poderes teria uma única direção, em que o fortalecimento das Cortes Constitucionais representaria uma espécie de *devir histórico*. Não obstante as Cortes Constitucionais exerçam uma função relevantíssima e, quem sabe, insubstituível nos Estados Constitucionais, disso não resulta a conclusão de que haja uma fórmula que disponha sobre o seu papel, seus poderes e a postura que devem adotar, na engenharia constitucional.

Muito pelo contrário, o tema é extremamente controvertido. Em tempos de ativismo judicial, é importante assinalar que há densa literatura que se propõe a demonstrar que a preservação de um Estado Constitucional, com a proteção de todos os valores que hoje nos são caros

---

[1] A respeito da declaração de constitucionalidade da EC 3/93, vide ADC nº 1 QO, Rel. Min. Moreira Alves, Tribunal Pleno, julgado em 27/10/1993, DJ 16/6/1995. A respeito da constitucionalidade da Lei nº 9.868, vide ADI 2154 (ainda em julgamento); ADI 2258 (ainda em julgamento); e Rcl 1880 AgR, Rel. Min. Maurício Corrêa, Tribunal Pleno, julgado em 7/11/2002, DJ 19/3/2004.

(democracia e direitos fundamentais), não demanda necessariamente uma Corte Constitucional forte, que tenha a última e definitiva palavra sobre o conteúdo das normas constitucionais. Indo mais além, colhem-se evidências de que o ativismo judicial dos Tribunais Constitucionais pode representar, em certas ocasiões, uma iniciativa desastrosa para a estabilidade das instituições e, por conseguinte, para a tutela dos direitos, provocando o enfraquecimento do Estado Constitucional[2].

Diante desse cenário, parece correto assumir que há espaço para o Constituinte derivado e, em certa medida, para o legislador fazerem ajustes no regime de controle de constitucionalidade, sem afronta ao princípio da separação de poderes. E, por isso mesmo, é oportuno e conveniente avançar na discussão sobre o mérito dessas propostas, sem a precipitação de rejeitá-las liminarmente.

As PECs em destaque buscam, segundo as justificativas apresentadas, valorizar o papel do Poder Legislativo no debate das questões políticas e constitucionais relevantes e induzir o diálogo institucional entre os Poderes.

A PEC nº 3, de 2011 (da Câmara dos Deputados) tem apenas uma proposição, de alterar a redação do inciso V do art. 49, para que seja atribuída ao Congresso Nacional a competência de *"sustar os atos normativos dos outros poderes que exorbitem do poder regulamentar ou dos limites de delegação legislativa"*, como a expressa intenção de fazer com que *"o Congresso Nacional passe também a poder sustar atos normativos viciados emanados do Poder Judiciário, como já o faz em relação ao Poder Executivo"* (conforme Justificação apresentada pelo Dep. Nazareno Fonteles).

A PEC nº 33, de 2011, também da Câmara dos Deputados (e proposta pelo mesmo Deputado) contem proposições engenhosas. Entre suas medidas mais provocativas, prevê uma espécie de veto do Congresso Nacional a determinadas deliberações do Supremo Tribunal Federal em sede de controle de constitucionalidade. Traz ainda outras proposições

---

[2] Para uma visão abrangente dessa crítica, confira-se TUSHNET, Mark. Weak Courts, Strong Rights. New Jersey: Princeton University Press, 2008. Em diferentes perspectivas, vide ainda importantes considerações feitas por MENDES, Conrado Hübner. Controle de Constitucionalidade e Democracia. Rio de Janeiro: Elsevier, 2008; ZAGREBELSKY, Gustavo. Principios y votos. El Tribunal Constitucional y la política. Trad. Manuel Martínez Neira. Madrid: Editorial Trotta, 2008; e NINO, Carlos Santiago. Fundamentos de derecho constitucional. Buenos Aires: Astrea, 2005.

polêmicas, como a de aumentar o quórum de julgamento para a declaração de inconstitucionalidade: quatro quintos dos membros dos Tribunais (ao invés da maioria absoluta hoje estabelecida no art. 97 da Constituição) e nove Ministros do Supremo Tribunal Federal (ao invés dos atuais seis).

No contexto de impor restrições aos efeitos das decisões emanadas do Supremo Tribunal Federal em controle de constitucionalidade, a PEC propõe, no que concerne à edição de Súmulas Vinculantes, que "[o] *Congresso Nacional terá prazo de noventa dias, para deliberar, em sessão conjunta, por maioria absoluta, sobre o efeito vinculante da súmula, contados a partir do recebimento do processo, formado pelo enunciado e pelas decisões precedentes*", sendo que o silêncio do Congresso Nacional, no prazo estabelecido, implicará sua aprovação tácita (art. 2º da PEC 33/2011, que propõe o acréscimo dos §§ 4º e 5º ao art. 103-A da Constituição).

No que se refere ao controle concentrado de constitucionalidade, prevê a PEC que "[a]*s decisões definitivas de mérito proferidas pelo Supremo Tribunal Federal nas ações diretas de inconstitucionalidade que declarem a inconstitucionalidade material de emendas à Constituição Federal não produzem imediato efeito vinculante e eficácia contra todos, e serão encaminhadas à apreciação do Congresso Nacional que, manifestando-se contrariamente à decisão judicial, deverá submeter a controvérsia à consulta popular.*" (art. 3º, que acrescenta o § 2º-A ao art. 102 da Constituição). O exercício do poder de veto (mitigado pela necessidade de validação da decisão à deliberação popular) do Congresso Nacional estaria submetido a quórum de 3/5 de seus membros em deliberação que deveria ocorrer no prazo máximo de 90 dias, sob pena de aprovação tácita da decisão do Supremo Tribunal Federal.

Nos termos da PEC 33/2011, vê-se que o poder de controle do Congresso Nacional sobre as decisões do Supremo Tribunal Federal estaria (i) limitado às hipóteses de edição de Súmula Vinculante ou de declaração de inconstitucionalidade material exercido sobre emenda constitucional, (ii) sujeito a prazo de 90 dias e (iii) submetido a quórum qualificado de 3/5 do Congresso Nacional. No que se refere à fiscalização das decisões tomadas em controle concentrado de constitucionalidade que julguem inconstitucional Emenda Constitucional, prevê a PEC que, tendo o Congresso Nacional rejeitado a decisão do Supremo Tribunal Federal, seria ela submetida a consulta popular.

A mais delicada das propostas parece ser a que institui a possibilidade de controle sobre decisões do STF que declarem a inconstitucionalidade material de emendas à Constituição. Ora, o Supremo Tribunal Federal apenas declara a inconstitucionalidade material de emenda constitucional com fundamento nas cláusulas pétreas (art. 60, § 4º, da Constituição). Na prática, portanto, a proposta em curso no Congresso Nacional visa a permitir que o entendimento do Supremo Tribunal Federal a respeito do conteúdo de uma cláusula pétrea possa ser superado pela visão do Congresso Nacional e pela decisão obtida em consulta popular. Não se pode ignorar que a proposta tem a sofisticação de remeter a consulta popular direta a apreciação final sobre o mérito da decisão do Supremo Tribunal Federal. Mas isso não atenua a percepção de que se está a provocar a modificação do equilíbrio de Poderes, em afronta ao art. 2º da Constituição. Com esse entendimento, o Dep. Esperidião Amin, Relator da PEC 33/2011, opinou pela supressão desse dispositivo, no parecer que elaborou na Comissão de Constituição e Justiça (ainda não apreciado).

Os demais dispositivos destacados não possuem essa mesma controvérsia, pelo menos não na mesma intensidade.

A redação minimalista sugerida para o inciso V do art. 49, que de resto pode ser lido como uma explicitação do inciso XI do mesmo artigo (o qual confere ao Congresso Nacional o poder de *"zelar pela preservação de sua competência legislativa em face da atribuição normativa dos outros Poderes"*) faz com que a maior preocupação se volte para eventual aplicação dessa prerrogativa pelo Congresso Nacional.

A tentativa de submeter ao crivo do Congresso Nacional as propostas de Súmula Vinculante incide, vale lembrar, sobre um instituto introduzido no ordenamento jurídico pelo Constituinte derivado, por meio da Emenda Constitucional nº 45, de 2004. Diante dessa especificidade, haveria argumento plausível para considerar descabida a iniciativa do Poder Constituinte derivado de reajustar o instituto? Parece-nos que não.

Ambos os projetos, no entanto, parecem ser ineficazes para os fins a que se propõem, de fortalecer o papel do Congresso Nacional, diminuir o protagonismo do Supremo Tribunal Federal e incitar o diálogo institucional, em vista do difícil procedimento a que se sujeita o exercício do cogitado poder de veto do Congresso Nacional, a demandar forte mobilização política e grande disposição para assumir os correspondentes custos políticos.

As propostas em análise podem ter o efeito contrário. O sentimento de que há uma rede de proteção para a vontade majoritária pode estimular a Corte Constitucional a tomar decisões arrojadas, na perspectiva de que está disponível um processo político excepcional de controle de sua decisão. Em outras palavras, a instituição de controles sobre as suas decisões não conduz necessariamente ao incremento de responsabilidade dos agentes políticos, podendo ter o efeito inverso de provocar uma espécie de risco moral (*moral hazard*).

Talvez a configuração atual do sistema ofereça mecanismos mais efetivos, para o exercício de controle das decisões do Supremo Tribunal Federal. De fato, é preciso recordar que, em princípio, as decisões do Supremo Tribunal Federal não vinculam o Legislador, deixando em aberto a possibilidade de o Congresso Nacional superar as decisões do Supremo Tribunal Federal por meio do processo legislativo, com a edição de leis e, se necessário for, emendas constitucionais.

É essa a percepção de Mark Tushnet[3], ao examinar a utilização de dispositivo semelhante àquele proposto na PEC existente na Constituição do Canadá (precisamente, em sua "Carta de Direitos e Liberdades", integrante do *Constitution Act, 1982*). Pelo dispositivo constitucional canadense (seção 33, apelidada de "*notwithstanding clause*") é possível ao Parlamento de uma Província afastar expressamente a leitura feita pela Suprema Corte a respeito de um direito fundamental. Essa cláusula, relata Tushnet, foi pouco utilizada na história constitucional do Canadá porque, no seu entender, o custo político para o Parlamento superar expressamente uma decisão da Suprema Corte é muito maior do que simplesmente promulgar outra lei substantivamente semelhante àquela declarada inconstitucional.

Essa percepção nos parece correta: para promover o diálogo institucional entre os Poderes instituídos pode ser mais promissor que a Legislatura exerça sua prerrogativa de promulgar novas leis, ao invés de investir na criação de um novo processo decisório de rejeição expressa das

---

[3] Op.Cit. Chapter 3. Para uma visão sobre o assunto, sugere-se a leitura de artigo elaborado por Marcelo Casseb Continentino no Observatório da Jurisdição Constitucional, intitulado "A *Notwithstanding Clause* e a Constituição do Canadá", disponível no seguinte endereço eletrônico http://www.portaldeperiodicos.idp.edu.br/index.php/observatorio/article/viewFile/484/310

decisões do Supremo Tribunal Federal que exija enorme engajamento do Congresso Nacional num curto espaço de tempo.

No Brasil, temos alguns bons exemplos desse diálogo institucional (que podem ser objeto de exame em outra oportunidade[4]), evidência de que, para promover uma efetiva interação entre o Tribunal Constitucional e a Legislatura, pode ser suficiente que o Congresso Nacional invista no exercício de sua função de legislar. Essa é uma prática corriqueira em outras importantes democracias, como a norte-americana, repleta de episódios em que o Congresso reformulou decisões da Suprema Corte pela via legislativa.

Por ora, consideramos apropriado afirmar apenas que, independentemente do juízo que se faça sobre seu mérito, o exame crítico das PECs ora em tramitação deve ser inserido num debate mais amplo que focalize o papel do Supremo Tribunal Federal e do Congresso Nacional na especificação do conteúdo das normas constitucionais e a necessidade e os meios de aprimorar o diálogo institucional entre os Poderes.

---

[4] Apenas para ilustrar os contornos de algumas situações em que se identificou um diálogo institucional entre Supremo Tribunal Federal e Congresso Nacional, cabe mencionar a recente promulgação da lei a respeito do aviso prévio proporcional (Lei nº 12.206, de 2011), que foi uma clara resposta do Congresso Nacional ao fato de o STF estar na iminência de declarar a inconstitucionalidade por omissão do art. 7º, inciso XXI, da Constituição (anunciando, no julgamento, a possibilidade de dispor sobre uma regulação provisória do tema). Outra situação que serve de exemplo de tentativa de diálogo institucional (que não foi bem compreendida pelo STF) é retratada nos autos da ADI 2.797: ante o entendimento manifestado pelo STF com a edição da Súmula nº 394/STF, a respeito da prerrogativa de foro, o legislador ordinário houve por bem introduzir o § 1º ao art. 84 do Código de Processo Penal, para o fim de, superando o entendimento da Súmula, fixar a competência especial por prerrogativa de função ainda que o inquérito ou a ação penal tivessem início após a cessão do exercício da função pública (Lei nº 10.628, de 2002). No julgamento da referida ADI, o STF, por maioria, considerou esse dispositivo legal inconstitucional.

Supremo Tribunal Federal: Aspectos Históricos e Institucionais

Desafios do Novo Presidente do STF

André Rufino do Vale

O Supremo Tribunal Federal elegerá nos próximos dias seu novo Presidente[1], o que se espera que ocorra dentro do já costumeiro clima de estabilidade institucional que tem marcado as sucessões presidenciais na Corte.

A eleição do Presidente do STF por seus próprios pares tem representado, ao longo de toda a história do Tribunal, uma garantia de independência e, portanto, uma espécie de escudo institucional contra as ingerências políticas dos demais Poderes, especialmente do Poder Executivo.

Nunca é demais relembrar alguns conhecidos episódios históricos em que o Tribunal se viu institucionalmente vulnerável em face do Poder Executivo, como o ocorrido no Governo Floriano Peixoto, quando o Presidente e o Vice-Presidente da Corte eram obrigados a prestar

---

[1] A provável data da eleição será o próximo dia 13 de agosto, quando ocorrerá a segunda sessão ordinária imediatamente posterior à vacância do cargo, ocorrida no último dia 31 de julho, quando publicada no Diário Oficial a aposentadoria do Ministro Joaquim Barbosa. A regra está prevista pelo artigo 12 do Regimento Interno do Tribunal: "Art. 12. (...) § 1º Proceder-se-á à eleição, por voto secreto, na segunda sessão ordinária do mês anterior ao da expiração do mandato, ou na segunda sessão ordinária imediatamente posterior à ocorrência de vaga por outro motivo".

juramento perante o Chefe do Executivo[2], que demorava para marcar a data da cerimônia e assim deixava o Tribunal e seu regular funcionamento submetidos às vontades do Executivo; assim como o período em que o Governo de Getúlio Vargas determinou, por meio do Decreto-Lei 2.770 (de 11 de novembro de 1940)[3], que o Presidente e o Vice-Presidente do STF deveriam ser nomeados, por tempo indeterminado, diretamente pelo Presidente da República.

Ambos os episódios (encerrados em 1894 e 1946, respectivamente) geraram para a Corte lições históricas importantes no sentido da necessidade de se consolidar e de se assegurar a permanência dessa regra de eleições presidenciais pelos próprios integrantes do colegiado como

---

[2] A regra remonta ao período Imperial, em que o Presidente do Supremo Tribunal de Justiça era nomeado diretamente pelo Imperador, perante o qual prestava juramento. A Lei de 18 de setembro de 1828, que criou o Supremo Tribunal do Império, assim estabelecia: "Art.2º. O Imperador elegerá o Presidente dentre os membros do Tribunal, que servirá pelo tempo de três anos. (...) Art.3º. O Presidente prestará nas mãos do Imperador, e os outros membros nas do Presidente, o seguinte juramento: Juro cumprir exatamente os deveres do meu cargo". No Governo Provisório de 1890, o Decreto 210 determinou que (Art. 1º) "O Presidente do Supremo Tribunal de Justiça e os Presidentes das Relações serão desde já eleitos dentre os membros do respectivo tribunal por votação nominal e maioria absoluta de votos dos ministros ou desembargadores que nele tiverem assento". Posteriormente, o Decreto n. 510, de 1890, estabeleceu, em seu artigo 57, que "os tribunais federais elegerão de seu seio os seus presidentes". O Decreto 848, também de 1890, que organizou a Justiça Federal, dispunha em seu artigo 11 que "os membros do Supremo Tribunal Federal elegerão dentre si um presidente e um vice-presidente, que servirão durante três anos, podendo ser reeleitos". O Decreto n. 1, de 26 de fevereiro de 1891, que determinou as regras de instalação do Supremo Tribunal Federal, fixou a norma de juramento do Presidente do Tribunal perante o Presidente da República: Art.2. (...) O presidente do tribunal fará, perante o Presidente da República, a solene promessa de fidelidade à Constituição e às leis, e a receberá do vice-presidente". Essa regra foi revogada em 1894, pela Lei n. 221, de 20 de novembro, que em seu artigo 26 determinou que "o compromisso formal do ato de posse (Constituição, art. 82) terá lugar perante o tribunal reunido com qualquer número de ministros, se se tratar do presidente ou vice-presidente dele, e perante quem na ocasião presidir o tribunal, se se tratar de quaisquer outros de seus membros".

[3] O artigo 1º do Decreto-Lei 2.770, de 11 de novembro de 1940, dispunha que: "O Presidente e o Vice-Presidente do Supremo Tribunal Federal serão nomeados por tempo indeterminado dentre os respectivos Ministros pelo Presidente da República e considerar-se-ão empossados mediante publicação do respectivo ato no Diário Oficial".

uma garantia de sua independência e de seu regular funcionamento e desenvolvimento institucionais[4].

O tradicional sistema de eleições presidenciais no STF também tem contribuído para que o Presidente seja considerado no interior do colegiado como um *primus inter pares*. A própria configuração institucional do cargo assim o sugere, ao prever mandatos presidenciais relativamente curtos, de apenas dois anos, vedada a reeleição. Assim, a cada dois anos os Ministros elegem seu novo Presidente, que deve ser escolhido entre os integrantes do próprio colegiado. Na prática, adota-se a já tradicional regra costumeira de se respeitar a ordem decrescente de antiguidade entre os magistrados, de modo que sempre é eleito o Ministro mais moderno em relação ao Presidente que termina seu mandato[5].

A observância rigorosa dessas normas e práticas no processo de eleição presidencial tem proporcionado a manutenção de uma ordem institucional no seio do colegiado e assegurado uma legitimidade muito forte do Presidente entre os colegas. Todos são bastante conscientes do fato da rotatividade periódica e da ordem pré-estabelecida de sucessão no cargo, o que na prática elimina completamente eventuais jogos políticos com objetivo de conquista do cargo. O clima institucional é de pleno respeito ao exercício presidencial de cada Ministro que esteja ocupando o cargo, o qual é reconhecido como o coordenador momentâneo das atividades administrativas e jurisdicionais do Tribunal, mas que por isso

---

[4] A regra da nomeação do Presidente e do Vice-Presidente do STF pelo Presidente da República adotada em determinado período do Governo Getúlio Vargas foi revogada em 1946, pelo Decreto-Lei n. 8.561, de 4 de janeiro de 1946, que continha um preâmbulo com teor bastante enfático: "Considerando que, no regime de separação de poderes, independentes e harmônicos entre si, é da tradição brasileira a eleição do presidente e vice-presidente dos tribunais por seus próprios membros; Considerando que nenhuma razão geral existe para conferir ao Chefe do Poder Executivo da União a faculdade de escolher o presidente do mais alto Tribunal do país, decreta: Art.1. No caso de vaga do cargo de Presidente ou Vice-Presidente do Supremo Tribunal Federal proceder-se-á por seus pares a eleição do Presidente e do Vice-Presidente, em sessão extraordinária para este fim convocada".

[5] O Presidente do STF é eleito por voto secreto, pelos próprios Ministros, e o mandato tem a duração de dois anos, vedada a reeleição para o período seguinte. Apesar de não haver qualquer previsão regimental nesse sentido, criou-se a tradição de se eleger para ocupar o cargo o Ministro mais antigo da Corte que ainda não o tenha ocupado. O procedimento para eleição presidencial está previsto no Regimento Interno do Tribunal, artigo 12.

não deixa de ser considerado entre seus pares como mais um membro do órgão colegiado[6].

O fato é que o Supremo Tribunal Federal pratica hoje um regime de autogoverno que é mais colegiado do que presidencialista. Não se cultiva uma figura presidencial forte como a que existe na Suprema Corte dos Estados Unidos – cujo *Chief Justice* é nomeado pelo Presidente da República por tempo indeterminado – e também não há espaços para se falar, como na realidade norte-americana, de uma "Corte Warren", por exemplo. Apesar de algumas destacadas atuações presidenciais no STF, como as dos Ministros Moreira Alves, Sepúlveda Pertence e Carlos Velloso e, mais recentemente, dos Ministros Nelson Jobim e Gilmar Mendes, as características institucionais do cargo não deixam muita margem para se atribuir a uma única figura presidencial o predomínio doutrinário e a liderança institucional que podem marcar toda uma época na histórica da Corte.

Nesse contexto, a cada dois anos um novo Presidente do STF assume a direção do Tribunal dotado de considerável legitimidade perante seus colegas para, sobretudo, dar continuidade ao trabalho das gestões anteriores, enfrentando os desafios que se impõem momentaneamente no biênio de seu mandato.

O novo Presidente do STF, o Ministro Ricardo Lewandowski, enfrentará desafios atuais importantes. Alguns deles exigirão do Presidente um perfil mais político para atuar perante os demais Poderes e os órgãos do Poder Judiciário. A demanda remuneratória dos servidores do Poder Judiciário, que também se relaciona com o pleito de reformas na carreira dos servidores do próprio STF, são alguns dos temas administrativos que pressionarão a nova gestão da Corte e provavelmente a inserirá no embate político com o Poder Executivo pela aprovação orçamentária, como já ocorrido em outras ocasiões. Perante o Poder Legislativo, o Pre-

---

[6] O fato de o Presidente ser reconhecido como um *primus inter pares* não lhe retira certas prerrogativas que lhe são atribuídas em virtude do exercício do cargo e que tornam sua atuação potencialmente distinta dos demais colegas, especialmente na deliberação. O exemplo mais eloquente da necessária proeminência presidencial no contexto da deliberação está nas atribuições que são designadas ao Presidente para conduzir os trabalhos das sessões de julgamento em conformidade com as prescrições do Regimento Interno da Corte e, especialmente, na prerrogativa que lhe é conferida pelo próprio Regimento (art. 13, IX) de proferir *voto de qualidade* em hipóteses de empate na votação.

sidente terá que atuar politicamente pela aprovação dos projetos de lei de interesse do Poder Judiciário, entre os quais, por exemplo, o Projeto de Lei de Regulamentação do Mandado de Injunção, que permanece como a única ação constitucional despida da regulamentação exigida pela Constituição. No âmbito do Conselho Nacional de Justiça, deve ser cobrada a continuidade e o aperfeiçoamento de políticas importantes, algumas delas criadas em gestões anteriores como as da Ministra Ellen Gracie e do Ministro Gilmar Mendes, seja no âmbito do sistema prisional, no aperfeiçoamento da gestão e da informatização dos tribunais e nos programas especiais voltados para a efetivação do direito à saúde, democratização e acesso à justiça, conciliação, mediação e arbitragem.

É no plano interno, no entanto, especialmente no tema da gestão dos processos do Tribunal, que se encontram alguns dos principais desafios atuais do novo Presidente do STF. Em especial, existe uma premente necessidade de encontrar soluções procedimentais inovadoras para o pleno funcionamento do sistema de normas e procedimentos da repercussão geral, que inicialmente tiveram imenso desenvolvimento nas gestões da Ministra Ellen Gracie e do Ministro Gilmar Mendes, mas que há algum tempo sofrem do problema da elevada quantidade de temas com repercussão geral aprovada à espera de efetivo julgamento de mérito. A constante aprovação de novos temas no plenário virtual e a dificuldade de julgamento daqueles já aprovados têm criado uma fila de julgamentos praticamente infindável em curto prazo e implicado o sobrestamento nos tribunais inferiores de uma quantidade muito grande de recursos, com graves impactos na gestão dos processos no âmbito do Poder Judiciário e repercussões desastrosas para a prestação jurisdicional. O problema, no fundo, diz respeito às práticas de deliberação do Tribunal, que não criam condições para julgamentos mais céleres e eficazes que poderiam dar maior vazão à imensa lista de processos da atual pauta do Plenário.

O pleno desenvolvimento do sistema de repercussão geral está a depender de uma verdadeira revolução nas práticas deliberativas do Supremo Tribunal Federal, cujo modelo vem demonstrando sinais claros de esgotamento, como já afirmado nesta coluna em 1º de fevereiro de 2014. O novo Presidente terá que se atentar para esse fato. É preciso criar regras (regimentais), reconstruir e renovar práticas antigas e arraigadas, muitas que remontam aos primórdios do Tribunal e que não mais respondem ao perfil institucional da Corte e às demandas do atual sistema complexo de tramitação e julgamento tanto dos recursos como dos processos originários na Corte. Em termos genéricos, algumas ideias podem servir de referência, tais como, por exemplo: o planejamento estratégico da agenda de julgamentos e a definição das pautas temáticas com maior antecedência (mensal ou semestral, a depender do tipo de processo); a construção de práticas de deliberação prévia que favoreçam maior diálogo interno entre os Ministros e possam criar condições para a construção mais colegiada dos posicionamentos; o desenvolvimento de costumes de votação mais célere, como a limitação prática do tempo de voto individual; realização de sessões extraordinárias exclusivas para relatórios e sustentações orais; a ampliação do uso dos sistemas informatizados e do plenário virtual para contatos e trocas argumentativas e textuais internas, não só entre Ministros, mas também entre as equipes dos diversos gabinetes; construção de padrões de formatação, mais estruturados, sintéticos, claros e facilitadores da publicação mais célere, para os acórdãos e especialmente para as ementas, para que estas possam efetivamente representar, de forma didática e unívoca, a posição do colegiado; entre outras. Além disso, é hoje fundamental dar continuidade à ampliação da competência das turmas, o que já vem trazendo resultados positivos para a paulatina diminuição da pauta do Plenário.

Essas questões devem ser levadas a sério pelo novo Presidente e postas à discussão do colegiado, com a finalidade de se dar início aos trabalhos de reformas de curto, médio e longo prazo, que gerem responsabilidade, inclusive, para as próximas gestões presidenciais.

O Presidente do Supremo Tribunal Federal

RODRIGO DE OLIVEIRA KAUFMANN

Desde que o Ministro Joaquim Barbosa anunciou, em maio de 2014, que se aposentaria do Supremo Tribunal Federal (medida que se concretizou com a publicação do respectivo ato no Diário Oficial da União de 31.07.2014), muito se discutiu acerca do significado daquela decisão. Gastou-se, entretanto, muito tempo em considerações menores acerca do perfil do Ministro, seus traços pessoais, os episódios de confronto que protagonizou em plenário ou por meio da imprensa, as brigas que assumiu perante as demais carreiras jurídicas.

Algumas opiniões sugeriam que o anuncio da aposentadoria era a última demonstração de desrespeito do Ministro para com a instituição "STF", uma vez que supostamente seria a primeira vez que seu Presidente abria mão dessa posição político-institucional. De fato não foi a primeira vez.

É conhecido o caso emblemático do Ministro Adalício Nogueira, indicado pelo Presidente Castelo Branco, para uma das vagas criadas pelo Ato Institucional nº 2, de 27.10.1965. Eleito presidente do STF em 06.02.1969, declinou do mandato alegando, em carta, motivos particulares. Mais recentemente, o próprio Ministro Nelson Jobim se aposentou como presidente em 29.03.2006, dois meses antes do final de seu mandato.

Visto por esse ângulo, a aposentadoria do Ministro Joaquim Barbosa abre uma interessante reflexão acerca do simbolismo do cargo de

Presidente do STF e quando esse papel se encerra substancialmente, mesmo antes do fim do período de 2 anos, tempo de exercício adotado na prática desde a presidência do Ministro Barros Barreto (1960-1962) – o ilustre Ministro que presidiu a primeira sessão do Tribunal em Brasília no dia 21.04.1960 – e hoje prevista no art. 12 do RISTF.

A posição de Presidente do Supremo Tribunal Federal é cargo da mais alta importância, não só porque personifica a própria representação do Tribunal e do Poder Judiciário (foi ele – na pessoa do então Ministro Rafael Mayer –, por exemplo, que prestou compromisso de manter, defender e cumprir a Constituição – art. 1º do ADCT), mas também por conta de suas responsabilidades administrativas, jurídicas e institucionais. É o seu Presidente que vela pelas prerrogativas do Tribunal (art. 13, I, do RISTF); que o representa perante os demais Poderes constituídos (art. 13, II); que dirigi os trabalhos em plenário, mantendo-os em ordem e em ambiente de respeito e cordialidade (art. 13, III); que é o garantidor da autoridade das decisões do Tribunal (art. 13, VI); que é o gestor chefe da estrutura administrativa do Tribunal, responsabilizando-se por seu funcionamento (art. 13, XII e XIII); etc.

Além dessas, é importante lembrar que o Presidente do STF é motivo de destaque na própria Constituição de 1988 quando o texto prevê delicadas funções como a presidência do tribunal político do *impeachment* do Presidente da República no Senado Federal e nos crimes de responsabilidade apurados contra Ministros de Estado, Comandantes das Forças Armadas, Ministros do STF, membros do CNJ e do CNMP, Procurador-Geral da República e AGU (art. 52, I e II, da CF). No Brasil, o Ministro Sydney Sanches ocuparia essa posição na condição de presidente do STF de outubro a dezembro de 1992, quando do julgamento do *impeachment* de Fernando Collor de Mello no Senado.

A Constituição de 1988 também fixa o presidente do STF na sucessão presidencial na hipótese de vacância ou impedimento do Presidente e do Vice-presidente da República, após a eventual impossibilidade de exercício da função do Presidente da Câmara dos Deputados e do Presidente do Senado Federal (art. 80 da CF).

Os Ministros Moreira Alves, Octavio Gallotti e Marco Aurélio, por exemplo, exerceram a função como substitutos constitucionais, observada a linha sucessória presidencial, nos anos de 1986, 1994 e 2002, respectivamente.

O Ministro Moreira Alves, durante sua presidência no STF (1985/1987), chegou a presidir as sessões de instalação da Assembleia Nacional Constituinte de 1987/1988, por expressa exigência da Emenda Constitucional nº 26/85, até a eleição, pelos constituintes, do seu presidente efetivo.

Finalmente, o presidente do STF é também presidente do Conselho Nacional de Justiça por expressa determinação do art. 103-B da CF (Emenda Constitucional nº 61/2009).

A posição, portanto, é delicada e exige de seu titular enorme habilidade política e senso de discrição e postura como a própria história da Corte já demonstrou. Ao contrário da autonomia de consciência que sustenta a manifestação livre de opiniões e votos dos Ministros, o Presidente necessariamente precisa se pautar em um processo dialógico e de intensa interlocução com seus pares que, ao final, são representados por sua presidência.

Porém, o Presidente do STF, mais do que cumprir um papel oficial de Chefe do Tribunal, convola-se em uma espécie de arquétipo desse mesmo Tribunal, um símbolo orgânico que tira a Corte de sua sisudez e de suas práticas protocolares e resignifica a sua imagem. No Brasil, essa função de aderir vivacidade ao papel institucional do Tribunal é menos frequente do que em outras realidades do direito comparado. A Suprema Corte Americana, por exemplo, é estudada a partir dos ciclos mais ou menos liberais representadas pela figura de seu *Chief Justice*. A conquista da jurisprudência garantidora dos direitos civis é tributada ao chamado *"Tribunal Warren"* (em referência ao *Chief Justice* Earl Warren, indicado pelo Presidente Dwight Eisenhower em 1953), sucedido pelo *"Tribunal Burger"* (*Chief Justice* Warren Earl Burger, indicado por Richard Nixon em 1969). O *"Tribunal Rehnquist"* (*Chief Justice* William Rehnquist, indicado pelo Presidente Ronald Reagan em 1986), por outro lado, costuma ser estudado por ser um período de virada conservadora da Corte e a preocupação maior com o *self-restraint*.

Naquele país, a Presidência da Suprema Corte é indicada pelo Presidente da República e o escolhido, devidamente sabatinado e aprovado pelo Senado, ocupa o cargo até sua aposentadoria ou falecimento. Não *é raro a indicação recair sobre um membro da Corte como ocorreu com William Rehnquist (Justice* da Corte desde 1972). Há também o caso de John Roberts, indicado inicialmente para a vaga da *Associate Justice* Sandra O'Connor, e sendo redirecionado para a vaga do *Chief Justice* William Rehnquist com a notícia de seu falecimento em setembro de 2005.

No Brasil, a votação dos Ministros para Presidente da Corte é considerada um consectário do poder de autogoverno e autoadministração do STF e, por isso, um traço marcante da independência entre os Poderes. Durante o Estado Novo, Getulio Vargas fez publicar o Decreto-lei nº 2.770, de 11.11.1940 que estabelecia a prerrogativa do Chefe do Executivo nomear o Presidente e o Vice-Presidente do STF dentre seus Ministros. Os Ministros Eduardo Espínola e José Linhares ocuparam essa posição por nomeação do Presidente e coube ao próprio Ministro José Linhares, quando assumiu a Presidência da República, a revogação da medida por meio da edição do Decreto-lei nº 8.561, de 04.01.1946. A vigência do Decreto-lei nº 2.770/1940 é ainda considerada um dos períodos mais lamentáveis para a história do STF[1].

Por outro lado, o Presidente da Suprema Corte Americana tem também a especial atribuição de presidir o encontro fechado para deliberação da Corte e escolher, em alguns casos, o Ministro que fará a relatoria do voto majoritário e, eventualmente, a relatoria do voto minoritário. Nessa função, o Presidente exerce papel de chefia da "política judiciária" do Tribunal, estabelecendo pautas jurídico-políticas e nomeando prioritárias temáticas na jurisprudência do Tribunal. No Brasil, o Presidente coordena as reuniões do plenário e exerce o poder discricionário de chamamento de processos em um conjunto de aproximadamente 600 casos reclusos na pauta do plenário. Esse poder era exercido de forma caótica e randômica até a Presidência do Ministro Nelson Jobim (2004-2006), quando se criou o conceito de "pauta do plenário", e se tentou organizar os processos em agrupamentos temáticos, dando previsibilidade em seu pregão. Esse esforço na organização da pauta do plenário ajudou a consolidar a possibilidade do uso político-institucional da pauta do plenário.

Mesmo assim, não há como negar a envergadura da posição do presidente quando se analisa a própria história do STF. Desde sua instalação no período republicano, em 28.02.1891, a importância do presidente já se fazia sentir como uma projeção do próprio Tribunal. Seu primeiro

---

[1] MELLO FILHO, José Celso de. *Notas sobre o Supremo Tribunal (Império e República)*. 2ª edição. Brasília: Supremo Tribunal Federal, 2007, pág. 12. O magistral levantamento de informações históricas realizada pelo Ministro Celso de Mello foi utilizado também como fonte de outros dados citados no presente trabalho.

presidente eleito por seus pares foi o Ministro Freitas Henriques que permaneceu no cargo até 1894.

Exatamente esses primeiros anos estão entre os mais difíceis do Tribunal, seja porque a própria imagem e competência estavam em formação (vide, por exemplo, as discussões em torno da necessidade de aprovação dos primeiros nomes do Tribunal pelo Senado a partir da provocação do Deputado Amaro Cavalcanti[2]), seja porque precisavam se colocar mesmo diante do controle rigoroso e das formulações de Rui Barbosa (do qual é o exemplo mais contundente a defesa feita no HC nº 300, em 23.04.1892, mesmo após a ameaça atribuída a Floriano Peixoto[3]), seja ainda porque sofriam diretamente as pressões abusivas do Presidente Floriano Peixoto (após uma série de decisões contrárias ao Governo – HC nºs 406, 410, 520, 523, 524, 524, 525 e 529 – o então Presidente resolveria retaliar o Tribunal por meio do atraso exagerado na indicação de novos nomes ou indicação de militares e generais para as posições[4]).

Nos anos do Governo Provisório e da Presidência de Getúlio Vargas (1930 a 1934 e durante o Estado Novo na vigência da Constituição de 1937), o STF passaria por outro período de provação, talvez o mais grave de sua existência. 21 ministros indicados não passaram pelo crivo do Senado, inclusive os Ministros Eduardo Espínola e José Linhares que foram presidentes do STF (1940/1945 e maio de 1945 a outubro de 1945).

Entretanto, talvez a presidência mais emblemática do STF tenha sido a do Ministro Ribeiro da Costa (1963/1966) que ocupou o cargo nos difíceis momentos que se sucederam a partir de 31 de março de 1964. Ministro de perfil ainda hoje estudado, Ribeiro da Costa foi obrigado a se colocar na delicadíssima posição entre a composição e interlocução com o Governo Militar e a defesa da autoridade institucional do Tribunal. Sua atuação na representação da Corte acabou por ganhar ares

---

[2] RODRIGUES, Lêda Boechat. *História do Supremo Tribunal Federal – Defesa das Liberdades Civis (1891 – 1898)*. Volume I. 2ª edição. Rio de Janeiro: Editora Civilização Brasileira, 1991, pág. 9 e ss..

[3] COSTA, Emilia Viotti da. *O Supremo Tribunal Federal e a Constituição da cidadania*. São Paulo: Ieje, 2001, pág. 23.

[4] Daí se consolidou o entendimento do Senado acerca do *"notável saber jurídico"* (atualmente no art. 101, caput, da CF), após a rejeição dos nomes do médico Barata Ribeiro e dos militares Innocêncio Galvão de Queiroz, Ewerton Quadros, Antônio Sève Navarro e Demosthenes da Silveira Lobo.

místicos como bem atesta o chamado *"caso das chaves"*[5] e a discussão – ainda hoje existente – acerca da relação de seu famoso artigo publicado pela Folha de S. Paulo em 19.10.1965 e a edição do Ato Institucional nº 2, de 27.10.1965 que aumentaria o número de ministros de 11 para 16[6].

Não é por outro motivo que seus colegas de Tribunal, em apoio à sua posição, elaboraram uma espécie de desagravo por meio da aprovação de emenda regimental que, de forma pioneira e sem precedentes, estendia a sua presidência do STF até o término de sua judicatura.

A história do STF é rica em exemplos de como a figura de seu presidente ajudou a moldar a própria imagem pública da Corte. Em momentos de relativa estabilidade política, tal como no período pós-Constituição de 1988, os desafios do Presidente do STF são hoje de outra natureza: a garantia da boa relação entre poderes em um quadro de boa vizinhança; o estabelecimento de uma política judiciária que reforce a imagem do Tribunal como guardião dos direitos fundamentais (o que se tem feito a partir do incentivo de uma postura ativista ou judicializante); e o combate de práticas ruins na administração do Executivo e do Legislativo.

O primeiro caso envolve também a garantia do respeito à soberania decisória do STF. O segundo caso engloba políticas de racionalização na prestação jurisdicional (as Presidências dos Ministros Nelson Jobim, Ellen Gracie e Gilmar Mendes – 2004/2010 – amoldam-se bem nessa perspectiva), seja dos tribunais do país, seja do próprio STF. O terceiro caso certamente considera o combate à corrupção (que foi a marca a Presidência do Ministro Joaquim Barbosa).

O presidente do STF não deixa de protagonizar um papel, papel esse que é catalisado pela presença constante das câmeras de TV no plenário do Tribunal. Não há dúvida que essa circunstância mistifica a imagem do Tribunal e de seu Presidente ao mesmo tempo em que o recoloca como personagem principal de um ato que se integra também com o seu público e com sua audiência. O que é então o Presidente do STF nesses novos tempos? Qual é a sua missão exatamente? Sem se fazer julgamentos meritórios nesse momento, torna-se ao menos claro o fato de

---

[5] KAUFMANN, Rodrigo de Oliveira. Memória jurisprudencial: Ministro Ribeiro da Costa. Brasília: Supremo Tribunal Federal, 2012, pág. 94.

[6] KAUFMANN, Rodrigo de Oliveira. Memória jurisprudencial: Ministro Ribeiro da Costa. Brasília: Supremo Tribunal Federal, 2012, pág. 97.

que a Presidência do Ministro Joaquim Barbosa respondeu, de alguma forma e ao seu jeito – a essas perguntas. Caberá aos Ministros que o sucederem na posição reafirmar essa nova postura – mais agressiva, passional, isolada e popular – ou retornar aos tempos de uma presidência ponderada, colegiada e coadjuvante. Historicamente, qual dessas posturas mais agrega à imagem e à autoridade do Tribunal? De uma forma ou de outra, a presidência do Ministro Joaquim Barbosa já tinha terminado quando se encerrou o seu monólogo.

Expurgos Inflacionários: Quem Joga Pelo Empate?

JORGE OCTÁVIO LAVOCAT GALVÃO

Após o carnaval, o Supremo Tribunal Federal (STF) deve retomar o julgamento da Arguição de Descumprimento de Preceito Fundamental (ADPF) nº 165 e dos Recursos Extraordinários (RE) nºs 626.307, 591.797, 631.363 e 632.212, todos afetados pelo rito da repercussão geral, nos quais se discute se os poupadores têm direito a receber expurgos inflacionários decorrentes da mudança na correção das cadernetas de poupança em razão dos planos econômicos Cruzado, Bresser, Verão, Collor 1 e Collor 2. O resultado do julgamento influenciará o destino de mais de 400 mil ações que tramitam nas instâncias judicias inferiores e estima-se que as cifras em jogo ultrapassem a casa dos nove dígitos.

Para além da grandiosidade dos números envolvidos no caso – o que já seria motivo de apreensão tanto por parte dos poupadores, que estão aflitos com a possibilidade de verem seus direitos aniquilados por argumentos consequencialistas, como por parte dos bancos, que eventualmente pagarão a conta no caso de derrota – outra questão tem gerado inquietações aos envolvidos na causa: a possibilidade de ocorrer empate no julgamento. Com efeito, com os impedimentos dos ministros Luiz Fux, Roberto Barroso e Cármen Lúcia[1], a Corte, que ordinariamente

---

[1] Cf. sobre o assunto a seguinte matéria publicada no sítio eletrônico da ConJur no dia 28 de novembro de 2008: http://www.conjur.com.br/2013-nov-28/supremo-julgara-processos--planos-economicos-quorum-minimo.

delibera com a participação de seus onze integrantes, julgará o caso com o quórum em número par de magistrados, dando brecha para que o caso termine com quatro votos para cada lado.

A hipótese não é nova. Em razão de inevitáveis vacâncias no Tribunal e de eventuais impedimentos de um ou de outro magistrado, a Corte sempre teve que lidar com a possibilidade de ocorrer empate em suas votações. No mandado de segurança nº 21.689, julgado em dezembro de 1993, por exemplo, em que se discutia a constitucionalidade do ato do Senado Federal que cassou os direitos políticos do ex-Presidente Fernando Collor, mesmo tendo este renunciado ao mandato antes de finalizado o processo de *impeachment*, o STF viu-se diante de um impasse: em razão do impedimento dos Ministros Marco Aurélio, Sidney Sanches e Francisco Rezek e tendo havido empate na votação do *writ*, tornou-se impossível a proclamação de um resultado definitivo. O tribunal resolveu, então, com base na antiga redação do art. 40 de seu regimento interno[2], convocar três juízes do Superior Tribunal de Justiça (STJ) para concluir a votação.

A solução de convocar magistrados exógenos para decidir causa de tamanha envergadura não passou imune a críticas, como bem deixou registrado o Ministro William Patterson, convocado do STJ, em seu voto:

> Seria desnecessário dizer a satisfação e orgulho que temos nós, Juízes do Superior Tribunal de Justiça, de integrar, eventualmente, este Pretório Excelso, para colaborar em julgamento de tamanha magnitude. Todavia as críticas que se levantaram, algumas de compreensível aspecto jurídico, conduzem-me a prestar esclarecimento, para registros futuros. A convocação feita por Vossa Excelência, Senhor Presidente, com o apoio dos eminentes pares, observou a normatividade regimental consagrada na tradição do sistema judiciário pátrio. A providência não tem o significado que alguns pretenderam dar. O Supremo Tribunal Federal não está transferindo a outro Tribunal a

---

[2] A antiga redação do art. 40 preceituava que "Para completar *quorum* no Plenário, em razão de impedimento ou licença superior a três meses, o Presidente do tribunal convocará Ministro licenciado, ou, se impossível, Ministro do Tribunal Federal de Recursos, que não participará, todavia, da discussão e votação das matérias indicadas nos arts. 7º, I e II, e 151, II".

decisão que lhe cabia e cabe. Está, ao contrário, exercitando o direito de não permitir impasse no julgamento[3].

Também o então Presidente do STF, Ministro Otávio Gallotti, veio a público justificar a medida tomada pela Corte, afirmando que "*a convocação de Ministros, primeiramente do Tribunal Federal de Recursos, depois do Superior Tribunal de Justiça, é um velho e uniforme procedimento, assentado pelo Regimento em seu art. 40 e, pela praxe do Supremo Tribunal Federal*"[4]. Comprovou sua afirmativa, citando oito casos em que teria havido convocação de magistrados de outros tribunais para compor o quórum do STF.

Se tal prática era relativamente bem aceita até então, o que se percebe é que, desde o julgamento do referido caso, que envolvia questões políticas delicadas, o STF evitou adotar essa solução. É de se registrar, contudo, que nos 17 anos subsequentes ao caso, não houve maiores discussões sobre o tema, visto não ter ocorrido qualquer situação de empate mais relevante[5].

Com a edição da emenda regimental nº 35 de 2009 extirpou-se de vez a possibilidade legal de convocação de juízes do STJ para compor o quórum do tribunal[6]. A partir de então, verificada uma situação de empate no Plenário, concedeu-se ao voto do Presidente maior peso na deliberação, criando-se a figura do "voto de minerva" no âmbito do STF[7], excepcionando-se duas situações previstas no art. 146: a) havendo a ne-

---

[3] Supremo Tribunal Federal, Mandado de Segurança nº 21.689, Min. Rel. Carlos Velloso, DJ de 07/04/95, p. 442.

[4] Supremo Tribunal Federal, Mandado de Segurança nº 21.689, Min. Rel. Carlos Velloso, DJ de 07/04/95, p. 440.

[5] Em situações ordinárias, em que o empate ocorre em razão da ausência de algum magistrado, aguarda-se o retorno do ministro faltante ou a nomeação de um juiz para o cargo vago. É o que ocorreu, por exemplo, no Mandado de Segurança nº. 24.875, em que, após empate na votação, se decidiu aguardar pelo voto do Ministro Ricardo Lewandowski, que sequer havia tomado posse.

[6] O art. 40, que permitia a convocação dos ministros do STJ, passou a ter a seguinte redação: "Para completar quorum no Plenário, em razão de impedimento ou licença superior a trinta dias, o Presidente do Tribunal convocará o Ministro licenciado".

[7] "Art. 13. São atribuições do Presidente: (...)
IX – proferir voto de qualidade nas decisões do Plenário, para os quais o Regimento Interno não preveja solução diversa, quando o empate na votação decorra da ausência de Ministro em virtude de:
a) impedimento ou suspeição;

cessidade de votação por maioria absoluta e ocorrendo empate na votação, considera-se julgada a questão, proclamando-se a solução contrária à pretendida pelo requerente; e b) no julgamento de *habeas corpus*, deverá prevalecer a decisão mais favorável ao paciente no caso de empate[8].

Coincidência ou não, foi a partir dessa alteração regimental que ocorreram as situações mais dramáticas de empate desde o caso Collor. Foi no julgamento da Ação Penal nº 433, em 11/03/10, que se cogitou pela primeira vez do uso do voto de qualidade da então Presidente Ellen Gracie. Após empate em 5 a 5 na votação quanto à condenação do réu e ausente na sessão o Ministro Eros Grau, percebeu-se que não haveria tempo hábil para aguardar o voto de desempate, pois o crime prescreveria no dia seguinte à sessão plenária. A Corte, todavia, entendeu não se tratar de caso urgente a autorizar o voto de minerva da Presidente, deliberando aguardar o voto faltante, ainda que tal ato acabasse por fulminar a pretensão punitiva do Estado.

Já na Presidência do Ministro Cezar Peluso, alguns impasses marcantes impuseram várias releituras do regimento interno da Corte. Às vésperas das eleições gerais de 2010, chegaram ao STF dois Recursos Extraordinários, dos candidatos Joaquim Roriz e Jader Barbalho, que discutiam a aplicabilidade da Lei da Ficha Limpa no ano de sua edição, tendo em vista o princípio da anualidade eleitoral prevista no art. 16 da Constituição da República[9]. Ao apreciar a matéria, a Corte chegou a um inusitado empate na votação, tendo em vista a vacância da cadeira do Ministro Eros Grau, que se havia aposentado alguns meses antes. Considerando a proximidade do pleito, não havia dúvida de que a questão demandava uma solução urgente. O Ministro Peluso, contudo, recusou-se a proferir o voto de qualidade, deixando a questão para ser definida pelo Plenário. Ocorreu um novo impasse quanto ao critério de desempate a ser adotado: cinco ministros defendiam que a orientação do Pre-

---

b) vaga ou licença médica superior a trinta dias, quando seja urgente a matéria e não se possa convocar Ministro licenciado".

[8] "Art. 146. Havendo, por ausência ou falta de um Ministro, nos termos do art. 13, IX, empate na votação de matéria cuja solução dependa de maioria absoluta, considerar-se-á julgada a questão proclamando-se a solução contrária à pretendida ou à proposta.
Parágrafo único. No julgamento de habeas corpus e de recursos de habeas corpus proclamar-se-á, na hipótese de empate, a decisão mais favorável ao paciente".

[9] Supremo Tribunal Federal, Recursos Extraordinários nºs 630.147 e 631.102, de relatoria dos Ministros Ayres Britto e Joaquim Barbosa, respectivamente.

sidente deveria prevalecer, enquanto outros cinco votavam pela manutenção do acórdão recorrido[10].

Coube ao decano da Corte encontrar uma solução para o caso. Abrindo mão do ponto de vista externado no julgamento dos recursos, o Ministro Celso de Mello propôs que a Corte aplicasse, por analogia, o art. 205, parágrafo único, inciso II, do Regimento Interno do Supremo Tribunal Federal[11], no sentido de que, em caso de empate, deveria ser mantida a decisão impugnada, proferida pelo Tribunal Superior Eleitoral (TSE)[12].

Este entendimento, contudo, logo foi superado. Com a nomeação, em 2011, do Ministro Luiz Fux para a vaga deixada pelo Ministro Eros Grau, a questão da aplicação da Lei da Ficha Limpa para as eleições de 2010 foi desempatada em sentido contrário ao entendimento do TSE[13]. Com base nesse precedente, o candidato Jader Barbalho opôs embargos de declaração contra o acórdão que lhe fora desfavorável. O julgamento do recurso, realizado em 14/11/11, terminou novamente empatado em razão da vacância da cadeira deixada pela Ministra Ellen Gracie. Neste caso, entretanto, o Presidente Cézar Peluso decidiu proclamar o resultado favoravelmente ao candidato, utilizando-se de sua prerrogativa de prolatar o voto de qualidade. Assim, o acórdão do TSE foi reformado pelo STF[14].

---

[10] Cf. a seguinte notícia no sítio eletrônico da ConJur, do dia 23 de setembro de 2019: http://www.conjur.com.br/2010-set-23/supremo-retoma-julgamento-aplicacao-lei-ficha-limpa.

[11] "Art. 205. Recebidas as informações ou transcorrido o respectivo prazo, sem o seu oferecimento, o relator, após vista ao Procurador-Geral, pedirá dia para julgamento, ou, quando a matéria for objeto de jurisprudência consolidada do tribunal, julgará o pedido.
Parágrafo único. O julgamento de mandado de segurança contra ato do Presidente do *Supremo Tribunal Federal* ou do *Conselho Nacional da Magistratura* será presidido pelo Vice--Presidente ou, no caso de ausência ou impedimento, pelo Ministro mais antigo dentre os presentes à sessão. Se lhe couber votar, nos termos do art. 146, I a III, e seu voto produzir empate, observar-se-á o seguinte:
(...)
II – Havendo votado todos os Ministros, salvo os impedidos ou licenciados por período remanescente superior a três meses, prevalecerá o ato impugnado"

[12] Cf. o que foi noticiado pela ConJur, no dia 7 de outubro de 2010: http://www.conjur.com.br/2010-out-27/empate-faz-supremo-manter-decisao-tse-ficha-limpa.

[13] Veja entrevista dada por Luiz Fux sobre seu voto no caso da Ficha Limpa em http://www.conjur.com.br/2011-mar-28/fux-nao-encontrou-argumentos-juridicos-manter-ficha-limpa.

[14] Supremo Tribunal Federal, Embargos de Declaração no Recurso Extraordinário nº 631.102, Min. Rel. Joaquim Barbosa, Rel. p/ acórdão Min. Dias Toffoli, Dje de 02/05/2012.

No caso dos expurgos inflacionários, a questão torna-se ainda mais delicada. Com efeito, na ADPF nº 165, os bancos requereram a declaração da constitucionalidade das leis que criaram os planos econômicos. Como se sabe, o art. 97 da Constituição Federal de 1988 estabelece a regra do *full bench*, preceituando que *"somente pelo voto da maioria absoluta de seus membros ou dos membros do respectivo órgão especial poderão os tribunais declarar a inconstitucionalidade de lei"*. Assim, uma das conclusões possíveis é a de que, não havendo seis votos pela inconstitucionalidade das leis questionadas, devem elas ser consideradas constitucionais, interpretação esta benéfica aos bancos. Por outro lado, havendo empate na votação dos Recursos Extraordinários, uma das soluções já aplicada pela Corte é a de que, não resultando maioria para reforma do acórdão atacado, mantém-se a conclusão do tribunal *a quo*, o que ensejaria ganho de causa aos poupadores. Ou seja, caso adotadas as soluções mais ortodoxas, haveria uma contradição entre os resultados obtidos no âmbito dos controles difuso e concentrado.

Nenhuma das decisões, todavia, teria efeito vinculante. Como se sabe, os acórdãos proferidos em ADPF, bem como em Recursos Extraordinários afetados ao rito da repercussão geral, vinculam, ordinariamente, os demais casos que tramitam nas instâncias inferiores. O mesmo não ocorre, contudo, quando não se obtém o mínimo de seis votos a favor de uma das orientações. É o que restou decidido, por exemplo, na Ação Direta de Inconstitucionalidade (ADI) nº 4.167, julgada em 27/04/11, em que se discutia a constitucionalidade de lei federal que fixou piso nacional para os professores da educação básica[15]. Na ocasião, o Ministro Dias Toffoli declarou-se impedido, o que resultou em empate na votação. A rigor, como não houve seis votos para declarar a inconstitucionalidade da norma, concluiu-se pela improcedência da ação. No entanto, o STF deliberou que, não atingido o quórum de maioria absoluta para qualquer dos lados, aquela decisão não produziria efeitos vinculantes, o que, na prática, permite que os tribunais inferiores decidam de modo diferente[16].

---

[15] Supremo Tribunal Federal, Ação Direta de Inconstitucionalidade nº 4.167, Rel. Min. Joaquim Barbosa, Dje de 27/04/11.

[16] Tal conclusão partiu da interpretação do parágrafo único do art. 23 da Lei 9.868/99 que exige, para o controle concentrado, o quórum de maioria absoluta tanto para a declaração de inconstitucionalidade quanto para o juízo de constitucionalidade.

De modo semelhante, no julgamento do Recurso Extraordinário nº 596.152, decidido em 13/10/11, a Corte defrontou-se com outro empate decorrente da vacância da cadeira da Ministra Ellen Gracie. Discutia-se a possibilidade de retroação da Lei nº 11.343/06, que trouxe nova causa de diminuição da pena para aqueles considerados "pequenos traficantes". Reconhecida a repercussão geral do tema e tendo havido empate na votação, o Plenário deliberou que, no caso concreto, deveria prevalecer a interpretação mais benéfica ao réu, mas que a decisão não teria eficácia vinculante. Foi exatamente esta a observação da Ministra Cármen Lúcia ao fim do julgamento, de que *"em que pese a repercussão geral ter sido reconhecida, vai ser necessário que se retorne* [o tema] *para que se consolide o entendimento que passará a vincular"*[17]. É relevante notar que se estava diante de uma das duas hipóteses de não aplicação do voto de qualidade do Presidente, já que se tratava de recurso em *habeas corpus*.

Percebe-se que não há uma solução pronta para o caso de empate no julgamento dos expurgos inflacionários. Contudo, algumas constatações são possíveis. Em primeiro lugar, dificilmente a questão poderá ser decidida no âmbito da ADPF, pois se aplica subsidiariamente a esta ação de controle concentrado a regra contida no parágrafo único do art. 23 da Lei 9.868/99[18], que exige maioria absoluta para qualquer juízo quanto à constitucionalidade de ato normativo impugnado. Assim, empatada a votação, não haverá alternativa legal senão aguardar a mudança de composição da Corte para que se conclua o julgamento. Caso a Corte decida encerrar o julgamento, deverá aplicar o art. 146 do regimento interno, segundo o qual na ocorrência de empate em votação que exige maioria absoluta, conclui-se o julgamento em sentido contrário ao requerido, o que resultaria na rejeição da ADPF.

---

[17] Supremo Tribunal Federal, Recurso Extraordinário nº 596.152, Rel. Min. Ricardo Lewandowski, Rel. p/ acórdão Min. Ayres Britto, Dje de 10/02/12.

[18] "Art. 23. Efetuado o julgamento, proclamar-se-á a constitucionalidade ou a inconstitucionalidade da disposição ou da norma impugnada se num ou noutro sentido se tiverem manifestado pelo menos seis Ministros, quer se trate de ação direta de inconstitucionalidade ou de ação declaratória de constitucionalidade.

Parágrafo único. Se não for alcançada a maioria necessária à declaração de constitucionalidade ou de inconstitucionalidade, estando ausentes Ministros em número que possa influir no julgamento, este será suspenso a fim de aguardar-se o comparecimento dos Ministros ausentes, até que se atinja o número necessário para prolação da decisão num ou noutro sentido".

Em se tratando de Recurso Extraordinário, a situação é diferente. Há soluções previstas no próprio regimento interno. Empatada a votação, a Corte poderá considerar mantido o acórdão impugnado (utilizando-se por analogia do art. 205, parágrafo único, I) ou acatar o voto de qualidade do Ministro Joaquim Barbosa (aplicando-se o art. 13, IX). Note-se que o resultado no controle difuso não dependeria de decisão por maioria absoluta para o reconhecimento dos direitos dos poupadores. Isto porque já há jurisprudência pacífica do STF nesse sentido, o que viabiliza a dispensa do requisito do *full bench*, na forma do parágrafo único do art. 497 do Código de Processo Civil[19].

Diante das hipóteses vislumbradas, pode-se concluir que, em caso de empate, os poupadores serão beneficiados em dois dos três cenários possíveis (rejeição da ADPF ou manutenção do acórdão recorrido) e dependerão do voto do Ministro Joaquim Barbosa no terceiro (aplicação do voto de minerva). Isso não significa que o Pretório Excelso não possa vir a construir uma solução totalmente nova para uma questão tão complexa, como, conforme visto acima, já ocorreu anteriormente.

---

[19] "Art. 481. Se a alegação for rejeitada, prosseguirá o julgamento; se for acolhida, será lavrado o acórdão, a fim de ser submetida a questão ao tribunal pleno.
Parágrafo único. Os órgãos fracionários dos tribunais não submeterão ao plenário, ou ao órgão especial, a arguição de inconstitucionalidade, quando já houver pronunciamento destes ou do plenário do Supremo Tribunal Federal sobre a questão".

Ampliação das Competências das Turmas do STF: Risco de "Superdosagem"?

Marco Túlio Reis Magalhães

O redirecionamento de antigas competências do Plenário para as Turmas do Supremo Tribunal Federal tem crescido nos últimos anos. Isso se verifica, inclusive, em relação à mais recente alteração do Regimento Interno do STF (RISTF) – ocorrida com a aprovação da Emenda Regimental 49, de 03.06.2014.

Ressalte-se que o RISTF prevê as competências do Plenário nos artigos 5º a 8º, já as competências das Turmas concentram-se nos artigos 8º e 9º. Trata-se de órgãos decisórios colegiados da Suprema Corte. O Plenário é composto por onze ministros, sendo presidido pelo Presidente da Casa, enquanto cada uma das duas Turmas da Corte é composta por cinco ministros e há um rodízio no exercício da presidência desses órgãos. O Presidente do STF, por sua vez, não tem assento em nenhuma das Turmas.

Pouco a pouco, o que se verifica é a maior disposição e a aposta dos membros da Corte em adotar medidas que desloquem competências decisórias do Plenário do STF para o âmbito das Turmas da Corte, com a esperança de trazer mais oxigenação, ânimo, disposição e agilidade ao trabalho do Tribunal.

Contudo, à semelhança de quando se administra um remédio para combater uma doença ou um distúrbio, é preciso indagar: quais são as "interações medicamentosas", "os efeitos colaterais" possíveis e a "posologia" indicada para uma adequada ampliação das competências das Turmas por meio de deslocamento de competências do Plenário? Há risco de "superdosagem"? Nesse caso, a quem recorrer?

Tomemos como mote essa lúdica forma de comparação para pensar o problema aqui enfrentado. Para se ter uma noção concreta das medidas adotadas pelo STF para ampliar as competências das suas Turmas nos últimos anos, menciono duas recentes modificações do RISTF. Em primeiro lugar, os ministros do STF aprovaram, em Sessão Administrativa de 18.05.2011, a Emenda Regimental 45, de 10.06.2011 (DJ de 15.11.2011). Tal medida atribuiu às Turmas as seguintes competências:

> Art. 9º (RISTF). Além do disposto no art. 8º, compete às Turmas:
> I – processar e julgar originariamente:
> (...)
> d) os mandados de segurança contra atos do Tribunal de Contas da União, do Procurador-Geral da República e do Conselho Nacional do Ministério Público;
> e) os mandados de injunção contra atos do Tribunal de Contas da União e dos Tribunais Superiores;
> f) os *habeas data* contra atos do Tribunal de Contas da União e do Procurador-Geral da República;
> g) a ação em que todos os membros da magistratura sejam direta ou indiretamente interessados, e aquela em que mais da metade dos membros do tribunal de origem estejam impedidos ou sejam direta ou indiretamente interessados;
> h) a extradição requisitada por Estado estrangeiro.

Segundo notícia veiculada na página do Supremo, o objetivo de tal medida seria dar *"mais celeridade às ações que tramitam no STF e decorreu da percepção de que, enquanto cresce a pauta do Plenário, diminui sensivelmente a das Turmas, em razão da queda da quantidade de recursos extraordinários e agravos de instrumentos (responsáveis por cerca de 92% dos processos que chegam a esta Corte)."*[1]

---

[1] Notícias STF, 15.06.2011. Emenda regimental amplia competência de Turmas no STF. Disponível em: <http://www.stf.jus.br/portal/cms/verNoticiaDetalhe.asp?idConteudo=182038&caixaBusca=N>.

Não se pode esquecer que o "remédio" adotado é associado ao uso de outros "medicamentos" já "prescritos". Um deles é a aplicação da sistemática da repercussão geral, que tem relação direta com a diminuição de processos julgados pelos órgãos colegiados do STF. É que, via de regra, o Tribunal se vale de um mecanismo "inibidor da absorção" de novos processos (devolução com base em processo-paradigma) até que se encontre um "anticorpo" definitivo para o problema (decisão final pela sistemática de repercussão geral).

De todo modo, é intuitivo que o deslocamento de competências do Plenário para as Turmas tem impacto direto na redução de processos que aguardam julgamento pelo Plenário. A resposta a esse estímulo tem funcionado em processos que, por vezes, não apresentavam grande complexidade e que poderiam ser decididos com agilidade, caso fossem logo levados a julgamento. Nesse ponto, pode-se dizer que o "remédio" adotado está surtindo o efeito esperado ("*feedback* negativo" para a "homeostasia").

Isso pode ser ilustrado, por exemplo, a partir de diversos mandados de segurança da relatoria do Ministro Gilmar Mendes, julgados pela 2ª Turma do STF, que tratavam de questões relativas a concurso público do Ministério Público da União (revisão de provas objetivas e subjetivas, nulidade das etapas do certame, impugnação a cadastro de reserva, direito à nomeação no prazo de validade do concurso).[2]

O fato de a autoridade coatora ser o Procurador-Geral da República e o fato de se tratar de um concurso de abrangência nacional desencadearam uma gama de ações repetitivas, não necessariamente dotadas de alta complexidade e portadoras de interesses eminentemente subjetivos e individuais.

Posteriormente, no decorrer da Sessão Plenária de 4 de dezembro de 2013, houve nova manifestação favorável de ministros da Corte para deslocar mais competências do Plenário para as Turmas, a fim de englobar ações contra todos os atos do CNJ que não fossem emanados pelo seu Presidente. É que, naquela assentada, o Plenário havia dedicado toda a tarde de trabalho para decidir sobre processos de concurso público

---

[2] Notícias STF, 21.06.2011. 2ª Turma julga primeiros MS após ampliação de competência. Disponível em: <http://www.stf.jus.br/portal/cms/verNoticiaDetalhe.asp?idConteudo=182533&caixaBusca=N>.

para provimento de serventias extrajudiciais, que detinham natureza eminentemente subjetiva e ligados a interesses eminentemente individuais.[3]

Não tardou muito para que a proposta indicada acima e outras importantes mudanças fossem acolhidas, em Sessão Administração de 28.05.2014, com a aprovação da Emenda Regimental 49, de 03.06.2014 (DJe 05.06.2014). Foram redirecionadas às Turmas as seguintes competências:

> Art. 9º (RISTF). Além do disposto no art. 8º, compete às Turmas:
> I – processar e julgar originariamente:
> (...)
> c) a reclamação que vise a preservar a competência do Tribunal ou a garantir a autoridade de suas decisões ou Súmulas Vinculantes;
> d) os mandados de segurança contra atos do Tribunal de Contas da União e do Procurador-Geral da República."
> (...)
> i) as ações contra o Conselho Nacional de Justiça ou contra o Conselho Nacional do Ministério Público, ressalvada a competência do Plenário;
> j) nos crimes comuns, os Deputados e Senadores, ressalvada a competência do Plenário, bem como apreciar pedidos de arquivamento por atipicidade de conduta;
> k) nos crimes comuns e de responsabilidade, os Ministros de Estado e os Comandantes da Marinha, do Exército e da Aeronáutica, ressalvado o disposto no art. 52, I, da Constituição Federal, os membros dos Tribunais Superiores, os do Tribunal de Contas da União e os chefes de missão diplomática de caráter permanente, bem como apreciar pedidos de arquivamento por atipicidade da conduta.

É certo que direcionar às Turmas o processamento e o julgamento de reclamações e de ações contra o CNMP e o CNJ, ressalvada a competência do Plenário para os atos dos Presidentes desses Conselhos, pas-

---

[3] Notícias STF, 21.01.2014. Turmas do Supremo tiveram competências ampliadas nos últimos anos. http://www.stf.jus.br/portal/cms/verNoticiaDetalhe.asp?idConteudo=258362&caixaBusca=N.

sa a exigir delas uma adaptação e um novo ritmo ("anabólico"), além de acrescer muita importância ao peso dos seus julgamentos.

Isso é mais evidente no deslocamento de competências penais para crimes comuns de Parlamentares ("tarjas pretas") – ressalvadas certas atribuições do Plenário – e para crimes comuns e de responsabilidade de outras autoridades, que reflete mudanças significativas quanto ao peso político e simbólico dado às decisões das Turmas e quanto à importância de uma análise mais aprofundada da dinâmica e da funcionalidade inerentes ao funcionamento de tais colegiados (sua "homeostasia").

Conforme registrado nos debates de aprovação da Emenda Regimental 49/2014, há também interesse manifestado por alguns ministros para estabelecer novas hipóteses de deslocamento de competências do Plenário para as Turmas ("*feedback* negativo" para a "homeostasia") para: apreciação de mandados de segurança contra atos dos Presidentes da Câmara dos Deputados e do Senado Federal e contra atos do Presidente da República em casos de desapropriação de terras (Ministro Roberto Barroso); apreciação de mandados de segurança contra atos de Comissões Parlamentares de Inquérito e ações sobre conflitos federativos entre estados e entre estes e a União (Ministro Celso de Mello).[4]

São relevantes as razões justificadoras de tais medidas, ligadas à celeridade na prestação jurisdicional, à funcionalidade e à otimização do trabalho dos ministros e dos órgãos colegiados, ao descongestionamento da pauta do Plenário, à concentração de casos mais relevantes e de repercussão geral no Plenário ("efeitos" esperados).

Trata-se de uma experimentação interessante e que pode gerar mudanças favoráveis ao melhor cumprimento das finalidades constitucionais e da dinâmica de atuação do STF, em sintonia com a exigência constitucional de uma razoável duração dos processos (art. 5º, inciso LXXVIII, CF/88).

Mas há outras questões e desafios a serem considerados. Destaquemos aqui apenas algumas provocações, à guisa de convite para investi-

---

[4] Vídeo Youtube, 29.05.2014. Pleno – STF aprova emenda regimental que acrescenta competências às Turmas. Disponível em: <http://www.youtube.com/watch?v=a2J12fRxoRY>; Notícias STF, 23.07.2014. Novas competências atribuídas às Turmas devem agilizar julgamentos no STF. Disponível em: <http://www.stf.jus.br/portal/cms/verNoticiaDetalhe.asp?idConteudo=271446&caixaBusca=N>.

gações futuras (como um catálogo de "interações medicamentosas" possíveis e que são descobertas aos poucos).

Em primeiro lugar, é fato que há um grande aumento de poder decisório das Turmas para a sedimentação da jurisprudência da Corte, em razão das novas competências assumidas. Em suma, os holofotes voltam-se com mais intensidade a elas. E é natural que, entre os ministros de uma Turma ou entre as distintas Turmas, possa haver divergências de entendimento.

Nesse sentido, parece salutar ("profilaxia") um zelo maior por parte dos ministros e um acompanhamento mais próximo por parte dos advogados para que sejam considerados, nos julgamentos, os entendimentos de ambas as Turmas, explicitando-se os posicionamentos existentes sobre os temas em debate, de modo a evitar um excesso de recursos que reclamem a efetiva uniformização da jurisprudência da Corte – sobretudo em casos não pacificados anteriormente pelo Plenário e que eventualmente não tenham tido seu julgamento afetado ao Plenário.

Além disso, é curioso que os casos levados a julgamento pelas Turmas deixam de ter a visibilidade que propriamente teriam no Plenário, ao menos em relação à premissa de que somente os julgamentos do Plenário são transmitidos ao vivo (por televisão e rádio) e disponibilizados na Internet. Embora aparentemente insignificante tal observação, por existirem outros mecanismos de publicidade, é interessante investigar as suas repercussões quanto à dinâmica do processo decisório das Turmas (que pode variar em relação à dinâmica do Plenário).

Até porque não se deve olvidar que tais experimentações acabam servindo de espelho ou molde para a tentativa de outros tribunais adotarem medidas semelhantes.

De toda forma, é interessante que tanto o STF quanto estudiosos em geral busquem realizar um acompanhamento aprofundado das consequências jurídicas, jurisprudenciais e extrajurídicas dessas mudanças, que não devem se limitar apenas à constatação numérica de mais ou menos processos julgados (como a continuidade de estudos do "tratamento" adotado).

A preocupação com a consideração de outros parâmetros – como grau de recorribilidade, número de casos afetados ao Plenário e comparação da qualidade e profundidade dos debates e das decisões, por exemplo – parece necessária para se enxergar melhor em que medida essas experiências repercutem no curto e médio prazo.

Certo é que, em muitas situações, as medidas adotadas podem ter efeitos colaterais extramuros muito mais complexos do que se poderia inicialmente imaginar, capazes de afetar os esperados efeitos da celeridade e da funcionalidade interna do Tribunal (e promover "desequilíbrio homeostático").

Exemplo disso é o que ocorreu em 30.10.2014, quando a Mesa Diretora da Câmara dos Deputados ajuizou a Ação Direta de Inconstitucionalidade 5.175 (Rel. Min. Gilmar Mendes) contra a Emenda Regimental n. 49/2014, na parte em que deslocou para as Turmas do STF a competência do Plenário para julgar crimes comuns de Deputados e Senadores.[5]

Nesse ponto, o "remédio" adotado estaria causando "irritações" e "outras reações indesejadas". E não por menos. Conforme ressaltou Luciano Fuck, em artigo publicado na Coluna do Observatório da Jurisdição Constitucional em 10.05.2014,[6] o STF já vinha adotando importantes medidas para agilizar a tramitação de processos e inquéritos penais na Corte e para evitar a prescrição, ao adotar a instituição do magistrado instrutor e a criação de seção de processos criminais.

Somar a tais medidas a autorização de que processos e inquéritos penais tramitem nas Turmas do STF certamente ligou a luz de alerta de alguns parlamentares não só quanto ao risco de maior celeridade no trâmite e julgamento de processos, mas também quanto a aspectos relevantes da própria dinâmica de julgamento das Turmas (quórum reduzido de votação, possibilidade de divergência de entendimentos entre Turmas, possível dificuldade de levar o caso ao Plenário, que sabidamente tem uma dinâmica decisória distinta). Basta lembrar o problema do cabimento de embargos infringentes nesse novo contexto de julgamento pelas Turmas – o detalhe da exigência de quatro votos pela absolvição em Plenário. Seria o caso de alterar o Regimento Interno ou deixar incabível a hipótese de recurso?

Ao se apontar violação dos princípios da isonomia (entre Parlamentares que sejam e não sejam Presidentes das Casas Legislativas) e

---

[5] ADI questiona julgamento de parlamentares pelas Turmas do STF. Disponível em: <http://www.stf.jus.br/portal/cms/verNoticiaDetalhe.asp?idConteudo=278669> Notícias STF, 30.10.2014.

[6] Disponível em: <http://www.conjur.com.br/2014-mai-10/observatorio-constitucional-stf-julga-acoes-penais-inqueritos-rapidamente>.

da razoabilidade (dado o impacto político da medida), visto que se manteve como competência do Plenário do STF apenas o julgamento dos Presidentes das Casas Legislativas, busca-se defender, na ADI 5175, que, nesses casos, a competência para julgamento de todos deveria permanecer atribuída ao Plenário.

Independentemente desse "efeito colateral" específico e interessante, que desafia a própria autorregulação funcional dos órgãos internos do Tribunal, a experimentação atualmente fomentada pelo STF pode produzir mudanças produtivas para o alcance das suas finalidades constitucionais e institucionais.

Mas é preciso que acompanhemos esse desenvolvimento com base em dados consistentes ("exames periódicos"), para avaliar se a "dosagem" adotada está adequada para se alcançarem os "efeitos" esperados e se as "reações adversas" justificam eventual mudança de "tratamento". De todo modo, a suspeita de "superdosagem", trazida pela Mesa Diretora da Câmara dos Deputados, deverá ser apreciada pelo próprio "médico" que "prescreveu" a medida.

Trata-se, com certeza, de um aspecto interessante e bastante instigante, que não se exaure numa mera redistribuição de tarefas internas de um órgão decisório, devendo ser mais bem acompanhado por todos os interessados pela atuação do Supremo Tribunal Federal!

Presidencialismo de Coalizão e o Supremo Tribunal Federal

SÉRGIO ANTÔNIO FERREIRA VICTOR

Os *founding fathers* norte-americanos fizeram um bom exercício de engenharia institucional ao redigirem o texto constitucional do país. Procurando evitar a democracia direta, nos moldes atenienses, assim como ante a impossibilidade de adotarem a forma monárquica de governo, resolveram organizar-se como uma República presidencialista.

Isso não implicava, no entanto, a rejeição à teoria da separação de poderes, da qual eram conhecedores, uma vez comprovadamente bons leitores de Locke e de Montesquieu. Na experiência estadunidense, a adaptação da doutrina de Montesquieu às constituições presidencialistas demandou a fixação de pelo menos três cláusulas-parâmetros:

i) *a independência e harmonia entre os poderes*, que significa que no desdobramento constitucional dos poderes deverá haver um mínimo e um máximo de independência para cada órgão, bem como um mínimo e um máximo de instrumentos que viabilizem o exercício harmônico dos poderes, para que não haja sobreposição de uns aos outros. As exceções somente podem ser justificadas se almejarem alcançar a finalidade do princípio, qual seja a de separar para limitar. Dessa forma, as interferências de um poder sobre os demais apenas serão admitidas para realizar a ideia-fim de impedir abusos, ou de propiciar real harmonia no relacionamento entre eles;

ii) *a indelegabilidade (the non-delegation power)* é cláusula bastante relativizada atualmente, todavia, no sistema tradicional ela ainda deve se curvar a dois limites: impossibilidade de abdicação da competência constitucionalmente atribuída que é objeto de delegação e estabelecimento de limites claros para a atuação do poder delegado; e

iii) *a inacumulabilidade,* que se destina, em verdade, a assegurar a cláusula-parâmetro da independência, que pressupõe a subordinação recíproca entre os titulares de cada poder. A inacumulabilidade diz respeito à impossibilidade de o membro de um poder exercer as funções de outro poder, tal a razão pela qual, por exemplo, parlamentares norte-americanos estão vedados de exercerem cargos no Poder Executivo.[1]

Note-se que o sistema presidencial norte-americano obedece, de forma próxima, a esses parâmetros, ao passo que o sistema presidencialista em vigor no Brasil distancia-se dessas cláusulas. A partir da Constituição de 1988, os cientistas políticos, ao examinarem o sistema de governo que resultou do *design* institucional brasileiro, o apelidaram de presidencialismo de coalizão.

A expressão "presidencialismo de coalizão" surgiu em artigo escrito por Sérgio Abranches[2], publicado ainda durante os trabalhos da Assembleia Nacional Constituinte. Algum tempo depois, especialmente a partir da definição de nosso sistema de governo, por meio do plebiscito de 1993, esse trabalho pioneiro inspirou uma série de estudos sobre o tema[3].

---

[1] FERRAZ, Anna Cândida da Cunha. Conflito entre poderes: O Poder Congressual de sustar atos normativos do Poder Executivo. São Paulo: Revista dos Tribunais, 1994, pp. 13-16.

[2] ABRANCHES, Sérgio Henrique. Presidencialismo de Coalizão: o Dilema Institucional Brasileiro. Dados: Revista de Ciências Sociais, Rio de Janeiro, 31 (1988), pp. 5 a 34.

[3] Entre tantos outros: FIGUEIREDO, Argelina Cheibub; LIMONGI, Fernando. Executivo e Legislativo na Nova Ordem Constitucional. 2. ed. Rio de Janeiro: Editora FGV, 2001; AMORIM NETO, Octavio. Presidencialismo e Governabilidade nas Américas. Rio de Janeiro: Editora FGV; Konrad Adenauer Stiftung, 2006; ANASTASIA, Fátima; MELO, Carlos Ranulfo; SANTOS, Fabiano. Governabilidade e representação política na América do Sul. Rio de Janeiro: Fundação Konrad Adenauer, 2004; SANTOS, Fabiano. O Poder Legislativo no Presidencia-

A Assembleia Nacional Constituinte manteve praticamente inalterado o arcabouço institucional anterior. Foi mantido, dessa maneira, o presidencialismo e a legislação eleitoral não sofreu mudanças significativas, tendo prevalecido o princípio proporcional e a lista aberta para o preenchimento das cadeiras legislativas, excetuando-se aquelas pertencentes ao Senado da República.[4]

Em princípio, segundo Figueiredo e Limongi, comentaristas avaliaram que o resultado da manutenção dessas instituições conduziria a *"um sistema com fortes tendências à inoperância, quando não à paralisia; um sistema político em que um presidente impotente e fraco se contraporia a um Legislativo povoado por uma miríade de partidos carentes de disciplina."* [5]

Em síntese bastante apertada, pode-se dizer que as características conformadoras de nosso sistema de governo, que levaram ao diagnóstico citado acima, são resultantes da mistura de três institutos: *o presidencialismo, o multipartidarismo exacerbado e o sistema eleitoral proporcional de listas abertas.*

Os cientistas políticos, de forma geral, passaram a criticar esse diagnóstico e a afirmar que uma revisão empírica do funcionamento do presidencialismo de coalizão brasileiro demonstrava que o sistema funcionava com taxas de sucesso e coesão muito próximas às dos sistemas parlamentaristas europeus.

Os fatores que fizeram com que o presidencialismo de coalizão brasileiro não tendesse à paralisia, antes permitisse que o governo funcionasse com forte adesão de sua base de apoio parlamentar, podem ser resumidos da seguinte forma:

i) a cooperação entre Legislativo e Executivo: nacionalização da atuação parlamentar;

---

lismo de Coalizão. Belo Horizonte: Editora UFMG; Rio de Janeiro: IUPERJ, 2003; FIGUEIREDO, Angelina Cheibub; LIMONGI, Fernando. Política Orçamentária no Presidencialismo de Coalizão. Rio de Janeiro: Editora FGV, 2008; AVELAR, Lúcia & CINTRA, Antônio Octávio (organizadores). Sistema Político Brasileiro: uma introdução. 2. ed. Rio de Janeiro: Konrad Adenauer Stiftung; São Paulo: Editora UNESP, 2007; INÁCIO, Magna; RENNÓ, Lucio. Legislativo Brasileiro em Perspectiva Comparada. Belo Horizonte: Editora UFMG, 2009.

[4] FIGUEIREDO, Angelina Cheibub; LIMONGI, Fernando. Executivo e Legislativo na Nova Ordem Constitucional. 2. ed. Rio de Janeiro: Editora FGV, 2001, p. 19.

[5] FIGUEIREDO, Angelina Cheibub; LIMONGI, Fernando. Executivo e Legislativo na Nova Ordem Constitucional. 2. ed. Rio de Janeiro: Editora FGV, 2001, p. 19.

ii) a execução das emendas orçamentárias parlamentares;

iii) o poder de controlar a agenda dos trabalhos do Legislativo por parte do Executivo, que é exercido de três formas principais: pela atividade legislativa do Presidente da República; por meio da formação do gabinete de ministros; e pela centralização dos trabalhos legislativos, em razão do poder dos lideres partidários.

O primeiro e o segundo fatores mesclam-se, em alguma medida, em razão da adoção do sistema eleitoral proporcional de listas abertas. Os dados revelam que apenas uma ínfima minoria dos deputados federais elege-se com votos próprios. Significa dizer que a maioria elege-se a partir da transferência de votos de outros candidatos de seu partido ou de sua coligação. Isso não implica que tais parlamentares abdiquem de constituir um eleitorado expressivo e identificável, de modo a facilitar as suas respectivas eleições em pleitos futuros.

É nesse ponto que se revela a importância dos dois primeiros fatores determinantes da governabilidade gerada por nosso sistema de governo. A partir da liberação de emendas orçamentárias, os parlamentares conseguem direcionar recursos para viabilizar obras e melhorias em seus redutos eleitorais, ou pelo menos nas localidades onde esperam constituir um eleitorado fiel. Como compete ao Poder Executivo a liberação dos recursos das referidas emendas orçamentárias e sendo o Presidente da República, nesse contexto, a figura nacionalmente conhecida, de grande prestígio e que também pretende manter seu eleitorado (tendo em vista a possibilidade de reeleição), o anúncio das melhorias e da inauguração de obras, enfim, da canalização de recursos para dada localidade é, em geral, feito pelo Presidente, que se faz acompanhar do parlamentar responsável pela emenda orçamentária geradora do recurso.

O Presidente funciona, assim, quase como um *cupido* e essa intermediação significa mais uma etapa no processo de *trade offs* entre esses poderes. Acontece que a identificação e a construção de uma base eleitoral e, portanto, a geração de um contato entre representante e representado (*accountability*) não pode ser, ou dificilmente é, produzida diretamente pelos parlamentares, pois eles praticamente não possuem meios de influenciar o poder de agenda. Nesse cenário, quanto maiores as condições de governabilidade de que dispuser o Poder Executivo, mais oportunidades terão os parlamentares de sua base para constituir seu eleitorado.

A colocação do Presidente em função assemelhada à de um *cupido* nesse processo de intermediação se dá em cenário em que ambas as partes ganham (*trade offs*). Assim como os representantes buscam sua *constituency* e, para tanto, precisam do Presidente, este busca implementar sua agenda no tempo de seu mandato e, para tanto, precisa da adesão dos legisladores. Nesse movimento, além de seus poderes formais de influência nos trabalhos legislativos (iniciativas privativas de leis, edição de medidas provisórias, vetos, entre outros), possui o Presidente meios informais de influenciar. Esses são exatamente os que interessam neste ponto: *coattails*, como são conhecidos na literatura, são os efeitos relacionados à associação ao prestígio presidencial, à imagem e popularidade do Presidente da República, ao seu poder de preenchimento de cargos na Administração Pública.[6]

Assim, as emendas parlamentares ao orçamento e a cooperação entre Legislativo e Executivo colaboram para o funcionamento do presidencialismo de coalizão no Brasil. Além disso, o poder de agenda sobre os trabalhos legislativos e sobre as políticas públicas a serem adotadas no país, exercido pelo Presidente da República, é outro fator determinante da caracterização do nosso sistema presidencialista.

O poder legislativo atribuído ao Presidente brasileiro é extremamente largo e isso permite que a pauta do Congresso Nacional seja dominada por projetos de lei de sua iniciativa e, em especial, por medidas provisórias encaminhadas pelo Poder Executivo. A formação do gabinete de ministros, condicionada pela necessidade de criação de uma base ampla de apoio partidário no Congresso Nacional e pela acumulabilidade permitida pela Constituição de 1988, faz com que parlamentares, sem que seja necessário renunciar aos respectivos mandatos, componham o Poder Executivo, por indicação presidencial para pastas ministeriais.

Essa forma de composição do gabinete de ministros faz com que os partidos da base de apoio do Executivo estejam nele representados. Assim, pelo menos em teoria, os interesses da base de apoio parlamentar do governo estão inseridos no próprio governo por meio dos ministros de estado. A sistemática de centralização dos trabalhos legislativos nos líderes partidários também colabora para a diminuição dos custos

---

[6] MONTEIRO, Jorge Vianna. Como funciona o governo: escolhas públicas na democracia representativa. Rio de Janeiro: Editora FGV, 2007, pp. 61-62.

de transação do Presidente da República. Isso porque as decisões podem ser tomadas a partir de consultas aos líderes partidários e aos ministros das pastas envolvidas, tornando desnecessárias negociações mais desgastantes com os parlamentares em geral.

Os cientistas políticos, de forma otimista, costumam afirmar que não há que se falar em agenda dual. A análise apoiada em decisões orçamentárias demonstra que os parlamentares da base governista ocupam posições estratégicas nas Comissões legislativas importantes, onde funcionam como braços efetivos do governo, como se fossem titulares de pastas ministeriais. Ademais, esses dados evidenciam que as políticas perseguidas pelo Executivo e pelo Legislativo são complementares. *"Não há, portanto, uma agenda do Executivo à cata de apoio de parlamentares que a tomam como exógena, externa aos seus interesses."*[7]

Ocorre que, apesar de certo otimismo inicial com a governabilidade que o presidencialismo de coalizão havia proporcionado, o decurso do tempo demonstrou que os custos políticos de manutenção desse sistema são altíssimos para o país. Isso porque o seu mau gerenciamento pode levar ao *impeachment* de presidentes (caso Collor), e o abuso criminoso do poder político e econômico do Poder Executivo, relacionado à compra de apoio parlamentar, mostrou-se desastroso (caso do Mensalão, julgado pelo STF na AP 470).

Os parlamentares, que conhecem melhor que ninguém os meandros dessa engrenagem, aprovaram a Lei 9.096/1995, que, entre outras disposições, instituiu a cláusula de barreira (ou cláusula de desempenho), a qual determinava que apenas teria funcionamento parlamentar o partido que alcançasse, no mínimo, 5% dos votos apurados, excetuando-se os brancos e nulos, distribuídos em pelo menos um terço dos Estados, com o mínimo de 2% do total de votos de cada um deles.

A chamada cláusula de barreira atacaria um pilar fundamental da caracterização do presidencialismo de coalizão: o multipartidarismo exacerbado. Com os critérios da legislação aprovada, cálculos do ano de 2005 revelavam que, já no pleito de 2006, 5 a 7 partidos apenas obteriam desempenho eleitoral suficiente à obtenção de funcionamento

---

[7] LIMONGI, Fernando e FIGUEIREDO, Argelina. Poder de Agenda e Políticas Substantivas. In: INÁCIO, Magna e RENNÓ, Lucio (orgs). Legislativo brasileiro em perspectiva comparada. Belo Horizonte: Editora UFMG, 2009, p. 85.

parlamentar, o que estimularia fusões entre partidos, levando a um cenário provável, em curto prazo, de apenas 3 a 5 partidos com funcionamento parlamentar. Isso teria o condão de racionalizar o quadro partidário nacional (hoje cerca de 30 partidos estão representados no Congresso Nacional).

Ocorre que, no julgamento das ADIs 1.351 e 1.354, ambas de relatoria do Min. Marco Aurélio, Plenário, DJ 30.3.2007, o Supremo Tribunal Federal, por unanimidade de votos, declarou a inconstitucionalidade da cláusula de desempenho, ante provocação de pequenos partidos, responsáveis pelo ajuizamento das ações. Os fundamentos levantados pelos ministros versaram sobre o pluralismo político-partidário, os direitos das minorias, o princípio da proporcionalidade, entre outros.

O fato é que hoje a irracionalidade do quadro partidário, a promiscuidade das relações entre Executivo e sua base de apoio parlamentar, o esmagamento da oposição, entre outros fatores, são problemas que condicionam o funcionamento do sistema de governo brasileiro e que poderiam ter sido senão resolvidos bastante abrandados com a aplicação da cláusula de barreira, ante a sua capacidade evidente de diminuição do número de partidos no Brasil.

É preciso atentar para o fato de que a Constituição e seus princípios, entre eles a proteção às minorias parlamentares e o pluralismo político-partidário, devem ser interpretados dentro de um ambiente institucional concreto e historicamente condicionado. Mais do que em outros casos, as medidas que implicam alteração institucional de grande monta devem ser adotadas em ambiente de diálogo institucional entre os poderes, uma vez que todos podem colaborar para a construção de modelos mais adequados.

No Brasil, parece estar claro que a multiplicação irracional de partidos políticos serviu a um quadro de promiscuidade das relações políticas, de confusão eleitoral e da surreal indistinção entre correntes políticas (um número enorme de partidos parece confundir o sistema a ponto de a variedade tornar-se indistinção). O Congresso Nacional, com a aprovação da cláusula de desempenho, havia oferecido uma resposta ao problema, todavia o Supremo Tribunal Federal, exercendo o controle abstrato de normas, declarou a inconstitucionalidade da medida legislativa, atuando, consciente ou inconscientemente, de modo a manter uma das bases institucionais de funcionamento do presidencialismo de coalizão.

O diálogo institucional entre os poderes é que poderá oferecer solução a esse grave problema brasileiro. E a (re)abertura desse debate deverá ocorrer a partir de uma saudável recalcitrância legislativa. O presidencialismo brasileiro (e o sistema político em geral) tem muito a ganhar com a redução do quadro partidário, podendo, com isso, até mesmo perder a alcunha de presidencialismo de coalizão.

Supremo Tribunal Federal: Órgão de Cúpula do Judiciário?

Carlos Bastide Horbach

O Supremo Tribunal Federal é o órgão de cúpula do Poder Judiciário. Essa frase, tão repetida e acatada, está de tal modo assimilada pela cultura jurídica brasileira, que chega a ser acaciano iniciar com ela esta coluna do *Observatório Constitucional*.

Entretanto, o óbvio pode suscitar questionamentos, as platitudes nunca são plenamente estremes de dúvidas. O que significa, afinal, dizer que o STF é o órgão de cúpula do Poder Judiciário? Tal pergunta requer, para uma adequada resposta, a compreensão prévia do que se entende por Poder Judiciário; o que pode ser sintetizado na obra clássica – e ainda muito atual – de Pedro Lessa, *Do Poder Judiciário*, de 1915:

§ 1º O poder judiciário é o que tem por missão aplicar contenciosamente a lei a casos particulares.
A três se reduzem os principais caracteres distintivos do poder judiciário: 1º as suas funções são as de um árbitro; para que possa desempenhá-las, importa que surja um pleito, uma contenda; 2º só se pronuncia acerca de casos particulares, e não em abstrato sobre normas ou preceitos jurídicos, e ainda menos sobre princípios; 3º não tem iniciativa, agindo – quando provocado, o que é mais uma conseqüência da necessidade de uma contestação para poder funcionar.[1]

---

[1] Pedro Lessa. *Do Poder Judiciário*, edição fac-similar, Brasília: Senado Federal, 2003, p. 1.

Assim, dizer que o STF é o órgão de cúpula do Poder Judiciário é afirmar que tal tribunal, impondo-se sobre os demais, tem a função de, de modo definitivo, aplicar contenciosamente a lei a casos particulares, observando que, para repetir as palavras de Pedro Lessa, deve haver uma contenda a ser arbitrada, deve levar em consideração casos particulares e deve ser provocado.

Qualquer pessoa que acompanha o dia a dia do Supremo e o desenvolvimento de sua jurisprudência pode perceber, sem maiores reflexões, que essa descrição do órgão de cúpula do Poder Judiciário não é a mais adequada, não é a que expressa com mais acuidade a atual quadra vivida pelo mais importante órgão jurisdicional brasileiro.

O Supremo Tribunal Federal cada vez mais abandona sua função de árbitro máximo das contendas particulares, nas quais discussões específicas são travadas, para adquirir um perfil de definidor de padrões amplos e abstratos de conduta, a serem seguidos por uma generalidade de pessoas e não somente pelas partes de um determinado processo.

É verdade que esse movimento se iniciou há muito, desde a regulamentação mais ampla da antiga representação de inconstitucionalidade e, depois, com o incremento do modelo abstrato de controle de constitucionalidade promovido pela Constituição de 1988.

Entretanto, ainda que temperado por esses institutos, a função do Tribunal permanecia a de órgão de cúpula do Poder Judiciário, resolvendo as controvérsias concretas que lhe eram submetidas pelas partes.

Prova disso é o rol de competências previsto no artigo 102 da Constituição Federal, que majoritariamente contempla atribuições típicas de um órgão judiciário nos termos expostos por Pedro Lessa em 1915.

De alguns anos para cá, porém, a ênfase da Corte foi alterada. Aquelas competências, que se apresentam como majoritárias no rol do artigo 102, transformaram-se em melancólicas minorias nas pautas de julgamento do Plenário do Supremo. As sessões do Pleno (com específicas exceções, como a da AP 470) são cada vez mais voltadas para as funções hoje consideradas pelos ministros como mais nobres, quais sejam, as funções de controle concentrado e abstrato, que caracterizariam o Supremo Tribunal Federal como o Tribunal Constitucional brasileiro.

Esse novo padrão de atuação fez com que a doutrina mitigasse a afirmação tradicional de que o STF é o órgão de cúpula do Poder Judiciário. André Ramos Tavares, por exemplo, afirma que o Supremo Tribunal Federal é o "órgão de cúpula do Poder Judiciário brasileiro, exercendo, em tempo parcial, as funções próprias de um tribunal constitucional, já que também desempenha as funções de tribunal comum, resolvendo litígios concretos".[2]

Tal análise é a projeção, na doutrina, do fato de que o STF se autoproclama como o Tribunal Constitucional brasileiro, como a Corte Constitucional a guardar o texto de 1988.

Essa constatação já basta para colocar em xeque a afirmação com que se iniciou – de modo supostamente óbvio – este artigo. Isso porque é sabido que um dos traços próprios dos tribunais constitucionais é sua autonomia. Kelsen registra que o órgão encarregado de exercer a jurisdição constitucional deve ser independente de "qualquer outra autoridade estatal"[3], inclusive do Poder Judiciário.

Esse aspecto da construção teórica do modelo de tribunal constitucional fica claro na seguinte análise de Roger Stiefelmann Leal:

> A primeira característica básica dos Tribunais Constitucionais reside na sua própria autonomia em relação aos demais poderes do Estado. (...) O Tribunal Constitucional deve, portanto, compor uma magistratura independente do aparato jurisdicional ordinário e das estruturas dos demais poderes. Nesse sentido, configura um poder autônomo, distinto e organicamente independente do Poder Legislativo, do Poder Executivo e do Poder Judiciário. É este, segundo Favoreu, o atributo que diferencia um Tribunal Constitucional de um Tribunal Supremo de última instância.[4]

Assim, quando o STF se afirma Corte Constitucional, apresenta-se como estranho ao Poder Judiciário. E estando alheio ao Poder Judiciário, está também alheio aos limites tradicionais desse poder, expressos nos caracteres arrolados por Pedro Lessa.

---

[2] André Ramos Tavares. "Supremo Tribunal Federal". *Dicionário brasileiro de direito constitucional*, Dimitri Dimoulis (coordenador-geral), São Paulo: Saraiva – Instituto Brasileiro de Estudos Constitucionais, 2007, p. 370.
[3] Hans Kelsen. "A garantia jurisdicional da constituição". *Jurisdição constitucional*, São Paulo: Martins Fontes, 2003, p. 150.
[4] Roger Stiefelmann Leal. *O efeito vinculante na jurisdição constitucional*, São Paulo: Saraiva, 2006, p. 59-60.

A análise dos julgados nos quais o STF se intitula Corte Constitucional é prova desse movimento de descolamento entre o Poder Judiciário e seu pretenso órgão de cúpula. A simples leitura dos precedentes em que o Supremo se põe expressamente como Tribunal Constitucional demonstra, de ordinário, a ocorrência de situação em que algum aspecto da tradicional função jurisdicional está sendo desvirtuado.

Isso pode ser verificado, por exemplo, no acórdão do Mandado de Injunção 708, (rel. min. Gilmar Mendes, DJ de 31/10/2008), por meio do qual o Supremo instaurou um regime jurídico genérico para a greve dos servidores públicos;[5] ou em decisões que admitem a manifestação de *amici curiae* nos processos de controle concentrado de constitucionalidade.[6]

É evidente que, nesse último caso, extrapolando o limite das partes, o Tribunal busca a articulação de um consenso legitimador de suas decisões. Exatamente porque essas decisões – agora gerais e abstratas – precisam da mesma legitimação que caracteriza as decisões gerais e abstratas tomadas pelo Poder responsável pela construção do consenso, qual seja, o Legislativo. Isso fica patente na Ação Direta de Inconstitucionalidade 3.677 (rel. min. Gilmar Mendes, DJ 12/06/2006.[7]

---

[5] Lê-se no acórdão em questão: "3.3. Tendo em vista as imperiosas balizas jurídico-políticas que demandam a concretização do direito de greve a todos os trabalhadores, o STF não pode se abster de reconhecer que, assim como o controle judicial deve incidir sobre a atividade do legislador, é possível que a Corte Constitucional atue também nos casos de inatividade ou omissão do Legislativo".

[6] "A admissão de terceiro, na condição de amicus curiae, no processo objetivo de controle normativo abstrato, qualifica-se como fator de legitimação social das decisões da Suprema Corte, enquanto Tribunal Constitucional, pois viabiliza, em obséquio ao postulado democrático, a abertura do processo de fiscalização concentrada de constitucionalidade, em ordem a permitir que nele se realize, sempre sob uma perspectiva eminentemente pluralística, a possibilidade de participação formal de entidades e de instituições que efetivamente representem os interesses gerais da coletividade ou que expressem os valores essenciais e relevantes de grupos, classes ou estratos sociais. Em suma: a regra inscrita no art. 7º, § 2º, da Lei nº 9.868/99 – que contém a base normativa legitimadora da intervenção processual do amicus curiae – tem por precípua finalidade pluralizar o debate constitucional" (ADI nº 2.130-MC, Rel. Min. Celso de Mello, DJ de 02.02.2001).

[7] "Essa construção jurisprudencial sugere a adoção de um modelo procedimental que ofereça alternativas e condições para permitir, de modo cada vez mais intenso, a interferência de uma pluralidade de sujeitos, argumentos e visões no processo constitucional. Essa nova realidade pressupõe, além de amplo acesso e participação de sujeitos interessados no sistema de controle de constitucionalidade de normas, a possibilidade efetiva de o Tribunal

Exatamente por atuar em função análoga à do Parlamento, o STF – em sua face Tribunal Constitucional – deve buscar os instrumentos legitimadores da atividade parlamentar, e os *amici curiae* parcialmente cumpririam essa tarefa, assim como cumpririam essa função as audiências públicas, previstas no artigo 9º da Lei 9.868/1999.

O STF também se apresenta como Tribunal Constitucional quando afirma o efeito vinculante de suas decisões[8], afastando-se de suas tradicionais funções de Corte Suprema.

A produção do Parlamento, dentro da lógica da tripartição clássica, orienta a atuação dos demais poderes, já que o Executivo aplica a lei de ofício e o Judiciário contenciosamente. A lei, portanto, é naturalmente vinculante.

O Tribunal Constitucional, afastando-se da missão típica do Judiciário, que é aplicar a lei contenciosamente, também produz provimentos que devem gozar da mesma força vinculante da lei. Mais uma vez aqui, o Tribunal Constitucional, por estar fora do Poder Judiciário, tem poderes estranhos ao Poder Judiciário.

Por outro lado, cabe lembrar que a via processual mais importante da Suprema Corte – enquanto verdadeiro órgão de cúpula do Poder Judiciário – adquiriu contornos novos, no que se tem chamado de "objetivação do recurso extraordinário".

Esse fenômeno é perceptível na repercussão geral, introduzido no ordenamento constitucional pela Emenda 45, de 2004.[9] Com o advento desse instituto, não é mais a demanda particular e concreta que importa

---

Constitucional contemplar as diversas perspectivas na apreciação da legitimidade de um determinado ato questionado".

[8] E isso pode ser verificado no julgamento da AC 258-MC, Min. Cezar Peluso, DJ 07.12.2004: "Observe-se, ademais, que, se entendermos que o efeito vinculante da decisão está intimamente vinculado à própria natureza da jurisdição constitucional em um dado Estado Democrático e à função de guardião da Constituição desempenhada pelo tribunal, temos de admitir, igualmente, que o legislador ordinário não está impedido de atribuir, como, aliás, fez por meio do art. 28, parágrafo único, da Lei n. 9.868, essa proteção processual especial a outras decisões de controvérsias constitucionais proferidas pela Corte. Em verdade, o efeito vinculante decorre do particular papel político-institucional desempenhado pela Corte ou pelo Tribunal Constitucional, que deve zelar pela observância estrita da Constituição nos processos especiais concebidos para solver determinadas e específicas controvérsias constitucionais".

[9] Art. 102, § 3º, da Constituição: "§ 3º No recurso extraordinário o recorrente deverá demonstrar a repercussão geral das questões constitucionais discutidas no caso, nos termos

para o STF quando do julgamento do recurso extraordinário, mas sim características objetivamente consideradas na controvérsia dos autos, as quais permitem identificar sua repercussão geral. O provimento jurisdicional no extraordinário passa a ser um provimento geral e abstrato, que repercute, nas instâncias inferiores, em todos os casos análogos. E essa repercussão automática já é, certamente, um ensaio de um efeito vinculante a ser reconhecido nas decisões proferidas em recurso extraordinário.

E tanto o provimento é geral e abstrato com força similar à de lei, que o STF – também nos casos de repercussão geral – busca a legitimação de suas decisões por meio da admissão de manifestações de *amici curiae*.[10]

Mesmo fora da dinâmica da repercussão geral, já há discussões no Supremo acerca dos efeitos das decisões em controle difuso de constitucionalidade. Exemplo disso é a tese, defendida pelo ministro Gilmar Mendes, de que o artigo 52, X, da Constituição Federal não mais se aplica, tendo ocorrido verdadeiro desuetudo. A perda da eficácia da norma declarada inconstitucional em controle difuso decorreria do próprio provimento do STF e não mais seria necessária a manifestação do Senado Federal.[11]

---

da lei, a fim de que o Tribunal examine a admissão do recurso, somente podendo recusá-lo pela manifestação de dois terços de seus membros".

[10] Tal como se pode verificar, por exemplo, no RE 566.471, Rel. Min. Marco Aurélio, DJ de 20.05.2009; no RE 583.955, Rel. Min. Ricardo Lewandowski, DJ de 24.03.2009; e no RE 567.110, Rel. Minª Cármen Lúcia, DJ de 1º.04.2009.

[11] Essa tese chegou a seu extremo na apreciação, pelo Plenário do Supremo, da Rcl 4.335, Rel. Min. Gilmar Mendes, cujo julgamento foi concluído em 20 de março de 2015.
Neste caso, o reclamante pedia a cassação de uma decisão de um Juiz de Execução Penal do Acre que não seguira a orientação fixada pelo STF no julgamento do HC 82.959, Rel. Min. Marco Aurélio, DJ de 1º.09.2006, no qual fora declarada a inconstitucionalidade da Lei dos Crimes Hediondos, no ponto que impedia a progressão de regime.
Em suma, o reclamante buscava o reconhecimento do efeito vinculante do decido pela Corte em controle difuso de constitucionalidade, operado em sede de habeas corpus. O Relator e o Ministro Eros Grau reconheceram esse efeito vinculante.
Na conclusão do julgamento, a maioria, seguindo o voto do Ministro Teori Zavascki, considerou que a decisão da Justiça acreana violava a Súmula Vinculante 26, ainda que proferida mais de três anos antes de sua edição. Ver: http://www.stf.jus.br/portal/cms/verNoticiaDetalhe.asp?idConteudo=262988.

Esse entendimento demonstra como a lógica exorbitante do Tribunal Constitucional tem invadido as funções da Suprema Corte, afastando o STF cada vez mais de sua posição de órgão de cúpula do Poder Judiciário.

Entretanto, o Supremo continua a se apresentar como órgão de cúpula do Poder Judiciário. E o faz, principalmente, na defesa de questões institucionais suas e na defesa dos interesses corporativos da magistratura.

É verdade que a expressão "órgão de cúpula do Poder Judiciário" tem rareado nas decisões do Supremo Tribunal Federal. Uma pesquisa no *site* do STF demonstrará que, nos últimos anos, foi a expressão utilizada num único julgado de destaque.

Cuida-se da ADI 3.367 (rel. min. Cezar Peluso, DJ de 22/09/2006), por meio da qual a AMB questionou a constitucionalidade da criação, pela EC 45/2004, do Conselho Nacional de Justiça.

O STF afirmou, nesse julgado, que a existência de um órgão de controle do Poder Judiciário não afeta a separação de poderes, mas que o poder do Conselho não se aplica ao próprio STF.[12] A redação do artigo 103-B não permite, com o devido respeito, essa conclusão. Todo o Poder Judiciário deveria ser alvo do controle efetuado pelo CNJ; e a presença de um ministro do STF na sua presidência poderia ser tomada, inclusive, como uma tentativa de legitimação do conselho em sua atuação perante a Suprema Corte.

Mas o Tribunal Constitucional brasileiro, no exercício de uma de suas funções típicas, julgando uma ação direta, atribuiu-se a condição de órgão de cúpula do Poder Judiciário, exatamente para afirmar que não é Poder Judiciário para fins de fiscalização do Conselho Nacional de Justiça.

Trata-se da decretação expressa de sua libertação, de sua autonomia em relação ao Poder Judiciário, que continua – como Poder do Estado

---

[12] A ementa do julgado, na parte que nos interessa, tem o seguinte teor: "4. PODER JUDICIÁRIO. Conselho Nacional de Justiça. Órgão de natureza exclusivamente administrativa. Atribuições de controle da atividade administrativa, financeira e disciplinar da magistratura. Competência relativa apenas aos órgãos e juízes situados, hierarquicamente, abaixo do Supremo Tribunal Federal. Preeminência deste, como órgão máximo do Poder Judiciário, sobre o Conselho, cujos atos e decisões estão sujeitos a seu controle jurisdicional. Inteligência dos art. 102, caput, inc. I, letra "r", e § 4º, da CF. O Conselho Nacional de Justiça não tem nenhuma competência sobre o Supremo Tribunal Federal e seus ministros, sendo esse o órgão máximo do Poder Judiciário nacional, a que aquele está sujeito".

– submetido ao CNJ. Ou seja, a retórica do "órgão de cúpula" serviu exatamente para afirmar uma característica do modelo clássico do Tribunal Constitucional, sua autonomia institucional em relação à jurisdição ordinária.

Nesse contexto, é possível afirmar que, do ponto de vista de modelos ideais, há uma indefinição na atuação do STF, cujo perfil institucional varia, conforme a oportunidade, entre o Tribunal Constitucional e o "órgão de cúpula do Poder Judiciário".

E nessa indefinição, as discussões acerca do aprimoramento do modelo brasileiro de controle de constitucionalidade ganham relevo, como adquirem dimensão as propostas de emenda à Constituição que revisam do papel do STF; em debate que necessariamente acrescentará um ponto de interrogação à frase que abre este artigo: o Supremo Tribunal Federal é o órgão de cúpula do Poder Judiciário?

Teoria da Constituição e Direitos Fundamentais

Restringir Manifestações Não é Inconstitucional!

BEATRIZ BASTIDE HORBACH

"Diz-me que liberdade de reunião e de manifestação praticas no teu país e dir-te-ei que democracia alcançaste". Com essa frase, António Francisco de Souza, um dos grandes estudiosos desse tema em Portugal, iniciou sua palestra na Pontifícia Universidade Católica do Rio Grande do Sul, em setembro de 2012, já ressaltando, de pronto, que, sem liberdade de reunião e de manifestação, não há democracia de fato[1].

Nos meses de junho e julho de 2013, diversos protestos eclodiram nas ruas brasileiras. O povo, basicamente mobilizado por meio de redes sociais, reuniu-se em várias cidades do Brasil para requerer melhorias na área de saúde, política, educação. Esse "acordar de um Gigante" foi largamente associado ao fortalecimento de nossa democracia, e a boa finalidade de tais marchas aparentemente justificou o bloqueio de grandes avenidas – com o consequente caos no trânsito – e outras perturbações da ordem pública.

O direito fundamental de liberdade de reunião vincula-se de forma direta à liberdade de expressão, mais precisamente à de manifestação. Nosso texto constitucional assegura a liberdade de manifestação de pensamento, vedando o anonimato (artigo 5º, inciso IV, da Constituição)

---

[1] Apresentação publicada na revista Direitos Fundamentais e Justiça, ano 6, nº 21, p. 27-38, out dez 2012.

e garante que "todos podem reunir-se pacificamente, sem armas, em locais abertos ao público, independentemente de autorização, desde que não frustrem outra reunião anteriormente convocada para o mesmo local, sendo apenas exigido prévio aviso à autoridade competente" (artigo 5º, inciso XVI, CF). Destes dois incisos é possível depreender que a liberdade de reunião e de manifestação não são direitos absolutos, mas possuem restrições impostas pelo constituinte, além das que resultam da colisão com outros direitos ou valores constitucionalmente protegidos.

É importante definir, em primeiro lugar, o objeto do direito fundamental à liberdade de reunião. Este pressupõe um agrupamento de pessoas, que possua um mínimo de coordenação (finalidade comum e consciente) e que seja passageiro, transitório – caso contrário, seria uma associação. Um mero ajuntamento ocasional ou fortuito, como a concentração de pessoas em torno de um acidente de trânsito ou o público de um concerto musical não se enquadram, em princípio, no conceito de reunião.

A liberdade de reunião também abrange as vertentes da liberdade de convocação (por exemplo, a criação de páginas com esse propósito no *Facebook*), de promoção, de participação em reuniões (liberdade positiva) e a liberdade de não manifestação (liberdade negativa)[2].

O caráter pacífico tem relação com o estado de tranquilidade ou a ausência de desordem. Não é qualquer perturbação, contudo, que permite a intervenção estatal para impedir a realização da reunião como um todo. Pequenas ocorrências podem ser consideradas aceitáveis e até mesmo "naturais" nos ajuntamentos de muitas pessoas[3]. Em manifestação ocorrida no Rio de Janeiro, a marcha pacífica de milhares de pessoas pela Avenida Rio Branco foi transmitida ao vivo pela televisão. Ao final, já um pouco separados do grande grupo, criminosos aproveitavam para realizar saques e destruir bens públicos. Apenas contra esse tipo de minoria é que deve haver intervenções pontuais, não apenas para garantir a segurança pública, mas também dos demais participantes da reunião.

No Brasil, o caráter de licitude da reunião é considerado seu requisito pela doutrina e pela jurisprudência, ainda que não mencionado

---

[2] Conferir MIRANDA, Jorge. Manual de Direito Constitucional. Tomo IV. Direitos Fundamentais. Coimbra: Coimbra Editora, 1993. p. 428.
[3] SOUZA, António Francisco de. Liberdade de Reunião e de Manifestação no Estado de Direito. Direitos Fundamentais e Justiça, ano 6, nº 21, p. 27-38, out dez 2012, p. 31

expressamente no texto constitucional[4]. Do ponto de vista penal, é certo que vale o princípio de que ninguém pode executar, em uma reunião, algo que seja proibido fora dela[5]. As autoridades públicas, ao perceberem que uma reunião está sendo utilizada para fins ilegais, têm o dever e o direito de interrompê-la, afastando a ocorrência do ilícito. A reunião poderá, se possível, prosseguir regularmente após essa intervenção. Fernando Dias Menezes de Almeida ressalta que, em se tratando de atitudes ilícitas realizadas em uma reunião, não há de se falar em colisão de direitos, mas, sim, de tipificação de conduta delituosa[6].

A proibição de qualquer manifestação deve ser baseada em *razões fundadas*. Nesse aspecto, a doutrina italiana entende que não é suficiente a simples menção ao perigo de alteração da ordem pública ou possível agressão a bens protegidos[7]. Tal fundamentação, por ser complexa, faz com que seja difícil o estabelecimento de regras gerais sobre limites à liberdade de expressão. É necessário, por conseguinte, analisar-se o caso concreto.

Essa avaliação torna-se mais difícil quando inexiste regulamentação infraconstitucional com clara definição dos limites básicos da liberdade de reunião, como há, por exemplo, na Alemanha. Por aqui, o texto constitucional impõe duas restrições ao direito de reunião: que um encontro não frustre outro, anteriormente agendado para o mesmo local, e que a reunião seja previamente avisada à autoridade competente.

Do direito estrangeiro, válido mencionar a *Lei sobre reuniões e manifestações* da Alemanha (*Versammlungsgesetz*), de 1978, que regulamenta o artigo 8º da Lei Fundamental[8]. Seu parágrafo 1a dispõe que todos têm o direito de organizar e de participar de reuniões e de manifestações públicas, exceto partidos inconstitucionais, que tenham o objetivo de eliminar a ordem fundamental livre e democrática ou por em perigo a

---

[4] BRANCO, Paulo Gonet; MENDES, Gilmar Ferreira. Curso de Direito Constitucional. São Paulo: Saraiva, 2011.

[5] TORRES MURO, Ignacio. El derecho de reunion y manifestacion. Madrid: Servicio de publicaciones de la Facultad de Derecho de la Universidad Complutense,1 991, p. 96.

[6] ALMEIDA, Fernando Dias Menezes de. Liberdade de Reunião. São Paulo: Max Limond, 2001, p. 187.

[7] TORRES MURO, Ignacio. Op. cit., p. 136.

[8] Art. 8º, Lei Fundamental: (1)Todos os alemães têm o direito de se reunirem pacificamente e sem armas, sem notificação ou autorização prévia.(2) Para as reuniões ao ar livre, este direito pode ser restringido por lei ou em virtude de lei.".

existência da República Federal da Alemanha, cabendo ao Tribunal Constitucional Federal apreciar tal questão. Também militares e prestadores de serviço civil ou militar, nos termos da legislação castrense, não possuem direito de reunião, de acordo com a Lei Fundamental (artigo 17a).

O texto legal alemão divide as reuniões entre as públicas realizadas em ambientes fechados e as públicas realizadas em ambientes abertos. Para estas, o organizador da manifestação deverá comunicar sua realização em até 48 horas antes do evento. As autoridades competentes poderão proibir a manifestação – ou especificar condições para sua realização – caso se verifique que a reunião poderá ser perigosa para a segurança pública. Há proibição expressa para manifestações realizadas em memoriais ou locais históricos e de especial significado às vítimas do holocausto. A lei ressalta que o Memorial do Holocausto, localizado em Berlim, inaugurado em 2007 e famoso por seus expressivos blocos de concreto, enquadra-se em tal proibição. Quando não cumpridos estes requisitos ou a manifestação destes se desviar, as autoridades podem interrompê-la.

Outro ponto bastante polêmico, por ser considerado uma forma de intimidação, é a filmagem de manifestantes pelos policiais. Sobre isso, a *Lei sobre reuniões e manifestações* especifica que a filmagem dos participantes somente é legal quando existam evidências reais que a justifiquem e que o manifestante represente risco significativo. A gravação deve ser apagada logo após o evento, exceto nas hipóteses em que prove a ocorrência de algum delito ou seja possível acreditar que algum participante poderá ser perigoso em manifestações futuras.

Em 2006, por meio da denominada Reforma Federativa, que alterou diversos dispositivos da Lei Fundamental, a competência para legislar sobre liberdade de reunião e de manifestação foi transferida da União aos Estados. O artigo 125a, inciso I, LF determinou que, para este caso, continua válida a lei federal, mas os estados podem substituí-la por leis locais. Com isso, alguns *Länder* já possuem leis próprias sobre o assunto, como a Bavária, que promulgou o *Bayerisches Versammlungsgesetz* em 2008.

Por aqui, não temos diploma legislativo federal completo e específico que regulamente o direito de reunião. O tema é tratado por poucos e esparsos dispositivos, como pela legislação eleitoral[9]. A primeira e única

---

[9] Por exemplo, art. 39, §1º, Lei n. 9.504, de 1997: "Art. 39. A realização de qualquer ato de propaganda partidária ou eleitoral, em recinto aberto ou fechado, não depende de licença

lei sobre liberdade de reunião no Brasil data de 1950 (Lei 1.207). Promulgada na vigência da Constituição de 1946, essa lei nunca foi revogada expressamente, mas muitos dos seus dispositivos certamente não são compatíveis com a atual ordem constitucional[10].

Para organização funcional do direito de reunião, diversos Estados possuem portarias que especificam qual órgão é competente para recebimento do aviso prévio. Disposições sobre este tema também são encontradas em leis municipais que dispõem sobre reuniões que possam afetar a circulação e qual órgão será competente para acompanhá-las[11].

O Decreto 20.098, de 1999, do Distrito Federal foi objeto de análise pelo Supremo Tribunal Federal na ADI 1.969[12]. O decreto impugnado proibia a utilização de carros de som ou assemelhados em manifestações públicas realizadas na Praça dos Três Poderes, na Esplanada dos Ministérios e na Praça do Buriti. A restrição foi considerada inconstitucional, já que a alegação de que o barulho atrapalharia a atividade laboral dos servidores que trabalham nesta região é "inadequada, desnecessária e desproporcional quando confrontada com a vontade da Constituição". No julgamento, chegou a ser ressaltado que situação outra seria a realização de manifestações com carro de som na frente de hospitais, e que a proibição, na forma apresentada no decreto, serviria para "emudecer" o povo.

Um direito que usualmente entra em conflito com a liberdade de reunião é a liberdade de locomoção. O bloqueio de grandes vias tornou-se comum. A Avenida Paulista, em São Paulo, que é uma das principais vias da cidade e abriga diversos hospitais e clínicas médicas por suas proximidades, é um claro exemplo disso. Presas no trânsito, pessoas que não conseguiram chegar ao trabalho, perderam voos e compromissos.

É de se considerar, portanto, a elaboração de lei federal que defina limites essenciais à liberdade de reunião, como a necessidade de prévia indicação de qual percurso será feito, seu horário de realização,

---

da polícia. § 1º O candidato, partido ou coligação promotora do ato fará a devida comunicação à autoridade policial em, no mínimo, vinte e quatro horas antes de sua realização, a fim de que esta lhe garanta, segundo a prioridade do aviso, o direito contra quem tencione usar o local no mesmo dia e horário.".

[10] ALMEIDA, Fernando Dias Menezes de. *Op. cit.*, p. 107.
[11] ALMEIDA, Fernando Dias Menezes de. *Op. cit.*, p. 270.
[12] ADI 1969, Rel. Min. Ricardo Lewandowski, julgamento em 28.6.2007.

a proibição de interrupção total de vias públicas ou a autorização para que ocorra em determinados horários ou dias. O mero estabelecimento de regras procedimentais básicas ao exercício do direito de reunião não significa sua limitação, apenas garante que o evento se realize de forma segura não apenas aos seus participantes, mas a todos os cidadãos por ela diretamente afetados.

A liberdade de expressão, em suas variadas vertentes, é essencial para a manutenção do regime democrático. Especialmente quando demonstrada por meio de reuniões e de manifestações, auxilia o desenvolvimento da consciência dos cidadãos, que passam a ter acesso a novas informações, podem externar o que pensam, o que desejam para o país. As manifestações instigam o debate de temas polêmicos pela sociedade. Qualquer espécie de censura injustificada à liberdade de reunião deve ser reprimida, assim como qualquer abuso ou crime cometido por seus participantes. E é o bom senso, baseado nos princípios da proporcionalidade e da razoabilidade, que deve prevalecer na análise concreta de cada situação.

A Liberdade de Religião Precisa Ser Limitada Pelo Estado?

José S. Carvalho Filho

Em outubro de 2013, participei de um curso sobre a proteção dos direitos humanos no qual tive a oportunidade de ouvir afirmações que me levaram a refletir sobre o embate entre a universalidade dos direitos humanos e o relativismo cultural. Os participantes da turma, originários de 28 países com realidades completamente diferentes entre si, vivenciaram troca de experiências inestimável. Ocorre que alguns posicionamentos manifestados durante as aulas foram chocantes para quem pensa na igualdade de todos e na proteção às liberdades como alicerces do constitucionalismo.

Entre os pensamentos inusitados, destaco: 1) As mulheres têm dever de obediência em relação aos maridos e são obrigadas a cumprir todas as suas obrigações conjugais, como educar os filhos, cuidar da casa e manter relações sexuais quando o patriarca quiser; 2) Não existe lógica em legitimar a prática de certos atos que vão contra a natureza, como o homossexualismo, mas impedir o incesto; 3) A poligamia é também uma questão de sobrevivência da espécie humana, na medida em que as mulheres são maioria na sociedade e representam cerca de 51% da população; 4) Os maiores problemas atualmente enfrentados por muitos Estados são consequências do reconhecimento da família monoparental.

Essas manifestações me impulsionaram a produzir este artigo, para refletir sobre os limites do multiculturalismo e perquirir em que medida um Estado deve promover, internamente, a proteção do pluralismo cultural.

Boaventura de Sousa Santos leciona que as pessoas têm o direito a ser iguais quando a diferença as inferioriza, assim como a ser diferentes quando a igualdade as descaracteriza. Disso decorre a necessidade de um princípio da igualdade que reconheça as peculiaridades de cada ser.[1] A diversidade é um bem que precisa ser protegido.

A propósito, a Declaração Universal de Direitos Humanos (DUDH) estatui que toda pessoa tem capacidade para gozar os direitos e as liberdades nela estabelecidos, sem distinção de qualquer espécie, seja de raça, cor, sexo, língua, religião, opinião política ou de outra natureza, origem nacional ou social, riqueza, nascimento, ou qualquer outra condição (artigo II). No mesmo sentido, a Constituição brasileira estabelece, entre os objetivos fundamentais do Estado, a promoção do bem de todos, sem preconceitos de origem, raça, sexo, cor, idade ou quaisquer outras formas de discriminação (artigo 3°, IV).

Portanto, há previsões normativas que dispensam ampla proteção ao pluralismo, em suas diversas ramificações. A partir dessas premissas, este artigo analisa a possibilidade de limitar o direito à diversidade cultural, o que se propõe a examinar na conjuntura da liberdade de crença ou de religião.

Especificamente sobre essa liberdade, a DUDH ratifica o dever de proteção dos Estados ao pluralismo e garante a livre manifestação religiosa ou de crença, pelo ensino, pela prática, pelo culto e pela observância, isolada ou coletivamente, em público ou em particular (artigo XVIII). No Brasil, a Constituição consagra igualmente o direito à liberdade de religião (artigo 5°, VI, VII e VIII).

Nesse contexto, questiona-se se, diante da obrigação estatal de resguardar o multiculturalismo, o direito subjetivo fundamental à liberdade de consciência pode ser legitimamente mitigado. Imaginem-se as hipóteses de uma estrangeira que vive no Brasil e, no exercício de sua crença, decide encobrir o rosto, sujeitar-se ao marido e reconhecer-se inferior aos homens; ou de um cidadão que prefere morrer a se render a tratamento médico contrário às suas convicções; ou, ainda, de pais que

---

[1] Santos, Boaventura de Sousa. *Reconhecer para libertar:* os caminhos do cosmopolitanismo multicultural. Rio de Janeiro: Civilização Brasileira, 2003, p. 56.

submetem os filhos menores a situações de risco por motivos religiosos. Pergunta-se: deve o Estado brasileiro, em tais casos, respeitar e proteger efetivamente a liberdade religiosa? A resposta não é simples.

É certo que os direitos fundamentais não são absolutos. Favoreu[2] sustenta que esses direitos podem ser limitados, desde que haja concomitantemente: I) a preponderância, no caso concreto, de outros direitos fundamentais ou de objetivos de interesse geral; II) a atuação da autoridade competente para fixar a restrição; e III) a observância do estritamente necessário, para não desnaturar o direito fundamental mitigado.

Destarte, em teoria e observados alguns critérios, é possível restringir a liberdade de religião, como acontece com qualquer outro direito fundamental. Ainda assim, parece paradoxal imaginar que um Estado pluralista como o brasileiro possa interferir em um dos direitos mais íntimos do indivíduo, que é a liberdade de consciência.

As reflexões sobre esse tema não são novas, pois o assunto já foi judicializado em diversos países e apreciado, ainda, pela Corte Europeia de Direitos Humanos (CEDH). Tais precedentes podem nortear diretamente o tratamento da liberdade religiosa pela ordem jurídica brasileira, além de indicar possíveis limites da diversidade cultural em Estados pluralistas, logo é relevante o seu conhecimento.

Nos Estados Unidos, há pelo menos dois casos interessantes que foram julgados pela Suprema Corte. Em *Capitol Square Review and Advisory Board v. Pinette*[3], o Judiciário permitiu a construção de uma cruz nazista em local público, para efetivar o livre exercício da liberdade de crença pelos adeptos do movimento *Ku Klux Klan*; e em *Church of the Lukumi Babalu Aye, Inc. v. Hialeah*[4], o Tribunal declarou inconstitucionais normas locais que impediam a realização de rituais com sacrifício de animais.

A Suprema Corte do Canadá também possui alguns precedentes interessantes sobre a efetivação da liberdade de consciência. Em *R.C.N.S.*

---

[2] FAVOREU, Louis; ROUX, André et al. *Droit constitutionnel*. 16. ed. Dalloz: Paris, 2013, p. 903-905.
[3] Decisão disponível em: <http://www.oyez.org/cases/1990-1999/1994/1994_94_780>. Acesso em: 27 nov. 2013.
[4] Decisão disponível em: <http://www.oyez.org/cases/1990-1999/1992/1992_91_948>. Acesso em: 27 nov. 2013.

*2012 CSC 72*⁵, a decisão reconheceu o direito de uma mulher testemunhar em processo criminal trajando *niqab*, uma indumentária islâmica semelhante à burca. Em *Alberta c. Hutterian Brethren of Wilson Colony, 2009 CSC 37*⁶, reconheceu-se que a convicção religiosa dos Huteritas, segundo a qual não se pode ser voluntariamente fotografado, é justificativa legítima para não exigir fotografia na permissão para conduzir veículos.

Esses casos revelam a adoção de uma posição liberal em relação à manifestação religiosa; a função estatal consiste em maximizar a proteção da diversidade, independentemente de valoração moral da crença (casos do *Ku Klux Klan* e do sacrifício de animais) ou dos impactos para a ordem pública (casos da autorização para habilitação veicular sem fotografia e do testemunho com rosto encoberto). Essa concepção pode ser definida como pluralismo liberal clássico. Ela não é, contudo, uniformemente acolhida em todo o mundo.

Na Alemanha, o Tribunal de Grande Instância (*Landgericht*) de Köln condenou a circuncisão por motivos religiosos, por constituir afronta à integridade física das crianças. Entendeu a Corte que o direito de os pais educarem, inclusive transmitindo preceitos religiosos, não se sobrepõe ao desenvolvimento da personalidade individual e à preservação corporal dos filhos.[7-8]

A França decidiu limitar a liberdade de crença e proibir legalmente[9] o porte de vestimentas que encobrem o rosto em locais públicos. Na exposição de motivos para a adoção da referida lei, explica-se que a dissimulação da face dificulta a identificação da pessoa, comprometendo a segurança pública em ambientes como bancos e escolas, além de configurar

---

[5] Decisão disponível em: <http://www.lexisnexis.ca/documents/2012csc072.pdf>. Acesso em: 27 nov. 2013.

[6] Decisão disponível em:<http://scc-csc.lexum.com/decisia-scc-csc/scc-csc/scc-csc/fr/item/7808/index.do>. Acesso em: 27 nov. 2013.

[7] FERCOT, Céline. Circoncision pour motif religieux: le prépuce de la discorde. In: *Actualités des droits-libertés du CREDOF*, 13 juillet 2012.

[8] Texto original do julgamento disponível em: <http://adam1cor.files.wordpress.com/2012/06/151-ns-169-11-beschneidung.pdf>. Acesso em: 27 nov. 2013.

[9] Loi n. 2010-1192 du 11 octobre 2010 interdisant la dissimulation du visage dans l'espace public. Disponível em: <http://legifrance.gouv.fr/affichTexte.do;jsessionid=AFAAAD7E7DC5931D7EF0CECEC3E5EF1C.tpdjo07v_1?cidTexte=JORFTEXT000022911670&dateTexte=20131122>. Acesso em: 27 nov. 2013.

um atentado à liberdade das mulheres, por negar o valor republicano da igualdade.[10] Registre-se que o *Conseil Constitutionnel* decidiu que essa lei proibitiva é conforme à Constituição francesa, na medida em que as mulheres que escondem os rostos, voluntariamente ou não, encontram-se em situação de exclusão e de inferioridade manifestamente incompatível com os princípios constitucionais da liberdade e da igualdade.[11] Em outro julgamento, o Conselho Constitucional assentou que a cláusula de consciência não pode ser invocada pelas autoridades francesas para recusarem a celebração de casamento entre pessoas do mesmo sexo.[12]

Por fim, a Corte Europeia de Direitos Humanos foi acionada para julgar suposto atentado à liberdade religiosa de um homem que, por convicção religiosa, era obrigado a portar turbante em tempo integral, mas foi compelido a retirar o signo durante fiscalização de segurança de um aeroporto. Para solucionar o caso, a CEDH invocou o artigo 9º da Convenção Europeia de Direitos Humanos, segundo o qual a liberdade de religião pode ser restringida por medidas de segurança pública.[13]

Esses precedentes europeus caracterizam-se pela implementação de medidas concretas que limitam a liberdade religiosa para garantir outros valores constitucionais. Na França, existem leis que proíbem o porte de signos religiosos em escolas e a dissimulação da face em locais públicos, cuja finalidade é compatibilizar a diversidade cultural com os princípios da liberdade individual e da igualdade, além de impedir o uso da religião como mecanismo de dominação. Esse comportamento configura clara filiação a um pluralismo intervencionista com escopo integrador (pluralismo de integração). As decisões da Alemanha e da CEDH

---

[10] Relatórios da Assembleia Nacional da França relativos à Lei 2010-1192, disponíveis em: <http://www.assemblee-nationale.fr/13/dossiers/dissimulation_visage_espace_public.asp>. Acesso em: 27 nov. 2013.

[11] Décision n. 2010-613 DC du 7 octobre 2010. Disponível em: <http://www.conseil-constitutionnel.fr/conseil-constitutionnel/francais/les-decisions/acces-par-date/decisions-depuis-1959/2010/2010-613-dc/decision-n-2010-613-dc-du-07-octobre-2010.49711.html>. Acesso em: 27 nov. 2013.

[12] Décision n. 2013-353 QPC du 18 octobre 2013. Disponível em: <http://www.conseil-constitutionnel.fr/conseil-constitutionnel/francais/les-decisions/acces-par-date/decisions-depuis-1959/2013/2013-353-qpc/decision-n-2013-353-qpc-du-18-octobre-2013.138338.html>. Acesso em: 27 nov. 2013.

[13] Decisão disponível em: <http://hudoc.echr.coe.int/sites/eng/pages/search.aspx?i=001--67998#{"itemid":["001-67998"]}>. Acesso em: 27 nov. 2013.

também demostram, ainda que pontualmente, uma inclinação para essa corrente, distinta do pluralismo liberal clássico.

A experiência brasileira não permite incluir o país, com precisão, em nenhum dos dois grupos. Por um lado, a própria Constituição ressalva a possibilidade de prestação alternativa aos que se recusarem a cumprir obrigações a todos imposta (artigo 5º, VIII), respeitando a pluralidade de valores. Por outro lado, o Judiciário local tem sido categórico no que concerne às transfusões de sangue para testemunhas de Jeová, ao assentar que o direito à vida é indisponível e prevalece sobre a liberdade religiosa, motivo pelo qual a hemotransfusão deve ser realizada contrariamente à vontade dos pacientes. Notadamente, quando a questão envolve incapazes ou pessoas temporariamente impossibilitadas de se manifestar, a ausência de consentimento dos responsáveis não obstaculiza a intervenção cirúrgica.[14]

A laicidade à brasileira comporta, ainda, algumas peculiaridades que potencializam a dificuldade de classificar o nosso pluralismo de crenças entre liberal clássico e de integração, a exemplo da menção a Deus no preâmbulo da Constituição[15], do reconhecimento de efeitos civis ao casamento religioso (artigo 226, § 2º, CF) e da utilização ostensiva de símbolos em ambientes públicos, como a cruz no plenário do Supremo Tribunal Federal.

Posto isso, é notória a complexidade para promover o secularismo. A questão se torna ainda mais delicada quando o Estado adota medidas concretas que limitam o exercício da liberdade religiosa, a fim de garantir valores objetivos como as liberdades, a igualdade e o próprio pluralismo.

---

[14] Por todos, citam-se: Tribunal de Justiça do Estado do Rio Grande do Sul. 6ª Câmara Cível. Apelação Cível n. 595000373, Rel. Sérgio Gischkow Pereira, Julgado em 28/3/1995 ; Tribunal de Justiça do Estado de São Paulo. 18ª Câmara de Direito Privado. Apelação com revisão n. 1234304400, Rel. Flávio Pinheiro, julgado em 18/6/2002; e Tribunal de Justiça do Estado do Rio de Janeiro. 18ª Câmara Cível. Agravo de Instrumento n. 2004.002.13229. Des. Carlos Eduardo Passos, julgamento em 5/10/2004.

[15] Registre-se, contudo, que o STF já decidiu que o preâmbulo da Constituição não tem valor de norma constitucional (Cf.: Ação Direta de Inconstitucionalidade 2.076, Tribunal Pleno, Rel. Min. Carlos Velloso, DJ 8/8/2003).

Há muitos trabalhos que criticam certas restrições à liberdade de religião[16], mas refletindo sobre todos os casos polêmicos apresentados, penso que essa liberdade deve sim ser limitada quando o seu exercício entrar em conflito com outros direitos fundamentais. O Estado não deve assistir passivamente a atos de racismo, tortura, degradação da saúde e da integridade física, perturbação da segurança pública, discriminação ou disseminação de ódio, em nome da diversidade ou do respeito a tradições culturais.[17]

Trata-se de medida para evitar a autodestruição do multiculturalismo. Considerando-o como um dos fundamentos da liberdade de crença, consciência ou de religião, não se podem admitir práticas que vão de encontro a outros valores constitucionais e se transformem em mecanismos de segregação e/ou de dominação, corroendo o alicerce de uma sociedade plural: a tolerância.

Nesse sentido, os precedentes europeus examinados demonstram bem como compatibilizar a autodeterminação com a proteção de bens jurídicos indisponíveis, em um contexto que propicia a emancipação dos cidadãos. Repita-se, contudo, que as restrições aos direitos fundamentais estão evidentemente condicionadas à atuação de autoridade competente e à imposição apenas dos limites estritamente necessários.

Sendo assim, penso que é preciso evoluir do multiculturalismo liberal clássico para o pluralismo de integração, que não aceita respeitar a tradição religiosa quando a intervenção estatal é justificada pela promoção de valores objetivos igualmente dignos de tutela e que preponderam nos casos de conflito.

---

[16] Por todos, citam-se: FONSECA, Ana Carolina da Costa e. Autonomia, pluralismo e a recusa de transfusão de sangue por Testemunhas de Jeová: uma discussão filosófica. *Revista bioética*, v. 19, n. 2, 2011, p. 485-500; BARROSO, Luís Roberto. *Legitimidade da recusa de transfusão de sangue por testemunhas de Jeová*: dignidade humana, liberdade religiosa e escolhas existenciais. Disponível em: <2013. http://www.conjur.com.br/dl/testemunhas-jeova-sangue.pdf>. Acesso em: 28 nov.; e GIACOMET, Daniela. Sobre a proibição do uso de símbolos religiosos pelos alunos das escolas públicas francesas: uma questão de direitos humanos. *Revista da Procuradoria do Estado do Rio de Janeiro*, v. 66. 2011, p. 219-236.

[17] PIOVESAN, Flávia. *Direitos humanos e o direito constitucional dos direitos humanos*. 12. ed. São Paulo: Saraiva, 2011, p. 207-208.

Crescem os Debates Relacionados à Proteção Ambiental no Supremo Tribunal Federal

Marco Túlio Reis Magalhães

Nos últimos anos, é curioso notar o aumento de debates sobre problemas relacionados à proteção ambiental (em conjunto com questões sanitárias e de qualidade de vida) no âmbito da jurisdição constitucional brasileira e também na experiência do direito comparado.

A Constituição de 1988 foi a primeira constituição brasileira a tratar a defesa do meio ambiente: definida como direito e como dever dirigido ao Poder Público e à coletividade (art. 225); caracterizada como princípio geral da atividade econômica (art. 170, VI); compartilhada entre entes federativos em competências administrativas (arts. 21 e 23) e legislativas (arts. 22, 24 e 30); entendida como requisito intrínseco de alguns direitos (função social da propriedade), etc.

Nesse sentido, o Brasil aproximou-se de interessante tendência de alguns países latino-americanos e da América Central no sentido de incorporar a proteção ambiental ao plano constitucional (Equador-1979, Peru-1979, Chile-1980, Honduras-1982, Panamá-1983; Guatemala-1985, Haiti-1987; Nicarágua-1987; Colômbia-1991; Paraguai-1992; Venezuela--1999; Argentina-1994; Bolívia-2009). Em boa parte dos casos, isso se deu em momentos de redemocratização, de mudança de regime político e de adoção de novas constituições.[1]

---

[1] Após comentar sobre a opção da França em adotar como texto constitucional a Carta do Meio Ambiente de 2004, James May ressalta o seguinte: "The growth in this ensemble is

Houve aí forte influência das constituições portuguesa (1976; art. 66) e espanhola (1978; art. 45), que passaram a tratar de um direito ao ambiente sadio e equilibrado e de tarefas de proteção ambiental. Na Alemanha (1994)[2] e na França (2005)[3], a inserção desse tema no plano constitucional foi tardia, o que não significou ausência de proteção ambiental.

Na experiência norte-americana e de outros países de tradição jurídica anglo-saxônica, pelo próprio caráter peculiar dessas vertentes do constitucionalismo, predominou a incorporação dessas tarefas no plano da lei (supremacia da lei), sobretudo nos diversos estatutos e atos que especificavam (direta ou indiretamente) previsões sobre proteção ambiental.[4] De toda forma, o que se vê é uma variedade de fórmulas e

---

due primarily to two phenomena: the proliferation of new constitutions in new constitutional democracies in Eastern Europe, sub-Saharan Africa, the Middle East and Latin and Central America, and the trend toward internationalization of constitutional rights". MAY, James R. *Constituting Fundamental Environmental Rights Worldwide*. In: Pace Environmental Law Review, nº 23, 2005-2006, p. 113-114.

[2] "Artigo 20a GG [Proteção dos recursos naturais vitais e dos animais]. Tendo em conta também a sua responsabilidade frente às gerações futuras, o Estado protege os recursos naturais vitais e os animais, dentro do âmbito da ordem constitucional, através da legislação e de acordo com a lei e o direito, por meio dos poderes executivo e judiciário." Disponível em: <http://www.brasil.diplo.de/contentblob/3160404/Daten/1330556/Gundgesetz_pt.pdf.> Acesso em: 3.10.2011. Para um comentário geral acerca do art. 20a GG, consultar: JARASS, Hans D; PIEROTH, Bodo. Grundgesetz für die Bundesrepublik Deutschland. 9 Aufl. München: Verlag C. H. Beck, 2007, p. 511-518.

[3] "Juntou-se, desse modo, a Carta do Meio Ambiente à Declaração dos Direitos do Homem e do Cidadão de 1789, ao Preâmbulo da Constituição de 1946 e, evidentemente, à atual Constituição, de 4 de Outubro de 1958. Com efeito, a França é um dos raros países cuja Constituição não é o único texto constitucional: três outros textos fazem parte, igualmente, do 'bloco de constitucionalidade'." HUTEN, Nicolas. *A Carta Francesa do Meio Ambiente*. In: SARLET, Ingo Wolfgang (Org.); SILVA, Vasco Pereira da. (Org.). Direito Público sem Fronteiras. 01. ed. Lisboa – Portugal: Instituto de Ciências Jurídico-Políticas – www.icjp.pt, 2011. v. 01. p. 887.

[4] No caso do Reino Unido, por exemplo, destaca-se o seguinte: "Environmental law is primarily a mix of primary legislation [Acts of Parliament], sencondary legislation [regulations otherwise known as statutory instruments], judicial decisions reported in law reportes, common law principles, European Union (EU) legislation [mainly in the form of directives], which are transposed into national law [usually in the form of regulations], and international law [found in treaties, conventions and protocols]". WOLF, Susan; STANLEY, Neil. Wolf and Stanley on environmental law. 5th revised ed. United Kingdom: Taylor & Francis, 2011, p. 5.

arranjos políticos e jurídico-institucionais, com diferentes alternativas e consequências.

A questão de integração regional traz mais tempero a esse caldo de experiências. No caso da União Europeia, existe o desafio de os países se adequarem às legislação primária (Tratado da União Europeia, Tratado de Funcionamento da União Europeia e Carta dos Direitos Fundamentais da União Europeia) e à legislação secundária (art. 288 TFUE) – com destaque às diretivas da União Europeia em matéria ambiental e sanitária. Ao mesmo tempo, há o desafio de acomodar a situação de países que elevam o nível de proteção ou risco aceitável para além das diretivas europeias, sem que se consubstanciem injustificadas restrições ao comércio e aos objetivos econômicos. Esses desafios repercutem na atuação das cortes nacionais e nos interesses de diversos outros países.[5]

A proteção ambiental também permeia casos decididos em sede de direito internacional. Destaca-se a Corte Europeia de Direitos Humanos, que vem decidindo que não há como proteger certos direitos fundamentais sem condições ambientais e sanitárias adequadas. Ilustraria essa tendência o Caso *López Ostra v. Espanha* (1994) – relacionado aos efeitos causados por usina de tratamento de resíduos próxima à residência da senhora López Ostra, os quais violariam o seu direito ao domicílio e à vida privada e familiar (interpretação do art. 8 da Convenção Europeia de Direitos Humanos). Segundo Teresa Novales,[6] tal decisão parece ter influenciado, em certa medida, o Tribunal Constitucional espanhol (STC 119/2001, de 24.5.2001), em caso relativo à poluição sonora (ruídos e vibrações) causada ao domicílio da senhora Pilar Moreno Gómez por uma discoteca (que funcionava até 6h30min) e por estabelecimentos barulhentos (situados em área em que a própria municipalidade classificara como zona acusticamente saturada).

Esse panorama é ilustrativo para destacar dois pontos: há muitos problemas, e o conteúdo da caixa de ferramentas varia conforme os

---

[5] Relembre-se do caso julgado pelo órgão de apelação da OMC relativo à demanda do Canadá contra as medidas impostas pela França quanto à proibição do asbestos (amianto) em seu território e de sua importação. *Dispute Settlement 135. European Communities – Measures Affecting Asbestos and Products Containing Asbestos.*

[6] NOVALES, Teresa Picontó. El derecho al medio ambiente. In: Jerónimo Betegón *et al* (Orgs.). Constitución y derechos fundamentales. Madrid, Centro de Estudios Políticos y Constitucionales, 2004, p. 947-970.

países. No Brasil, inicialmente as provocações surgiam mais pela via de controle difuso, mas essa tendência tem mudado, em razão do crescente uso de ações direta e pela própria mudança estrutural do controle de constitucionalidade (repercussão geral e súmula vinculante, com a EC 45/2004). Vejamos alguns aspectos e linhas jurisprudenciais que corroboram essa visão.

O Supremo Tribunal Federal (STF), por diversas vezes, manifestou-se sobre a relação entre o direito de propriedade e de livre iniciativa e o direito ao meio ambiente ecologicamente equilibrado. O debate costumava girar ora em torno da função social da propriedade e da necessidade de atividades econômicas cumprirem a defesa do ambiente como princípio geral da atividade econômica, ora em torno da legitimidade de restrições a determinados direitos em prol do ambiente e da qualidade de vida.[7]

A jurisprudência do STF também assentou a necessidade de defesa do ambiente como limitação ao exercício irrestrito de direitos e manifestações culturais (art. 215, *caput* e §1º), consistentes em práticas que coloquem em risco a função ecológica, que provoquem a extinção das espécies ou submetam os animais a situações de crueldade (art. 225, §1º, VII). É a proibição de crueldade que tem despertado mais atenção, como destacado no (1) caso da chamada "farra do boi"[8] e no (2) caso das rinhas de galo (nesse último, leis estaduais definiam as rinhas como atividades esportivas com aves de raças combatentes).[9]

Esse tema abre um amplo leque de apreciação para a Corte, como exemplifica a ADI 3595/SP (pendente de julgamento), na qual se impugna lei paulista que, ao instituir um Código estadual de Proteção aos animais, proibiu (1) a apresentação ou utilização de animais em espetáculos circenses e (2) vedou as provas de rodeio e espetáculos similares com uso de instrumentos que visem induzir o animal à realização de ati-

---

[7] MS nº 22.164/SP, Rel. Celso de Mello, Tribunal Pleno, julgado em 30.10.95, DJ de 17.11.1995. Também nesse sentido: ADI nº 2.213-MC/DF, Rel. Celso de Mello, DJ 23.04.2004, com destaque ao voto do ministro relator sobre a inconstitucionalidade material. RE nº 134.297/SP, Rel. Celso de Mello, 1ª Turma, julgado em 13.06.1995, DJ de 22.09.1995.

[8] RE nº 153.531/SC, Rel. p/acórdão Marco Aurélio, Tribunal Pleno, julgado em 3.6.1997, DJ de 13.03.1998.

[9] Por exemplo, ADI nº 1.856-MC/RJ, Rel. Carlos Velloso, Tribunal Pleno, julgado em 3.9.1998, DJ de 22.9.1990.

vidade ou a comportamento que não se produziria naturalmente sem o emprego dos artifícios.

O curioso aqui é que a diversidade cultural nos coloca uns a ver extremos e outros a ver normalidade. Pensemos na sacralidade ou no simbolismo de certos animais para algumas culturas. Faltou pimenta? Então considere a inusitada notícia veiculada na imprensa internacional em novembro de 2012 sobre a movimentação no *Bundestag* alemão para inserir a proibição de sexo com animais no Código de Proteção Animal (*Tierschutzgesetz*). É que a prática havia deixado de ser expressamente proibida desde o final da década 60 (século XX), observadas certas condições (não causar dor ou sofrimento aos animais), mas o crescente número de incidentes (sobretudo na área rural) e até a notícia de "jardins zoológicos eróticos" estariam causando repercussão negativa em diversos setores. Como havia grupos que já afirmaram que iriam à justiça em caso de proibição (ZETA, por exemplo),[10] essa discussão poderia ensejar a apreciação do Tribunal Constitucional alemão, pois o art. 20a (GG) da Lei Fundamental alemã determina expressamente a proteção dos animais.

De volta ao Brasil, tem-se destacado a apreciação jurisdicional da proteção ambiental, da saúde e da qualidade de vida a partir da dimensão objetiva desses direitos, com enfoque na exigência de deveres de proteção (que não sejam insuficientes), pela via interpretativa do princípio da proporcionalidade e também do princípio da precaução. Para além da pressuposta finalidade ambiental, o que vale notar é que tais discussões vêm contribuindo para um aperfeiçoamento da própria jurisdição constitucional, na medida em que essas questões têm trazido novos desafios e envolvem importantes valores sociais e federativos, demandando um espectro cognitivo mais amplo (que se busca suprir, em parte, com audiências públicas). O caso da ADPF 101 é emblemático nesse sentido. Basta analisar-se o voto da Ministra Relatora Carmen Lúcia, que envolveu a apreciação de decisões judiciais divergentes (com ou sem trânsito em julgado) e a irradiação distinta de efeitos, a depender

---

[10] Vide:<http://www.bbc.co.uk/portuguese/noticias/2012/11/121128_alemanha_bestialidade _dg.shtml> e < http://www.spiegel.de/politik/deutschland/sodomie-regierung-will--sex-mit-tieren-verbieten-a-869948.html> e < http://www.thesun.co.uk/sol/homepage/ news/4665856/Germany-to-ban-sex-with-animals.html#ixzz2DjXHCtIK> e < http://www. zeta-verein.de >. Acesso em: 29.11.2012.

da situação envolvida, de atos normativos infralegais, repercussões decorrentes de decisão do Mercosul e da OMC, dados técnicos de impacto ambiental dos pneus inservíveis, questões sanitárias e de qualidade de vida. Ao fim, declarou-se a constitucionalidade das normas, decisões e interpretações que vedam a importação de pneus usados.

Há temas muito instigantes também com repercussão geral reconhecida e que aguardam decisão de mérito. Destaco, a título de exemplo, o RE 627189-RG, em que se apreciará a questão da redução do campo eletromagnético de torres e linhas de transmissão de energia elétrica em face de riscos ao meio ambiente e à saúde humana, considerando, dentre outros, os seguintes aspectos: a questão dos limites de revisão judicial de discricionariedade técnica e da impossibilidade de utilização de parâmetro do direito comparado, a aplicação do princípio da precaução e a violação do princípio da legalidade (reserva de lei e lacuna legislativa). Outro tema pendente de julgamento de mérito é a competência municipal para legislar sobre queima de palha de cana-de-açúcar e o uso de fogo em atividades agrícolas (RE 586224-RG).

Além disso, ressalto que, em 31.10.2012, o STF iniciou o julgamento de mérito de ações diretas que envolvem a discussão sobre a constitucionalidade da proibição de amianto crisotila por leis estaduais, com a prolação de votos frontalmente divergentes dos Ministros Ayres Britto e Marco Aurélio – o que serve de bom espelho para reflexão e debate. A sessão foi suspensa, e a continuidade do julgamento deve ocorrer futuramente – considerando que a pata daquele ano se concentrou, sobretudo, no julgamento da Ação Penal 470 (caso do mensalão).

O debate da proibição (ou não) do uso de amianto crisotila não é necessariamente novo na Corte, mas o caso em questão é importante porque, pela primeira vez, será analisado o mérito do tema, com novos contornos, desde a quebra da linha jurisprudencial seguida pelo STF. Tal quebra de entendimento ocorreu no julgamento liminar da ADI-MC 3937/SP, da relatoria do Ministro Marco Aurélio, em que ele concedera liminar para suspender lei estadual, mas foi voto vencido, em face de posicionamento divergente inaugurado à época pelos Ministros Joaquim Barbosa e Eros Grau.[11] Nesse ínterim, houve audiência pública,

---

[11] Para uma análise do histórico e elementos gerais, vide: MAGALHÃES, Marco T. R. *Comentários sobre as relações constitucionais do meio ambiente nos vinte anos da Constituição Federal*. In: Interesse Público, v. 57, p. 115-133, 2009.

com um grande número de dados, argumentos e estatísticas divergentes, o que chama a atenção sobre como a Corte irá lidar com isso.

Mas ao lado da discussão sobre o caráter perigoso do amianto (reconhecido pela própria lei e amplamente divulgado nos meios de comunicação), ressalto que o caso é extremamente rico como "experimento laboratorial" do controle de constitucionalidade exercido pela jurisdição constitucional brasileira. Por isso, destaca-se aqui alguns pontos relevantes para instigar a todos a acompanhar o desenrolar dessa discussão, relembrando que a composição da Corte mudou bastante nos últimos tempos e novos rumos podem ser tomados.

Viu-se nos debates de 31.10.2012 que há mais em discussão do que a proibição ou autorização do uso do amianto. Isso deve estar claro. Está em jogo a definição de critérios de interpretação da repartição de competências, que tratam (1) das relações entre competência privativa da União e competência legislativa concorrente e (2) de interação entre normas gerais e específicas consideradas na sistemática do art. 24 da Constituição. Nesse último ponto, em se saber se todos os temas da legislação concorrente são interpretados de forma uniforme ou se existem assimetrias a exigir diferentes considerações.

Qual o espaço e a autonomia de União e Estados em sede de legislação concorrente? Se uma norma geral é restritiva como regra e permissiva como exceção (como parece ser o caso da Lei 9055/95), sua interpretação deve ser distinta de outra norma geral que é apenas permissiva sobre certa atividade? E se o caso envolver aspectos de supranacionalidade? Além disso, qual o impacto que decisões como essa podem gerar em relação ao pacto federativo e ao fomento de um federalismo cooperativo?

Como identificar a possível desatualização da legislação federal que estabelece normas gerais, na seara de proteção de direitos fundamentais (saúde, meio ambiente e qualidade de vida)? Como identificar uma proteção insuficiente desses direitos? Que juízos devem ser feitos para tanto? Isso legitima os Estados a atuar a favor da maior proteção possível por legislação própria ou por impugnação da norma geral supostamente deficitária? Em eventual caso de desatualização, qual o espaço de decisão do STF em relação à margem de discricionariedade do legislador em rever a questão?

As discussões que envolvem riscos e perigos à saúde, à vida e ao ambiente e os critérios de revisão periódica, a consideração da melhor tecnologia disponível e a existência de alternativas estão a exigir uma nova postura do legislador (em termos de técnica legislativa) e da jurisdição constitucional?

Enfim, os casos e as considerações aqui expostos buscaram demonstrar a riqueza do debate que os temas ambientais podem trazer à pauta da jurisdição constitucional e a possível contribuição deles para se pensar novas possibilidades.

Financiamento de Campanha Eleitoral Por Pessoa Jurídica: a Confusão Entre Direito de Voto e Influência

ELIARDO TELES

Em setembro de 2011, a OAB propôs ação direta de inconstitucionalidade contra a autorização legal para que pessoas jurídicas doem recursos a partidos políticos e a campanhas eleitorais, prevista nos art. 24 e 81, da Lei 9.504/1997, e 31, 38 e 39, da Lei 9.096/1995. Autuada sob o número ADI 4.650, a ação foi levada a julgamento no dia 11 de dezembro de 2013. No momento, já se contam 6 votos dando procedência parcial ou total aos pedidos (Ministros Luiz Fux, Joaquim Barbosa, Dias Toffoli, Roberto Barroso, Ricardo Lewandowski e Marco Aurélio) e 1 voto pela improcedência (Ministro Teori Zavascki).

Este texto pretende apontar uma falha na argumentação da referida ação: a confusão entre voto e influência no processo eleitoral e nos processos de tomada de decisões políticas. Na conclusão, sugere uma possibilidade de se obter a regulação da influência do poder econômico nas eleições a partir da atenção para os gastos, submetendo-os aos direitos do eleitor de se informar para decidir.

Os dois argumentos mais fortes da ação direta da OAB referem-se aos possíveis impactos que as doações de recursos de campanha eleitoral por empresas teriam sobre as eleições e sobre forma como o governo representativo responderia às demandas da opinião pública por medidas legislativas e administrativas.

Segundo a petição da Ordem, as doações de recursos das empresas para as campanhas eleitorais teriam, antes de mais nada, o potencial de influir decisivamente nas eleições:

> O princípio democrático não se compatibiliza com a disciplina legal da atividade política que tenha o efeito de atribuir um poder muito maior a alguns cidadãos em detrimento de outros, e é exatamente este o resultado da aplicação das normas jurídicas ora questionadas, que, como acima salientado, **ampliam a forca política dos detentores do poder econômico e dos seus aliados, em detrimento dos demais eleitores.** Como ressaltou David Samuels, após ampla pesquisa empírica sobre o financiamento eleitoral brasileiro, tem-se hoje um sistema em que o dinheiro é excessivamente importante nas eleições, o que *'faz com que a balança pese a favor do candidato que tiver a seu lado contribuintes endinheirados. O dinheiro acentua a viabilidade das candidaturas e sua falta limita enormemente a competitividade dos candidatos'*[1]. (negritamos; itálicos no original)

Em consequência, como afirma o trecho acima citado, haveria uma desigualdade entre candidatos e entre eleitores. Doadores com mais dinheiro (notadamente empresas) teriam mais poder de influência nas eleições. Candidatos com mais doações privadas teriam mais chances de ganhar as eleições. Nisso consistiria o impacto negativo das doações de recursos por empresas sobre o princípio democrático, e a consequente inconstitucionalidade dessas doações.

A ação da OAB também afirma uma violação ao princípio republicano. Aqui, trata-se da influência que os doadores teriam sobre as decisões político-administrativas dos representantes. Segundo a ação direta, a influência das empresas nas eleições resultaria em uma influência indevida sobre as decisões político-administrativas dos representantes:

> A ampla possibilidade de realização de doações eleitorais, diretas ou indiretas, por pessoas jurídicas ou naturais, confere aos detentores do poder econômico a capacidade de **converter este poder, de**

---

[1] Petição inicial na ADI 4.650, p. 17.

forma praticamente automática, em poder político, o que tende a perpetuar o quadro de desigualdade sócio-econômica, favorecendo as mesmas elites de sempre[2] (destacamos).

(...)

Cria-se, então, uma relação promíscua entre o capital e o meio político, a partir do financiamento de campanha. **A doação de hoje torna-se o "crédito" de amanhã, no caso do candidato financiado lograr sucesso na eleição. Vem daí a defesa, pelos políticos "devedores", dos interesses econômicos dos seus doadores na elaboração legislativa, na confecção ou execução do orçamento, na regulação administrativa, nas licitações e contratos públicos** etc.[3] (destacamos)

Logo, as empresas, acabariam comprando, por meio das doações inconstitucionais, uma influência sobre as decisões políticas dos representantes, pelo menos tão nefasta quanto aquela.

Em resumo, portanto, a tese defendida pela ação direta é a de que doações de recursos a campanhas caracterizam influência no processo político-eleitoral. No caso das empresas, com suas doações milionárias, essa influência no processo político-eleitoral se traduziria em influência indevida no processo de tomada decisões após as eleições. Essa influência seria inconstitucional porquanto pessoas jurídicas não são cidadãs, não desfrutam dos direitos políticos e não têm direito a voto. Daí decorreria a inconstitucionalidade da sua influência no processo político-eleitoral. A petição da OAB classifica esse quadro de "inconstitucionalidade permanente"[4].

Com base nessa mecânica que conecta influência em eleições, influência no processo de tomada de decisões legislativas e administrativas, e direitos políticos, principalmente direito a voto, a ação direta afirma a necessidade de se extinguir a influência das pessoas jurídicas nas eleições, com o fim de conferir proteção suficiente ao princípio democrático, impedindo, por consequência, a influência das pessoas jurídicas nos processos de tomada de decisões legislativas e administrativas

---

[2] Petição inicial na ADI 4.650, p. 12.
[3] Petição inicial na ADI 4.650, p. 20.
[4] Petição inicial na ADI 4.650, p. 22.

durante os mandatos dos candidatos eleitos, o que protegeria, por sua vez, o princípio republicano.

Esse encadeamento de causalidades, que seria responsável pelo quadro de "inconstitucionalidade permanente" em que vivem nossas instituições representativas, se baseia, no entanto, numa confusão entre voto e influência. Para a ação direta, a ilegitimidade da influência das empresas na campanha eleitoral decorre de elas não serem titulares de direitos políticos, notadamente, direito de voto:

> O que se defende na presente Ação Direta de Inconstitucionalidade é, em primeiro lugar, que não se afigura constitucionalmente admissível a permissão de doações a campanhas eleitorais feitas, direta ou indiretamente, por pessoas jurídicas. As pessoas jurídicas são entidades artificiais criadas pelo Direito para facilitar o tráfego jurídico e social, e não cidadãos, com a legítima pretensão de participarem do processo político-eleitoral[5].
>
> (...)
>
> As pessoas físicas e jurídicas não são iguais perante a política. Estas não são cidadãos, que podem ter a pretensão legítima de exercer influência no processo político-eleitoral[6].
>
> (...)
>
> E, a contrário sensu, o financiamento de campanhas políticas por milionárias doações de pessoas jurídicas, que não são cidadãos, que não votam, que e tem apenas interesse econômico na disputa eleitoral se configura como ofensiva aos princípios democráticos e republicanos da nossa Constituição[7].

Por não terem direito a voto, as empresas também não teriam direito a influenciar as decisões eleitorais e as decisões políticas tomadas pelos representantes do povo após a obtenção dos mandatos. O direito à influência, porém, não é protegido da mesma forma que o direito de voto.

O problema é que, se a igualdade na contagem dos votos é uma condição essencial da democracia representativa, a igualdade de influência

---

[5] Petição inicial na ADI 4.650, p. 8-9.
[6] Petição inicial na ADI 4.650, p. 14.
[7] Petição inicial na ADI 4.650, p. 18-19.

não é. Enquanto o direito de voto refere-se à constituição dos representantes do povo, a influência refere-se ao debate público, relacionado ao conceito de democracia discursiva[8]. Por isso, o fato de a influência distribuir-se de maneira diferente na sociedade, não desvirtua per se o caráter democrático da representação. Robert Post, professor de Direito Constitucional da Universidade de Yale, descreve com precisão a mecânica da diferença de influências na construção da opinião pública:

> O direito de participar é distribuído igualitariamente, mas a influência gerada pela participação, não. Essa distinção reflete uma diferença fundamental entre a lógica da representação e a lógica da democracia discursiva.
>
> Partindo da terminologia da Corte, usarei o termo discurso público para descrever os processos de comunicação por meio dos quais as pessoas participam na formação da opinião pública. A Primeira Emenda assegura que a oportunidade de participar no discurso público é distribuída para todos igualmente, uma vez que todos são afetados potencialmente por medidas governamentais tomadas como resposta à opinião pública. Em uma democracia na qual todos os cidadãos são iguais perante a lei, cada cidadão tem o mesmo direito à *oportunidade* de participar no discurso público.
>
> Mas os direitos contidos na Primeira Emenda não garante a cada cidadão o direito de exercer a mesma influência sobre as ações do governo. (...)
>
> Se as pessoas acreditam apaixonadamente em uma ideia específica, elas podem expressar essa paixão com a intensidade, substância e duração do seu discurso. Elas podem expor suas próprias visões da forma que entenderem melhor. Como diferentes pessoas são mais ou menos apaixonadas nas suas crenças, e como as pessoas são mais ou menos persuasivas, elas exercem influências diversas no desenvolvimento da opinião pública[9].

---

[8] Um conceito associado ao trabalho de Habermas, cf. Nadia Urbinati, "Free speech as the citizen's right" in *Citizens Divided*. Campaign Finance Reform and The Constitution. Cambridge, Massachusetts: Harvard University Press, 2014, p. 131.

[9] POST, Robert C. "Campaign Finance Reform and the First Amendment" in *Citizens Divided*. Campaign Finance Reform and The Constitution. Cambridge, Massachusetts: Harvard University Press, 2014, p. 49-50. Tradução livre.

Disciplinar, portanto, a influência nos debates públicos com base no parâmetro da igualdade do voto pode ser um equívoco, como afirmou o próprio Post, comentando o precedente *Buckley v. Valeo*:

> A Corte estava, portanto, correta ao decidir, em *Buckley*, que o princípio da igualdade não pode ser mecanicamente transposto da lógica da representação para a lógica da democracia discursiva[10].

A diferença na capacidade de influência das pessoas é um dado daquilo que, contemporaneamente, chamamos democracia discursiva. Em outras palavras, se o Estado deve garantir meios de acesso ao debate público, ele não tem como garantir que o resultado da participação nesse debate vai ser igual[11].

Por outro lado, a influência não é, sempre e per se, ilegítima e inconstitucional. Embora haja casos em que ela é, sim, fator de corrupção, na maioria dos casos isso não acontece. Quando ela ocorre segundo as regras do jogo, elas são uma forma ampla e legítima de participação de diversos setores da sociedade nos vários processos de decisão política.

É preciso lembrar que não são apenas as empresas que têm essa influência. Bruce Ackerman, ao propor uma descrição do modelo de cidadania na sociedade americana contemporânea, lista diversos atores sociais, além dos eleitores, que ocupam legitimamente a cena dos debates públicos e agem sobre as possibilidades de decisões que compõem o leque de opções dos políticos. São eles: os grupos de interesses privados (entre os quais, as empresas) os grupos de servidores do Estado (burocratas ou tecnocratas) os grupos de militantes de causas sociais, ambientais etc. (que tendem a se apresentar como moralmente superiores aos demais grupos, conforme o próprio Ackerman) a imprensa e os partidos políticos[12].

---

[10] POST, Robert C. "Campaign Finance Reform and the First Amendment" in *Citizens Divided*. Campaign Finance Reform and The Constitution. Cambridge, Massachusetts: Harvard University Press, 2014, p. 51. Tradução livre.

[11] cf. Nadia Urbinati, "Free speech as the citizen's right" in *Citizens Divided*. Campaign Finance Reform and The Constitution. Cambridge, Massachusetts: Harvard University Press, 2014, p. 139.

[12] ACKERMAN, Bruce. *We the people I*. Foundations. Cambridge Massachusetts: The Belknap Press of Harvard University Press, 1991, p. 245-250.

Isso também é válido no Brasil. O tempo todo, há diversos tipos de atores sociais pressionando políticos com as armas de que dispõem para tentar influenciar nas suas decisões. A própria Constituição previu a legitimidade dessa forma de participação em âmbito tão sensível quanto o controle de constitucionalidade abstrato, quando instituiu o sistema de ampla participação de diversos segmentos sociais e institucionais nessa forma de controle de constitucionalidade[13] do qual, diga-se, as empresas não foram excluídas de forma absoluta, uma vez que podem provocá-lo através de suas entidades de classe de âmbito nacional (Art. 103, IX).

Também é importante considerar que não é apenas o dinheiro que impõe a diferenciação da influência dos cidadãos. Pessoas diferentes, com carreiras diferentes, interesses diferentes, talentos diferentes, atingirão níveis variados de potencial impacto nas decisões políticas. Assim, um cantor popular de fama nacional terá, obviamente, mais influência em um processo eleitoral ou de tomada de decisões políticas do que alguém que optou por se tornar um micro empresário em uma pequena cidade do interior do Brasil. Além disso, um indivíduo pode ser desinteressado ou desiludido com a política, optando voluntariamente por não participar no debate público. Essas diferenças de influência não podem ser proibidas pelo Estado, sob pena de instalarmos uma "democracia coercitiva", para usar algo livremente a expressão de Bruce Ackerman[14].

Assim, a tentativa de nivelar à força a influência no debate público e nas eleições com base no princípio da igualdade do voto não é apenas de difícil êxito, mas contrária aos princípios de uma sociedade livre e plural e da autonomia da esfera da opinião pública em uma democracia discursiva.

A tentativa tem, porém, o mérito de chamar a atenção para a necessidade de regular o impacto do poder econômico nas campanhas eleitorais. Porém, partindo de inspiração livre no texto de Robert Post[15],

---

[13] Ver, por exemplo, a ADI 3.153 Ag-R, Relator Ministro Sepúlveda Pertence, que admitiu a legitimidade de "associação de associações", assim permitindo que representantes de pessoas jurídicas provocassem o controle abstrato.

[14] ACKERMAN, Bruce. *We the people I*. Foundations. Cambridge Massachusetts: The Belknap Press of Harvard University Press, 1991, p. 235.

[15] "Como as empresas comerciais comuns não são pessoas naturais, que podem vivenciar o valor subjetivo da legitimação democrática, elas não detêm um direito originário, com base na Primeira Emenda, de participar do debate público como debatedores. A Corte, porém, no Caso *Bellotti* [*First National Bank of Boston v. Bellotti*] julgou que essas empresas comerciais

acredito que o debate poderia caminhar em outra direção, mais frutífera, talvez: a regulação das doações, e dos gastos, das campanhas eleitorais tendo como parâmetro, não o impossível direito de participação das empresas, mas o direito do cidadão de se informar para decidir e o direito dos partidos políticos de dar "caráter nacional" às suas mensagens (art. 5º, IV e XIV, e art. 17, I, da Constituição). Na medida em que os gastos das campanhas, ainda que financiados por empresas, fossem regulados pela finalidade de informar o cidadão, e não para enganá-lo, entretê-lo ou distraí-lo, poderíamos caminhar para um maior equilíbrio na influência do poder econômico sobre o debate público, nas eleições ou fora delas.

Seja qual for o parâmetro utilizado, porém, o principal seria encontrar formas de regular o uso das doações de recursos a partidos e campanhas (todas as doações, e não apenas aquelas vindas das empresas) para impedir que os recursos sejam usados para a fabricação de superproduções publicitárias ou de formas de marketing eletrônico desleais que, além de encarecer as campanhas, têm por única finalidade enganar o eleitor sobre a sua realidade e distorcer sua percepção sobre os candidatos.

---

comuns detêm o direito derivado, baseado na Primeira Emenda, de participar do debate em maneiras que informem os debatedores que não façam parte das empresas", tradução livre. Post, Robert C. "Campaign Finance Reform and the First Amendment" in *Citizens Divided*. Campaign Finance Reform and The Constitution. Cambridge, Massachusetts: Harvard University Press, 2014, p. 71-72.

A Televisão Não é o Grande Eleitor Brasileiro de 2014

RODRIGO DE BITTENCOURT MUDROVITSCH

Televisão, o grande eleitor americano é o título de excelente artigo de Paulo Francis publicado pela *Folha de S. Paulo* em 20 de janeiro de 1976. O texto foi pautado pela constatação de que, em qualquer debate eleitoral ou ato público de confronto entre figuras públicas, o que importava realmente não era quem efetivamente tinha vencido a discussão, mas quem a imprensa televisiva interpretava como vencedor. Francis afirmou textualmente: a TV havia se transformado no principal eleitor norte-americano. A esmagadora maioria da população dos Estados Unidos formava a sua opinião sobre o mundo a partir do que era transmitido no *jornal das sete*. A pauta editorial e a maneira de apresentação dos conteúdos televisivos jornalísticos definiam a maneira como o povo em geral compreendia os principais acontecimentos políticos. Teria a melhor aceitação junto à população norte-americana, assim, o candidato que melhor se adaptasse à novidade.

Exemplo do poder da televisão à época é o fato de que, em pesquisa de 1971, Walter Cronkite, editor-chefe e âncora do jornal *CBS Evening News*, foi apontado como o indivíduo que gozava da confiança da esmagadora maioria dos cidadãos norte-americanos, superando em 75% o patamar atingido pelo então presidente Richard Nixon, segundo colocado na enquete, no momento em que gozava da maior popularidade que atingiu à frente do cargo.

Aliás, a própria vitória subsequente de Nixon na disputa pela reeleição presidencial de 1972 nos Estados Unidos foi o exemplo escolhido pelos cientistas políticos Thomas Patterson e Robert McClure para afirmar que foi a qualidade da propaganda política televisiva produzida por Nixon que o diferenciou positivamente de George McGovern para o público em geral. À luz dessa constatação, na renomada obra *The unseeing eye: the myth of television power in national politics*, publicada em 1976, Patterson e McClure defenderam a importância da televisão em si, especialmente do chamado *horário eleitoral*, como mecanismo facilitador da fixação da imagem dos candidatos para a população. Diferentemente de Francis, contudo, questionaram duramente a capacidade dos noticiários televisivos em efetivamente formar a convicção dos eleitores sobre quais candidatos devem ser escolhidos. Afirmaram que os jornais televisivos apenas se preocupavam com questões triviais, ao passo que os horários eleitorais efetivamente contribuíam para aumentar o conhecimento do eleitor a respeito das qualidades do candidato. Sem discordar de Francis quanto ao poder da televisão em si, o importante, para Patterson e McClure, era apenas a televisão-como-veículo e não a televisão-como-agente.

No artigo mencionado inicialmente, Francis adotou abordagem radicalmente distinta daquela de Patterson e McClure com relação ao que realmente importava na televisão para fins eleitorais e de formação da própria identidade cultural norte-americana. A existência de cobertura jornalística televisiva, para Francis, teria sido o caminho para o surgimento de autocrítica nos Estados Unidos a partir da guerra do Vietnã. Os *"horrores do conflito penetraram em todos os lares americanos pela televisão em cores, [chocando] profundamente o povo americano"*, disse Francis em artigo de 04 de julho de 1976. Mais do que isso, a cobertura diária de *Watergate* em todos os noticiários e a linha editorial adotada pelos principais veículos televisivos teriam sido os fatores responsáveis pela queda de Nixon em agosto de 1974. Nixon não teria resistido à televisão e ao videoteipe: *"Nixon declarava, em Washington: 'eu jamais disse que respeitaria a neutralidade do Camboja'. Pausa. Em seguida vinha o videoteipe de Nixon, com a mesma cara, o olhar furtivo de quem foi pilhado em flagrante, declarando: 'juro solenemente que respeitaremos a neutralidade do Camboja'. Ler sobre essas coisas não se compara nem de leve a vê-las"*. No entendimento de Francis, a televisão não representava mero veículo de difusão de informações eleitoralmente relevantes. Era um porta-voz parcial potentíssimo.

De um jeito ou de outro, duas variáveis eleitorais relevantes emergem do espaço de centralidade alcançado pela televisão naquele período: como e por quem eram definidas as pautas e as linhas editoriais dos principais jornais televisivos (televisão-como-agente) e como os candidatos se adaptavam às mudanças ocasionadas pela massificação da televisão sobre os pleitos eletivos (televisão-como-veículo). O impacto da novidade com relação à essência dos governos representativos foi inquestionável e jamais despareceu completamente desde então. O eleitor-televisão drasticamente redimensionou o papel dos partidos políticos, a importância da figura pessoal dos candidatos aos cargos eletivos e a capacidade de escolha dos eleitores.

A melhor análise teórica sobre o tema foi realizada pelo cientista político Bernard Manin na obra *The Principles of Representative Government*. Manin defende que a democracia tal como concebida hoje não possui qualquer relação com o que preconizavam os principais teóricos das revoluções liberais. Teria sido apenas a partir de metamorfoses indesejadas e inesperadas que os governos representativos do final do século XVIII se transformaram nas democracias contemporâneas. O autor deixa claro, assim, que *"o que hoje se entende por democracia representativa tem as suas origens em sistemas de instituições (estabelecidos no despertar das revoluções inglesa, americana e francesa) que, de maneira alguma, foram inicialmente concebidos como formas de democracia ou de governo pelo povo"* (2002:1). Retira essa conclusão não apenas dos modelos institucionais ou consuetudinários de distinção aristocrática entre eleitos e eleitores existentes na França, na Inglaterra ou nos Estados Unidos no final do século XVIII, mas também dos próprios ensinamentos de teóricos clássicos do governo representativo, como Rousseau, Madison e Siéyès. O fundamento da representação, tal como foi inicialmente concebida nesses países, era justamente selecionar os mais ricos e virtuosos como governantes.

Foram necessárias, assim, metamorfoses inesperadas e indesejadas pela teoria política clássica para que o governo representativo se aproximasse da democracia atual, tais como o surgimento do sufrágio universal e de partidos políticos. Com relação aos últimos, Manin afirma que, diferentemente do que sustentavam teóricos como Hamilton, Madison e Hume, *"os partidos aproximaram os representantes das suas comunidades, fazendo com que fosse possível a indicação de candidatos cuja posição social, estilo de vida e preocupações fossem próximos aos daqueles pertencentes às camadas mais pobres da sociedade"* (2002:195-196).

A metamorfose mais recente dos governos representativos foi caracterizada por Manin com expressão *democracia de audiência*. Esse momento, identificado pelo autor como fenômeno iniciado a partir da década de 1970, teria representado retrocesso democrático por transformar indivíduos em instituições mais importantes do que os partidos políticos. A partir de então, as campanhas políticas e os próprios partidos políticos teriam voltado suas atenções à figura de um determinado líder. Os partidos políticos, assim, teriam se transformado em meros instrumentos a serviço de um líder.

Duas causas foram apontadas como determinantes para a ocorrência dessa metamorfose: (i) o incremento da comunicação política por intermédio da televisão, o que conferiu maior destaque à individualidade dos candidatos do que às particularidades da sua plataforma política; e (ii) o aumento da complexidade da atividade política, que fez com que os representantes eleitos tivessem que lidar diariamente com uma série de decisões a respeito de questões que não poderiam ser previstas com antecedência, tornando literalmente impossível, para o eleitor, escolher um candidato a partir de critérios seguros com relação ao mérito das preferências deste. Ambas as características fizeram com que as peculiaridades individuais dos candidatos predominassem sobre as distinções ideológicas dos partidos políticos. Por consequência, a confiança pessoal inspirada por cada candidato e a sua habilidade para lidar com exposições públicas teriam se tornado o principal fator de desequilíbrio eleitoral desde então.

O problema dessa metamorfose, que é o que qualifica a democracia como *de audiência*, é o fato de que, nesse cenário, os eleitores tendem a *responder* a estímulos que surgem no curso dos processos eleitorais, no lugar de *expressar* as suas reais preferências. O voto passaria a ser reativo à iniciativa dos próprios candidatos, fazendo com que o *"eleitorado apareça, acima de tudo, como uma audiência que responde aos termos daquilo que foi apresentado no palco político"* (2002:223).

A televisão, portanto, teria trazido uma nova elite midiática para o comando das democracias, em substituição aos burocratas partidários. Com isso, o rumo positivo dos governos representativos também teria sido alterado. Segundo Manin, quando os *"ativistas políticos e os burocratas tomaram o lugar dos notáveis, a história pareceu diminuir o espaço existente entre as elites governantes e os cidadãos ordinários"*. Contudo, *"não há razão para se pensar que as elites políticas e midiáticas atuais são mais próximas dos eleitores do que os antigos burocratas partidários"*. Assim, ao invés de representar apenas a substituição de uma elite por outra, a democracia de audiência poderia significar o agravamento da distância entre os governados e os representantes. Portanto, ainda que o governo representativo tenha inquestionavelmente se democratizado desde o seu surgimento, "*a diminuição da distância entre governantes e governados e o aumento da influência dos governados sobre os governantes se revelaram fenômenos menos duradouros do que o esperado*" (2002:234).

No Brasil, não são poucos os teóricos que afirmam que o papel da televisão foi decisivo em todos os pleitos eleitorais presidenciais realizados sob a égide da Constituição Federal de 1988. Foram substanciais as mudanças ocorridas na indústria televisiva entre 1960 – última eleição presidencial direta realizada no Brasil antes do regime militar – e 1989. No Brasil de 1960, as transmissões televisivas restringiam-se a oito capitais, nas quais existiam 18 emissoras e 760 mil receptores; em 1989, havia 235 emissoras, 25 milhões de receptores, cinco redes nacionais e 94% da população potencialmente atingida pela televisão (*Mídia e Política no Brasil*, Antônio Rubim).

O exemplo das propagandas políticas no segundo turno das eleições presidenciais de 1989 é o mais correntemente citado quando a discussão envolve o poder da televisão-como-veículo no Brasil pós-1988. A propaganda política de então foi levada ao ar entre setembro e dezembro de 1989, com transmissões diárias de duas horas, simultaneamente em rede nacional de rádio e de televisão. A lógica das alianças partidárias voltou-se ao alcance do maior tempo de horário eleitoral gratuito possível e as equipes especializadas na construção da propaganda tornaram-se ativo fundamental dos candidatos.

Também há relativo consenso acadêmico no sentido de que a televisão seguiu como "*palco privilegiado da luta eleitoral e ator político relevante*" nos pleitos eleitorais presidenciais de 1994, 1998 e 2002 (*Os estudos sobre mídia e eleições no Brasil*. Antônio Albino Canelas Rubim e outros).

Assim, após as pequenas incursões teórica e histórica, a pergunta que se coloca no presente artigo é a seguinte: é correto afirmar que a televisão segue como a principal eleitora presidencial do Brasil em 2014?

Embora não seja possível antecipar conclusões no momento atual da campanha política, alguns elementos factuais indicam claramente que a resposta tende a ser negativa, ao menos em termos de intensidade da importância eleitoral da televisão-como-agente e da televisão-como--veículo. O incremento da comunicação através das mídias sociais e da internet e a diminuição da relevância da televisão aberta na vida cotidiana da população brasileira apontam para o início de uma nova fase em que o eixo de desequilíbrio será a internet-como-veículo e a internet-como-agente.

Essa conclusão já se afigurava plausível em 2010, quando a candidata Marina Silva obteve 19,3% dos votos válidos nas eleições presidenciais, alcançando o maior percentual de votos de um terceiro colocado em todos os pleitos pós-1988, mesmo com *"míseros 83 segundos de propaganda eleitoral na TV e no rádio"* (*O papel da internet na conquista dos votos de Marina Silva*, Caio Túlio Costa). Em 2014, a mesma constatação fica ainda mais nítida quando se analisa a situação momentânea de Marina Silva na disputa eleitoral.

Nada permite antever, contudo, se a diminuição do papel da televisão permitirá que os problemas ocasionados pela *democracia de audiência* no Brasil sejam efetivamente superados. A condição reativa dos candidatos com relação aos eleitores não necessariamente será alterada pela internet, a despeito da maior possibilidade de interação com o usuário que é permitida pelo meio virtual. A difusão cada vez mais célere e desordenada de informações nas redes sociais tende a potencializar as vicissitudes verificadas nas democracias-de-eleitores-de-audiência, especialmente em razão da maior dificuldade de rastreabilidade da origem das informações propagadas em meio virtual.

Assim, a distorção do processo eleitoral tende a se manter, mesmo com a provável alteração na lógica de acumulação do tempo de televisão como critério principal de coligação eleitoral. A tendência de substituição do principal eleitor brasileiro é real, mas não necessariamente propicia efetiva melhora na qualidade da democracia do país.

Concretização Cooperativa de Direitos Fundamentais

CHRISTINE OLIVEIRA PETER DA SILVA

1. Estado de Direitos Fundamentais

A ideia de um Estado de direitos fundamentais[1] surge inevitavelmente associada à comunidade constitucional que prestigia tais direitos como a ordem geral objetiva do complexo de relações da vida[2]. Se tal modelo de Estado for associado à dimensão cooperativa do exercício do poder, tem-se o que venho chamando de "Estado cooperativo de direitos fundamentais"[3].

---

[1] A expressão não é inédita, podendo ser encontrada nos trabalhos dos professores portugueses Rui Medeiros (O Estado de direitos fundamentais português: alcance, limites e desafios, in Anuário Português de Direito Constitucional, II, 2002, p. 41 e SS) e Paulo Otero (A crise do "Estado de Direitos Fundamentais", in Lições de direito constitucional: em homenagem ao jurista Celso Bastos, São Paulo: Saraiva, 2005, p. 179-197). No Brasil, a expressão está presente nos trabalhos do Professor Willis Santiago Guerra Filho (Estado Democrático de Direito Como Estado de Direitos Fundamentais com Múltiplas Dimensões, Disponível em: http://sisnet.aduaneiras.com.br/lex/doutrinas/arquivos/300807.pdf; Acessado em 15.12.13), dentre outros.
[2] Este é o conceito de Constituição de Konrad Hesse, de forma que aqui, propositadamente, confundimos a própria ordem constitucional com a ordem de direitos fundamentais, de modo que Constituição e Direitos Fundamentais são, nesta perspectiva, considerados sinônimos. Sobre o conceito de constituição de Konrad Hesse vide: *A força normativa da Constituição*, trad. Gilmar Ferreira Mendes. Porto Alegre: Sergio Fabris Editor, 1999, p. 18.
[3] Vide meu: A ADPF 130 e a democracia de antíteses no contexto do Estado Cooperativo de Direitos Fundamentais (no prelo). Livro da Associação dos Assessores e Ex-Assessores do STF em homenagem aos 25 anos da Constituição de 1988, 2014.

Por Estado cooperativo de direitos fundamentais entenda-se aquele vinculado objetivamente aos direitos fundamentais, ou seja, o Estado em que a supremacia da Constituição e todas as relações entre as funções de Poder submetem-se à dogmática dos direitos fundamentais, associado àquele modelo político que se alimenta de redes de cooperação econômica, social, humanitária e antropológica, de forma que há necessidade de desenvolvimento de uma cultura e consciência de cooperação[4].

Este modelo implica que o exercício democrático do poder vincule-se irrestritamente aos direitos fundamentais, ou seja, pressupõe hermenêutica comprometida com o dirigismo concretizador de tais direitos, em todos os âmbitos de atuação dos seus agentes, sejam eles políticos, públicos e também os quase-públicos, ou seja, os particulares que atuam legitimamente nos espaços públicos.

Perguntar por que é oportuno valer-se do método comparativo em Direito significa questionar qual o aspecto da ciência jurídica está em evidência. Aquilo que era considerado como um complemento útil, mas dispensável, do direito nacional, como uma curiosidade, ou apenas como uma preocupação compreensível sobre as realidades externas, transformou-se, para o jurista contemporâneo, numa necessidade, em algo imprescindível e essencial.

As causas de tal fenômeno podem ser identificadas com o fato de que o mundo atual é um mundo onde os homens, os Estados, enfim, as sociedades e comunidades nacionais não podem bastar a si mesmas, nem recusar-se às trocas, e nem, muito menos, evitar ou negligenciar o conhecimento do outro e pelo outro. A consequência mais evidente, portanto, é a de que conhecer algo passa a ser também a superação e o intercâmbio de práticas entre sistemas tradicionais. O direito comparado, torna-se, assim, uma realidade viva.[5]

Essa realidade viva pode ser evidenciada a partir de uma prática compartilhada, plural, relativa e evolutiva, em que o Direito não mais se apresenta como o substituto das religiões e ideologias, nem como a panacéia para as mazelas humanas, mas, sim, como um elemento de integração dialógica dos diversos sistemas, que deverá seguir uma

---

[4] Cfr. HÄBERLE, Peter. *El estado constitucional,* trad. Hector Fix-Fierro. México: Universidad Nacional Autônoma de México, 2003, p. 68-69.

[5] ANCEL, Marc. *Utilidade e métodos do direito comparado.*Tradução: Prof. Sergio José Porto. Porto Alegre: Sergio Antonio Fabris Editor, 1980, p. 128.

metodologia alternativa: a lógica de "pensar o múltiplo, sem com isso reduzi-lo à alternativa binária", ou seja, como uma fórmula que admite alternativas para além do "excluir ou impor identidades"[6].

Para o âmbito da dogmática e da metódica jurídicas, a imprescindibilidade do método comparativo deve-se, em parte, ao que se tem identificado como casos difíceis. Para essas situações, especialmente aquelas que envolvem concretização de direitos fundamentais com âmbitos de proteção complexos, revela-se particularmente importante o constante confrontar-se com as outras realidades subjacentes, pois as situações humanas cada vez mais se interpenetram e se reproduzem em contextos culturais geograficamente distintos.

A importância do Supremo Tribunal Federal, como Corte Suprema e Constitucional brasileira, é indiscutível no contexto do Estado cooperativo de direitos fundamentais. Não temo dizer que a missão institucional da Suprema Corte brasileira não mais se confina às práticas jurisdicionais que o caracterizam como Tribunal da federação: há muito mais a ser reinventado e repensado na missão institucional da Corte, principalmente porque ser o guardião da Constituição, como define expressamente a Constituição de 1988, parece não significar ser esta instituição a dona da última palavra, nem o oráculo constitucional máximo, como fizeram crer os estudiosos de outros tempos entre nós.

Acredito que não se pode abrir mão da força institucional do Supremo Tribunal Federal[7], porém não posso deixar de pontuar a necessidade de que sejam pensados e aperfeiçoados alguns parâmetros e mecanismos de diálogos aptos a criticar, com segurança dogmática e filosófica, as suas decisões. Se a sociedade aberta de intérpretes, formada no contexto de uma pedagogia constitucional consistente, não estiver preparada para enfrentar de forma crítica e permanente a jurisprudência da

---

[6] DELMAS-MARTY, Mireille. *Por um direito comum*. Trad. Maria Ermantina de Almeida Prado Galvão. São Paulo: Martins Fontes, 2004, prefácio, p. VIII a XII.

[7] Aqui tenho que anotar o respeito às correntes que partem da premissa de que a Corte Suprema não deve ser protagonista nesse assunto, ou seja, de que a concretização dos direitos fundamentais deve ocorrer principalmente no espaço institucional próprio dos debates legislativos, mas também devo ressaltar que não é esta a minha premissa. Por todos vide: TUSHNET, Mark. Taking the constitutions aways from the Court. FLEMING, James E., *Judicial Review Without Judicial Supremacy: Taking the Constitution Seriously Outside the Courts*, 73 Fordham L. Rev. 1377 (2005). Available at: http://ir.lawnet.fordham.edu/flr/vol73/iss4/4.

Suprema Corte brasileira, nada do que se pretenda avançar será de alguma utilidade.

Mesmo nos países de tradição democrática mais consolidada, como é o caso da Inglaterra, anota Christopher Mccrudden[8] que a aprovação do *Human Rights Act* de 1998 trouxe à tona o debate sobre a possibilidade, ou não, conveniência, ou não, de fazer uso de jurisprudência estrangeira nas decisões nacionais com o intuito de, com o olhar para a experiência de outros países, encontrar as melhores condições para concretizar o referido documento normativo.

Assim sendo, apresenta-se relevante apresentar alguns dados. Até o ano de 2012, no sítio do Supremo Tribunal Federal, estavam registradas quase 200 decisões com referências a precedentes estrangeiros como fundamentação dos votos dos Ministros. Desse universo, 178 decisões foram analisadas de forma quantitativa e qualitativa em pesquisa que realizei por ocasião da elaboração de minha tese de doutorado[9].

A primeira decisão analisada na pesquisa era do ano de 1961 e a última era do ano de 2012, de forma que a pesquisa avançou por decisões da Suprema Corte Brasileira nos últimos 50 anos. Nesse período, somente a década de 70 não teve o registro de nenhuma decisão do Supremo Tribunal Federal em que se usou da jurisprudência estrangeira como tópico argumentativo de votos dos Ministros da Corte[10].

Outro dado interessante de ser ressaltado é que no século XXI estão registradas mais de 90 por cento das decisões em que as referências estrangeiras são mencionadas, sendo que mais de 50 por cento estão concentradas nos últimos três anos (2010 a 2012). É verdade que este dado, objetivamente analisado, explica-se pela dinâmica de registro que se

---

[8] MCCRUDDEN, Christopher. A common law of human rights? transnational judicial conversations on constitutional rights, in *Oxford Journal of Legal Studies*, v. 20, n. 4, p. 499-532, 2000, p. 499.

[9] SILVA, Christine O. Peter da. *Transjusfundamentalidade: diálogos judiciais transnacionais sobre direitos fundamentais*. 2013, 274 f. Tese (Doutorado) – Pós-Graduação em Direito, Estado e Constituição da Faculdade de Direito da Universidade de Brasília – UnB. Disponível em http://repositorio.unb.br/bitstream/10482/13876/1/2013_ChristineOliveiraPeterdaSilva.pdf.

[10] Em entrevista com a servidora responsável pela seção em que os registros são feitos, obteve-se a informação de que somente a partir do ano 2000 a pesquisa é feita de forma institucional e sistematizada, de forma que os dados anteriores a esse ano são aleatórios. Assim sendo, o fato de não terem sido registrados precedentes na década de 70 não quer dizer que tais não existam.

estabeleceu na Seção de Jurisprudência da Corte a partir do ano 2000. Mas não deixa de ser um dado simbólico da importância que a Corte deu a tal fenômeno a partir de então.

Ademais, dessas decisões, a classe processual que mais merece destaque são os *habeas corpus* que representam mais de 40 por cento das decisões que continham referências a precedentes estrangeiros, seguidos das ações diretas de inconstitucionalidade que somaram pouco mais de 15 por cento e dos recursos extraordinários que constituiram 15 por cento do total de classes em que as referências cruzadas foram encontradas.

Ao todo, foram referenciadas seis Cortes Supremas e/ou Constitucionais estrangeiras, três Tribunais internacionais e cinco outras Cortes diversas[11]. A Suprema Corte dos Estados Unidos foi a mais referenciada nos votos, seguida da Corte Constitucional da Alemanha, da Câmara dos Lordes do Reino Unido e do Tribunal Constitucional da Espanha. Este dado demonstra que poucas instituições fazem parte do universo de comparação dos Ministros, sobressaindo-se, por diversas razões, as Cortes dos Estados Unidos e Alemanha.

Os Ministros Celso de Mello (58 casos), Gilmar Mendes (47 casos) e Rosa Weber (39 casos)[12] foram os que mais referenciaram decisões de Cortes estrangeiras em seus votos, sendo seguidos pelos Ministros Joaquim Barbosa, Dias Toffoli e Sepúlveda Pertence que também fizeram menção a precedentes de outras Cortes quando construíam argumentos para seus votos.

Os precedentes do Caso *James Somerset* (1771) da *King's Bench* e Caso *Buschel* (1670) da *Court of Common Pleas* inglesa foram registrados como precedentes estrangeiros mencionados em quase 30 processos do Supremo Tribunal Federal, sendo, em dados numéricos absolutos, os precedentes mais utilizados na história jurisprudencial da nossa Suprema Corte. Em termos qualitativos mais fidedignos, o caso *MacCulloch versus*

---

[11] São elas: Cortes Supremas e Constitucionais dos Estados Unidos, Alemanha, Espanha, Itália, Portugal e Inglaterra (antiga Câmara dos Lordes); Cortes Internacionais – Corte Interamericana de Direitos Humanos, Corte Internacional de Justiça e Corte Europeia de Direitos Humanos; Outros Tribunais – Corte de Apelação da Califórnia, Corte de causa comuns do Reino Unido, Corte de Cassação da França, Corte de Ontário e Corte de Milão.

[12] Aqui é preciso registrar que os dados referentes aos processos da Ministra Rosa Weber não são ortodoxos, pois muito embora os casos sejam distintos, o argumento genérico é semelhante, e não entrariam normalmente na marcação da seção de documentação (que evita os processos repetitivos).

Maryland, da Suprema Corte americana é o que mais merece destaque, tendo sido referenciado 20 vezes. Por fim, ainda merecem destaque os casos *Panhandle Oil Co. v. Mississipi* (12 casos) e *Marbury v. Madison* (10 casos).

Não há como deixar de registrar que apenas 14 casos[13] do Supremo Tribunal Federal mencionaram os precedentes estrangeiros já nas suas ementas e que apenas 5 casos[14] efetivamente discutiram o argumento estrangeiro de forma mais ampla e com o comprometimento colegiado dos Ministros do Supremo Tribunal Federal.

Por fim, é importante registrar que 68 por cento dos casos (121 casos) trataram da temática específica dos direitos fundamentais, 9,5 por cento (17 casos) trataram de questões atinentes ao processo constitucional, 9 por cento (16 casos) cuidavam de questões tributárias, 6 por cento (11 casos) debatiam questões de competência do Supremo Tribunal Federal e 3 por cento (6 casos) tratavam da competência do Ministério Público. Como era a hipótese inicial de minhas considerações, a concretização dos direitos fundamentais é a que mais se destaca nesse particular.

Tais dados demonstram que o argumento transjusfundamental vem ganhando alguma consistência qualitativa e, principalmente, quantitativa na jurisprudência do Supremo Tribunal Federal, nos últimos anos, e que os Ministros estão, especialmente nos casos em que concretizam direitos fundamentais, mais atentos para a referência a precedentes estrangeiros como parte da fundamentação de seus votos.

Não se pode dizer, entretanto, que o Supremo Tribunal Federal é uma Corte Suprema vinculada ao paradigma do Estado cooperativo de direitos fundamentais, nem muito menos que tem consciência da transjusfundamentalidade como metódica adequada para a concretização dos direitos fundamentais. As referências ainda são solipsistas e pouco consistentes, quando se pensa em comparação constitucional como método comprometido com o processo de tomada de decisão constitucional.

---

[13] São eles: HC 81963, HC 82424/RS, RHC 90376/RJ, HC 93050/RJ, HC 105348/RS, HC-MC 109544/BA, HC 107731/PE, HC 91867/PA, HC 82788/RJ, HC 85419/RJ, HC 89837/DF, HC 87610/SC, HC 94173/BA, HC 90099/RS.
[14] A saber: HC 40910; RP 1150; HC 82424; MS 25647 e ADPF 130.

2. Método comparativo no paradigma hermenêutico jusfundamental

A escolha pelo método comparativo é uma decorrência natural da própria opção de se investigar o fenômeno da transjusfundamentalidade, sob a perspectiva do modelo de Estado constitucional cooperativo[15].

O método comparativo, considerado como categoria epistemológica, não é novidade, nem muito menos apresenta-se como uma experiência inédita. Desde os estudos clássicos do século XIX[16], tanto no campo da Sociologia[17] e da História, quanto do Direito[18], são encontrados exemplos de trabalhos científicos que optaram pelo método comparativo.

Perguntar por que é oportuno valer-se do método comparativo em Direito significa questionar qual o aspecto da ciência jurídica está em evidência. Aquilo que era considerado como um complemento útil do direito nacional, como uma curiosidade, ou uma preocupação compreensível sobre as realidades externas, transformou-se, para o jurista

---

[15] Conferir: SILVA, Christine Oliveira Peter da Silva. Transjusfundamentalidade: diálogos transnacionais sobre direitos fundamentais. Curitiba : CRV, 2014.

[16] Apenas para exemplificar alguns autores: Alexis de Tocqueville; Karl Marx; Max Weber; Marc Bloch; Barrington Moore Jr; dentre outros. Cfr. SKOCPOL, Theda; SOMERS, Margaret. The uses of comparative history in macrosocial inquiry. In Comparative studies in Society and History, vol. 22, nº 2 (Apr. 1980), p. 174-197.Disponível em: http://homepages.wmich.edu/~plambert/comp/skocpol-somers.pdfAcessado em 28/10/2011.

[17] Anotam Sérgio Schneider e Claudia Schimitt: "A discussão acerca do método comparativo e de seu papel na construção do conhecimento está presente na sociologia desde os estudos clássicos do século XIX. Marx, ao longo de sua obra, trabalhou sistematicamente com o confronto entre diferentes casos históricos singulares. Seu estudo acerca das "formações econômicas pré-capitalistas " constitui-se em um bom exemplo nesse sentido." Cfr. SCHENEIDER, Sergio; SCHIMITT, Claudia Job. O uso do método comparativo nas ciências sociais, in Cadernos de Sociologia, Porto Alegre, v. 09, p. 49-87, 1998, p. 1.

[18] Para compulsar um trabalho de excelência sobre o método comparativo no Direito vide: ANCEL, Marc. Utilidade e métodos do direito comparado. Trad. Sergio José Porto. Porto Alegre: Sergio Antonio Fabris Editor, 1980. Registre-se que Marc Ancel identifica três tendências metodológicas no direito comparado da primeira metade do século XX. A primeira delas é uma aproximação da sociologia jurídica e consiste em estudar o conjunto dos direitos positivos em sua evolução e realidade efetiva. A segunda se inclina à construção de um direito comparado mais normativo, por meio da confrontação de conceitos jurídicos, com o fim de revelar princípios comuns às nações civilizadas. Subjaz a essa abordagem a idéia de uma ciência universal do direito e a busca de um ideal comum de justiça. Por último, a terceira tendência procura construir (e não revelar, como propunha a segunda abordagem) um sistema jurídico universal a partir da superação de particularismos nacionais e da criação de um clima de cooperação internacional, que seria alcançado por meio do direito comparado.

contemporâneo, numa necessidade, em algo imprescindível. Para Marc Ancel, isso pode ser relacionado a algumas causas e tem as suas próprias consequências[19].

As causas podem ser identificadas com o fato de que o mundo atual é um mundo onde os homens, os Estados, enfim, as sociedades e comunidades não podem se fechar em si mesmos, nem recusar-se às trocas, e nem, muito menos, evitar ou negligenciar o conhecimento do outro e pelo outro. A consequência mais evidente, portanto, é a de que conhecer passa a ser também a superação e mistura de sistemas tradicionais. O direito comparado, torna-se, então, uma realidade viva.[20]

Para o âmbito da dogmática e da metódica jurídicas, a imprescindibilidade do método comparativo deve-se, em parte, ao que se tem identificado como casos difíceis. Para essas situações, especialmente aquelas que envolvem conflitos de direitos fundamentais, revela-se particularmente importante o constante confrontar-se com as outras realidades subjacentes, pois as situações humanas cada vez mais se interpenetram e se reproduzem em contextos culturais geograficamente mais próximos.

Deve-se ter em mente que não é tarefa fácil interpretar e concretizar as normas jurídicas, especialmente as normas constitucionais cujo âmbito de proteção seja constituído de bens e valores essenciais à ideia de dignidade humana. O esforço exige, além de conhecimentos jurídicos, domínio de saberes interdisciplinares, tudo para que se logre conferir concretude às normas constitucionais na vida das relações.

Segundo Canotilho, interpretar a norma constitucional é atribuir um significado a um ou vários símbolos linguísticos escritos na Constituição, com o fim de se obter uma decisão de problemas práticos, normativo-constitucionalmente fundada[21]. Este autor afirma existirem três dimensões importantes da interpretação da Constituição: uma em que interpretar é buscar o direito contido na lei constitucional escrita; outra em que interpretar o direito contido na lei constitucional implica uma

---

[19] ANCEL, Marc. Utilidade e métodos do direito comparado. Tradução: Prof. Sergio José Porto. Porto Alegre: Sergio Antonio Fabris Editor, 1980, p. 128-129.
[20] ANCEL, Marc. Utilidade e métodos do direito comparado. Tradução: Prof. Sergio José Porto. Porto Alegre: Sergio Antonio Fabris Editor, 1980, p. 128.
[21] CANOTILHO, J. J Gomes. Direito Constitucional. Coimbra: Editora Almedina, 1991, p. 208.

atividade; e outra, ainda, em que o produto do ato de interpretar é o próprio significado atribuído na interpretação.[22]

Existe grande indagação doutrinária e discussão filosófica acerca do tema quando se coloca a antítese entre interpretação judiciária e criatividade do juiz. O reconhecimento de que na interpretação judiciária do Direito existe certo grau de criatividade tem gerado muitas opiniões na doutrina. O ponto central para este debate repousa na usurpação das competências políticas historicamente reconhecidas ao Poder Legilastivo pelo Poder Judiciário[23].

Parece certo, e nisso é de se reproduzir já vetusta, mas atual, lição de Mauro Capelletti[24], afirmando que mesmo o uso mais simples e preciso da linguagem legislativa, sempre deixará, de qualquer modo, poder ao intérprete-juiz, pois ambigüidades e incertezas resultantes da complexidade social crescente têm a via judiciária como destinatário certo.[25]

É uma realidade que o intérprete da norma jurídica seja levado a resolver questões de imprecisão e incertezas das normas, pois que ele deve precisar as nuances e esclarecer as ambigüidades.[26] E quando se está diante de normas constitucionais, esta tarefa ganha dimensão de construção de sentidos constitucionais, o que, no caso dos direitos fundamentais, é a própria definição do âmbito de proteção desses direitos.

---

[22] CANOTILHO, J. J Gomes. Direito Constitucional. Coimbra: Editora Almedina, 1991, p. 208.
[23] Há severa crítica à chamada politização do Judiciário e também ao modelo denominado Estado Constitucional, que muitas vezes é confundido com 'Estado Judiciário', para se contrapor ao 'Estado Legislativo'. É importante ressaltar, com apoio na primeira parte do presente estudo, que Estado Constitucional não se confunde com Estado Judiciário, nem dá aos juízes poder além do que é reconhecido às outras funções. O que se propõe é a superação da visão estática do princípio da separação de poderes para dar lugar a uma visão dinâmica desse princípio, o que implica afirmar que prevalecerá sempre a tensão normativa e a dialética política, no que denominei, para efeitos de redução didática, de 'interdependência entre os Poderes' da República.
[24] Cf. CAPPELLETI, Mauro. Juízes Legisladores? Tradução Carlos Alberto Álvaro de Oliveira. Porto Alegre : Sergio Fabris Editor, 1993, p. 20.
[25] Segundo Capelletti "a interpretação significa penetrar os pensamentos, inspirações e linguagem de outras pessoas com vistas a compreendê-los e reproduzi-los, aplicá-los e realizá-los em novo e diverso contexto de tempo e lugar". CAPPELLETI, Mauro. Juízes Legisladores? Tradução Carlos Alberto Álvaro de Oliveira. Porto Alegre: Sergio Fabris Editor, 1993, p. 21.
[26] CAPPELLETI, Mauro. Juízes Legisladores? Tradução Carlos Alberto Álvaro de Oliveira. Porto Alegre: Sergio Fabris Editor, 1993, p. 22-23.

De acordo com Antonio-Enrique Pérez Luño, Estado Constitucional constitui uma categoria jurídica já antiga que tem sido compreendida a partir de um novo significado, o qual se refere, em uma das suas perspectivas, à noção de Estado Constitucional como paradigma alternativo ao Estado de Direito.[27] E aqui se acrescente à idéia de Estado Constitucional a qualificação de cooperativo, pois somente diante da abertura estrutural do Estado à circulação de poder (no seu mais amplo sentido, inclusive, a idéia de poder como informação de todos os gêneros) é que se poderá conceber a atualidade desse modelo.

A comparação jurídica deve ser praticada como comparação entre culturas. Segundo ensina o professor Peter Häberle: "*Sin importar lo que se piense de la sucesión de los métodos tradicionales de la interpretación, en el Estado constitucional de nuestra etapa evolutiva la comparación de los derechos fundamentales se convierte en "quinto" e indispensable método de la interpretación.*"[28]

Francisco Segado anota que Häberle acredita no comparatismo constitucional como método que pode produzir frutos imensuráveis tanto no plano da exegese, das modificações pela interpretação – mutações constitucionais, quanto na própria realização da Constituição diante das realidades que lhe são circundantes[29].

O direito comparado de cunho científico-cultural revela-se especialmente adequado na seara das políticas legislativa e constitucional, apresentando-se também como de grande utilidade no âmbito da simples exegese do direito constitucional vigente (direito positivo)[30]. Assim, não se pode perder de vista que a consagração da comparação jurídica como

---

[27] PÉREZ LUÑO, Antonio-Enrique. La universalidad de los derechos humanos y el Estado constitucional. Série de Teoria Jurídica y Filosofia del derecho, n. 23, Bogotá/ Colombia, 2002, p. 57.

[28] HÄBERLE, Peter. El estado constitucional, trad. HectorFix-Fierro. México: Universidad Nacional Autônoma de México, 2003, p. 162.

[29] Essa é uma referência já mencionada em trabalho meu anterior: O Supremo Tribunal Federal e a concretização dos direitos fundamentais, in SILVA, Christine; CARNEIRO, Gustavo (Coord). Controle de constitucionalidade & Direitos Fundamentais. Rio de Janeiro: Lumen Juris, 2010, p. 55 e ss.

[30] Anota Haberle: "(...) *las reflexiones científico-culturales procedentes del Derecho constitucional comparado pueden servir, en parte, para aclarar y justificar las diferencias y, en parte también, para encontrar elementos comunes.*" Apud SEGADO, Francisco Fernández, *in* HÄBERLE, Peter. La garantía del contenido esencial de los derechos fundamentales. Trad. Joaquín Brage Camazano. Madrid : Editorial Dykinson, 2003, estudio preliminar, p. XLIII.

quinto método de interpretação, no contexto do Estado Constitucional, revela-se como uma conseqüência da história da própria doutrina da interpretação jurídica[31].

Isso porque, se no sistema elocubrado por Savigny (fundador da Escola Histórica do Direito) era natural que tivesse lugar de destaque o método histórico de interpretação, revela-se lógico que, no paradigma de uma teoria do Estado Constitucional Cooperativo, o método comparativo se revele proeminente, considerando que constitui a via pela qual as diversas comunidades constitucionais nacionais podem se comunicar entre si, a fim de conferir mais força à idéia de conformação de um tipo de Estado que ao mesmo tempo se revele de direito, constitucional e cooperativo.[32]

E, nesse contexto, ganha densidade a proposta do presente estudo de apresentar decisões de Cortes Constitucionais e Supremas das Américas como norte da investigação do fenômeno da transjusfundamentalidade.

O auxílio do método comparativo, tal qual proposto por Häberle, ou seja, por meio de *standards*[33] como critério de identificação de modelos comuns entre os diversos Estados Nacionais, pode conduzir a um mapa do conjunto de princípios constitucionais particulares que se apresentam comuns a diferentes Estados Constitucionais.

---

[31] Sobre o método comparativo como quinto elemento de interpretação constitucional vide: Estado constitucional cooperativo: o futuro do Estado e da interpretação constitucional sob a ótica da doutrina de Peter Häberle, in Revista Jurídica/Presidência da República, vol. 7, n. 72, maio 2005 [internet] disponível em: www.planalto.gov.br/ccivil_03/revista/revistajurídica.htm Acessado em 25/07/05.

[32] Por óbvio que essa ideia não é inédita em minhas reflexões acadêmicas, pois trabalhos meus anteriores já revelavam as hipóteses em que se fundamentam a presente tese. Entretanto, a par da inegável influência da doutrina de Peter Haberle nas premissas desse estudo, como denotam os trabalhos já publicados, a proposta de circulação de precedentes entre Cortes, sob a denominação de transjusfundamentalidade, como uma conseqüência do Estado Constitucional Cooperativo ainda não se tinha revelado. Para uma base teórica consistente sobre o Estado Constitucional e cooperativo vide: HÄBERLE, Peter. El estado constitucional, trad. HectorFix-Fierro. México: Universidad Nacional Autônoma de México, 2003, p. 164.

[33] Anota Francisco Segado, comentando as lições de Häberle: "*Estos standards se encuentran en el substrato común dela cultura jurídica e integran ideas jurídicas paralelas, análogas o similares, y en última instancia, abocan en determinadas concepciones de la justicia.*" Cfr. SEGADO, Francisco Fernández, *in* HÄBERLE, Peter. La garantía del contenido esencial de los derechos fundamentales. Trad. Joaquín BrageCamazano. Madrid: Editorial Dykinson, 2003, estudio preliminar, p. XLIV.

As dimensões históricas do constitucionalismo parecem partir de um pressuposto tríplice: o de que o direito é elemento central da dinâmica do Poder; o de que a Constituição é a norma jurídica cujos efeitos se irradiam para todas as relações subjetivas e objetivas do Estado; o de que a cooperação é o elemento central catalisador das mudanças epistemológicas[34] que atingem os paradigmas da soberania, território e povo.

Sendo o Direito indubitavelmente parte do universo do que se chama de ciências sociais, não é demais afirmar que a comparação jurisprudencial revela-se como meio hábil e legítimo para se descobrir as regularidades, peculiaridades, deslocamentos e transformações de seu objeto e sua matizes[35].

Há diferentes possibilidades para o uso da comparação nas ciências sociais e o Direito não foge a esse fenômeno[36]. Usando classificação proposta pelos professores Theda Skocpol e Margaret Somers, em seu trabalho *"The use of comparative history in macro-social inquiry"*[37] é possível identificar três modelos de análise comparativa.

O primeiro modelo seria aquele que se vale de estudos dedicados ao exame, de forma sistemática, da co-variação entre casos, para tentar

---

[34] Sobre essas mudanças, já iniciei reflexão em: SILVA, Christine O. P. Estado constitucional cooperativo: o futuro do Estado e da interpretação constitucional sob a ótica da doutrina de Peter Häberle, in Revista Jurídica/Presidência da República, vol. 7, n. 72, maio 2005 [internet] disponível em: www.planalto.gov.br/ccivil_03/revista/revistajurídica.htm Acessado em 25/07/05.

[35] Nesse sentido, anota Sérgio Schneider e Claudia Schimitt: "Para alguns autores, a impossibilidade de aplicar o método experimental às ciências sociais, reproduzindo, em nível de laboratório, os fenômenos estudados, faz com que a comparação se torne um requisito fundamental em termos de objetividade científica. É ela que nos permite romper com a singularidade dos eventos, formulando leis capazes de explicar o social. Nesse sentido, a comparação aparece como sendo inerente a qualquer pesquisa no campo das ciências sociais, esteja ela direcionada para a compreensão de um evento singular ou voltada para o estudo de uma série de casos previamente escolhidos." Cfr. Cfr. SCHNEIDER, Sergio; SCHIMITT, Claudia Job. O uso do método comparativo nas ciências sociais, in Cadernos de Sociologia, Porto Alegre, v. 09, p. 49-87, 1998, p. 1.

[36] Para uma visão sistemática e com exemplos próprios do âmbito da sociologia vide: SCHNEIDER, Sergio; SCHIMITT, Claudia Job. O uso do método comparativo nas ciências sociais, in Cadernos de Sociologia, Porto Alegre, v. 09, p. 49-87, 1998.

[37] SKOCPOL, Theda; SOMERS, Margaret. *The uses of comparative history in macrosocial inquiry*. In Comparative studies in Society and History, vol. 22, nº 2 (Apr. 1980), p. 174-197. Disponível em: http://homepages.wmich.edu/~plambert/comp/skocpol-somers.pdf Acessado em 28/10/2011.

gerar e controlar as hipóteses formuladas. O segundo seria uma demonstração paralela de que os múltiplos e diferentes casos podem ser informados por um conjunto de conceitos e categorias ou mesmo por um modelo concreto de análise dos fenômenos. Por fim, o terceiro modelo, talvez o mais difundido de todos, seria a comparação de dois ou mais casos com a finalidade de colocar em evidência as suas diferenças recíprocas, o que se daria o nome de 'contraste de contextos'.[38]

Para o presente trabalho a escolha é do segundo modelo, tendo em vista que é aquele que melhor se adéqua ao objeto central da pesquisa: a demonstração paralela. Anote-se, por importante, que o modelo de demonstração paralela não conduz a um controle efetivo da teoria do Estado constitucional cooperativo proposta, pois a sua abordagem não é adequada para a ação de falsear[39] as premissas teóricas apresentadas, mas, ainda assim, cumpre uma importante função no processo de elaboração da referida teoria, pelo menos no campo dos estudos internacionais[40].

3. Proposta de um modelo metodológico comparativo

Para Sérgio Schneider e Claudia Schimitt, o método comparativo implica uma série de passos que se articulam de forma diferenciada segundo diferentes orientações teóricas e epistemológicas[41]. A opção por uma forma, ou qualquer outra, de lidar com a comparação, como metódica científica, revela apenas uma escolha de acompanhamento de resultados a serem propostos. Assim sendo, a presente pesquisa vai seguir a sugestão

---

[38] SKOCPOL, Theda; SOMERS, Margaret. *The uses of comparative history in macrosocial inquiry*. In Comparative studies in Society and History, vol. 22, nº 2 (Apr. 1980), p. 174-197. Disponível em: http://homepages.wmich.edu/~plambert/comp/skocpol-somers.pdf Acessado em 28/10/2011.

[39] Essa observação torna-se importante na presente pesquisa, em face da opção pela metódica popperiana na sua condução. Muito embora estejamos informados filosoficamente pela regra da falseabilidade, como categoria metodológica central do presente estudo, o exercício de comparação proposto não se compromete com o desiderato de comprovar ou refutar a teoria apresentada – Estado constitucional cooperativo, mas apenas oferecer, de forma sistemática, as condições para eventuais digressões dialético-discursivas em seu contexto.

[40] Vide: SCHNEIDER, Sergio; SCHIMITT, Claudia Job. O uso do método comparativo nas ciências sociais, in Cadernos de Sociologia, Porto Alegre, v. 09, p. 49-87, 1998, p. 31-32.

[41] Cfr. SCHNEIDER, Sergio; SCHIMITT, Claudia Job. O uso do método comparativo nas ciências sociais, in Cadernos de Sociologia, Porto Alegre, v. 09, p. 49-87, 1998, p. 33-36.

de Sergio Schneider e Cláudia Schmitt[42], por apresentar-se adequada ao que se formulou como hipótese dessa parte do trabalho.

O primeiro passo diz respeito à seleção das séries de fenômenos efetivamente comparáveis, o que implica não apenas a definição de recortes claramente delineados no tempo e no espaço, mas também recortes que propiciem a reprodução de aspectos essenciais do fenômeno pesquisado. Aqui, a sugestão dos autores é que se apliquem rigorosos critérios de seleção dos casos e a redução dos número de variáveis a serem estudadas, o que permite uma maior focalização da perspectiva teórica do estudo em termos de precisão analítica.[43]

O segundo passo sugerido relaciona-se com a definição dos elementos a serem comparados. A principal dificuldade desse momento é a previsibilidade dos limites investigativos de uma dada realidade ainda não explorada, a qual pode oferecer uma série de opções inicialmente não previstas pelo pesquisador e, em contrapartida, não responder satisfatoriamente àquelas que tinham sido inicialmente propostas – seja por não serem pertinentes a uma cultura ou regime particular; seja por não se revelarem como grandezas observáveis.[44]

Por fim, o terceiro passo é aquele imprescindível para diferenciar a metódica comparativa de uma coleção de casos interessantes, ou seja, a generalização dos resultados. Esse esforço implica descobrir elementos comuns (presentes em todos eles) aos diferentes casos, elementos

---

[42] E aqui vale a advertência feita pelos próprios autores: "O método comparativo implica em uma série de passos que se articulam de forma diferenciada segundo distintas orientações teóricas e metodológicas. Procuramos sistematizar aqui algumas das dimensões implícitas nesse processo, sem ter a dimensão de estabelecer fronteiras rígidas entre as diferentes operações teórico-metodológicas inerentes à atividade de investigação e considerando, portanto, a existência de um certo grau de simultaneidade entre estes distintos procedimentos." SCHNEIDER, Sergio; SCHIMITT, Claudia Job. O uso do método comparativo nas ciências sociais, in Cadernos de Sociologia, Porto Alegre, v. 09, p. 49-87, 1998, p. 33-34.

[43] SCHNEIDER, Sergio; SCHIMITT, Claudia Job. O uso do método comparativo nas ciências sociais, in Cadernos de Sociologia, Porto Alegre, v. 09, p. 49-87, 1998, p. 34.

[44] Como os próprios autores fazem questão de registrar: "A princípio, o que se espera, é que o método comparativo, se bem aplicado, possa servir como uma bússola para que o cientista social consiga realizar sua viagem explorando os caminhos que se abrem no decorrer do processo de investigação sem se afastar demasiado, no entanto, de um trabalho sistemático sobre as interrogações que o motivaram no início de seu trabalho." SCHNEIDER, Sergio; SCHIMITT, Claudia Job. O uso do método comparativo nas ciências sociais, in Cadernos de Sociologia, Porto Alegre, v. 09, p. 49-87, 1998, p. 36.

típicos (identificados em diferentes grupos ou classes) e também elementos singulares (que não se repetem entre eles)[45].

Tendo esses passos como momentos da análise comparativa, vai-se associar este modelo ao já testado modelo de análise de precedentes judiciais, o qual venho trabalhando no âmbito de minhas pesquisas acadêmicas. Trata-se do estudo de precedentes, que será pormenorizadamente explicado a seguir.

4. O método comparativo e os precedentes sobre direitos fundamentais

Um estudo de precedente requer do pesquisador independência e altivez de pensamento, pois um de seus principais objetivos é que se possa, a partir dessa prática, chegar a conclusões próprias sobre a decisão estudada.

A descrição cuidadosa dos fatos, bem como a identificação do problema enfrentado no precedente estudado são os primeiros passos dessa empreitada. Logo depois, torna-se necessário sistematizar argumentos e opiniões, para que, enfim, se chegue a uma conclusão opinativa sobre a questão posta, a partir de uma explicação crítica acerca das razões que levaram às conclusões.

Assim sendo, são elementos que não podem faltar em um estudo de precedente: identificação da matéria ou problema a ser solucionado; descrição dos fatos; sistematização dos argumentos/opiniões sobre a questão; descrição da decisão ou conclusão opinativa sobre a questão posta; e, por fim, em algumas explicações-críticas sobre as razões (teóricas, sociais, políticas, econômicas, etc) envolvidas na decisão[46].

Não será possível fazer um estudo de precedente com qualidade científica sem que tais elementos estejam presentes. Isso quer dizer que,

---

[45] Trata-se do que Sérgio Schneider e Claudia Schimitt chamam de nível estratégico da investigação comparativa, ou seja, *"a estruturação do objeto que permita agrupar exclusivamente fatos de parentesco suficientes para iluminarem-se reciprocamente, e, ao mesmo tempo, com diversidade bastante para dar origem a uma lei estrutural que passe da mera descrição ao fato individual."* SCHNEIDER, Sergio; SCHIMITT, Claudia Job. O uso do método comparativo nas ciências sociais, in Cadernos de Sociologia, Porto Alegre, v. 09, p. 49-87, 1998, p. 36.

[46] Tais elementos encontram-se elencados no texto "Instruções para estudos de caso": Supreme Court Historical Society – Instructions for case studies [internet] Disponível em: www.landmarkcases.org Acesso em 23/07/04.

para que o precedente sirva como objeto de uma análise crítica qualitativa um primeiro critério de eleição do precedente é que ela permita a identificação de todos esses elementos.

Uma vez identificados tais elementos, já está dado o primeiro passo daquele que consiste no procedimento apropriado para estudar um precedente, qual seja, está-se diante de um precedente relevante para se fazer um estudo sobre ele.

As liberdades fundamentais, já concretizadas na jurisprudência do Supremo Tribunal Federal, por decisão do Plenário da Corte, com referência explícita, por um ou mais de seus magistrados, a precedentes estrangeiros podem ser listadas, de forma não exaustiva nas seguintes causas: liberdade de opção sexual (ADI 4277, julg. 05.05.2011); direito à privacidade/sigilo de dados bancários (RE 389808, julg. 15.12.2010); liberdade de imprensa (ADI 4451, julg. 02.09.2010); anistia/direito fundamental à verdade (ADPF 153, julg. 29.04.2010); liberdade de expressão/imprensa (ADPF 130, julg. 30.04.2009); direito à vida/liberdade de pesquisa células-tronco embrionárias (ADI 3510, julg. 29.05.2008); direitos políticos/decoro parlamentar (MS 25579, julg. 19.10.2005); prerrogativa de foro/igualdade republicana (ADI 2797, julg. 15.09.2005); aborto/direito à vida (ADPF-MC 54, julg. 27.04.2005); racismo/liberdade religiosa (HC 82424, julg. 17.09.2003); liberdade de comércio (ADI 2327, julg. 08.05.2003); privilégio contra auto-incriminação/direito ao silêncio (HC 79812, julg. 08.11.2000).

Essa amostra foi escolhida apenas para exemplificar que os precedentes do Supremo Tribunal Federal já estão construídos com alguma abertura para a jurisprudência de cortes estrangeiras. Entretanto, resta uma análise mais detalhada desses precedentes, bem com de precedentes com temas semelhantes e equivalentes das cortes constitucionais e supremas dos demais escolhidos para a pesquisa, a fim de que se possa apresentar um quadro indicativo da abertura, ou não, à circulação de idéias jusfundamentais entre esses países.

Dos precedentes estudados e da pesquisa realizada não se conclui, com alguma segurança, que há um caminho irreversível em direção ao Estado Cooperativo de Direitos Fundamentais no Brasil. Mas, acredita-se que um primeiro passo já está dado e cabe, a partir de agora, aos profissionais, acadêmicos e, sobretudo, aos interlocutores mais diretos da Corte, sejam advogados públicos ou privados, sejam membros do Ministério Público, ou mesmo a imprensa e a sociedade civil organizada, provocarem a Corte e seus Ministros a densificarem seus argumentos, a partir da metódica de comparação constitucional estrangeira e internacional, cuja principal finalidade é a concretização cooperativa dos direitos fundamentais.

Jurisdição Constitucional e Estado de Direito

Questões Federativas Ainda Continuam Sem Resposta

Léo Ferreira Leoncy

Determinadas questões constitucionais respeitantes à forma federativa de Estado – doravante denominadas simplesmente *questões federativas* – são facilmente resolvidas tão logo o intérprete coloque-se a procurar-lhes uma resposta no texto da Constituição Federal, tendo em vista que para essas questões o constituinte dedicou um conjunto de preceitos relativamente claros.

Nesse sentido, constituem questões de fácil definição saber: (a) quantos Senadores cada Estado pode eleger por legislatura (art. 46, § 2º, CF); (b) o que acontece com a lei estadual contrária à lei federal superveniente em matéria de legislação concorrente (art. 24, § 4º, CF); (c) se a União pode intervir em Municípios localizados em área de fronteira (art. 35, *caput*, CF); (d) se o Distrito Federal pode dividir-se em Municípios (art. 32, *caput*, CF); ou (e) se as lei e atos normativos estaduais podem ser objeto de ação declaratória de constitucionalidade perante o Supremo Tribunal Federal (art. 102, I, "a", CF). Para todas essas questões, a Constituição Federal dá plena condição para que o intérprete localize facilmente uma resposta, vez que esta se encontra não apenas expressa, mas também de maneira muito clara no texto constitucional.

Por conta disso, todas essas questões federativas, na medida em que constituem problemas de fácil resposta perante o texto constitucional, podem ser consideradas como sendo "casos fáceis".

Por outro lado, questões há para as quais a Constituição não oferece qualquer resposta ou, ao menos, não a oferece de maneira clara, embora haja a sensação de que devesse fazê-lo. São exemplos de questões dessa natureza saber: (a) se os Estados-membros podem adotar o instituto da reclamação constitucional; (b) se a União pode isentar tributos dos outros entes federativos quando fizer as vezes de República Federativa do Brasil; (c) se o Distrito Federal deve ser tratado como Estado ou como Município em determinadas questões; (d) se os Municípios podem estabelecer novos direitos fundamentais em sua Lei Orgânica; ou (e) se a União, ao intervir no Distrito Federal, pode fazer as vezes de legislador local.

Tais modalidades de questão, embora sejam relevantes do ponto de vista de uma regulação constitucional, não encontram resposta precisa no texto da Constituição, razão pela qual costumam ser consideradas como típicos "casos difíceis".

Quando uma determinada questão federativa constitui um "caso difícil", é cabível considerá-la uma questão federativa *sem solução constitucional evidente*. E com essa expressão pretende-se abarcar seja os casos afetados pela indeterminabilidade horizontal da Constituição (que dão origem a lacunas normativas), seja os casos afetados pela sua indeterminabilidade vertical (que dão origem a lacunas de indeterminação), uma vez que ambas as categorias, sem distinção, caracterizam-se por serem casos de difícil resolução (os chamados *hard cases*).

Conforme uma distinção corrente, há situações às quais uma norma seguramente se aplica, ou seja, é pacífico que tais situações recaiam no campo de aplicação da norma, razão pela qual comumente se diz que tais hipóteses dão lugar a "casos fáceis". Inversamente, existem situações em relação às quais a aplicabilidade de uma certa norma é deveras duvidosa ou controversa, isto é, não se sabe ao certo se tais situações encontram-se no campo de aplicabilidade da norma, razão por que é frequente se afirmar que tais hipoteses dão lugar a "casos difíceis".[1]

Esmiuçando essas noções, Lorenzetti considera que um caso é *fácil* quando "não há nenhum inconveniente com a decisão judicial que não possa ser resolvido mediante a aplicação da lei e do método dedutivo". Por outro lado, o mesmo autor caracteriza os "casos difíceis" como

---

[1] Riccardo Guastini, *Le fonti del diritto e l'interpretazione*, Milano: Giuffrè, 1993, p. 326-7.

"aqueles em que se detectam dificuldades no elemento normativo (determinação da norma aplicável, interpretação) ou no fático (prova dos fatos) ou na dedução (qualificação)".[2]

Pelas suas características, situações envolvendo "casos difíceis" demandam decisões (acerca do significado normativo a ser aplicado ao caso em questão) que exigem *justificação*, devendo, pois, ser devidamente argumentadas.[3]

Com isso em conta, pode-se dizer que uma questão federativa sem solução constitucional evidente é uma questão jurídica que, *por envolver um debate sobre a forma federativa, situa-se no âmbito do Direito constitucional, onde não encontra, considerando-se o conjundo conhecido de suas normas, uma solução clara ou evidente.*

É inegável que ainda cabem muitas coisas nesse conceito. A despeito disso, a delimitação desse universo já representa um primeiro esforço de demarcação dessas situações, que, certamente, necessita ser aprofundado. Por ora, basta que sejam apontadas situações relacionadas à forma de Estado estampada na Constituição Federal brasileira as quais de maneira inequívoca possam ser consideradas questões federativas sem solução constitucional evidente. Não seria preciso dizer que muitas dessas situações traduzem alguma forma de lacuna.

Uma primeira dificuldade encontra-se logo no artigo inaugural da Constituição de 1988. Ao se afirmar que "[a] República Federativa do Brasil [é] formada pela união indissolúvel dos Estados e Municípios e do Distrito Federal" (art. 1º, CF), é possível que, com a mera leitura desse texto, não se saiba exatamente o lugar do ente federativo central – a União – dentro da estrutura federal brasileira. É certo que um pouco mais adiante se deixa claro que "[a] organização político-administrativa da República Federativa do Brasil compreende a União, os Estados, o Distrito Federal e os Municípios, todos autônomos" (art. 18, CF). Não obstante, nem por isso já é possível concluir daí que a União constitua a própria República Federativa do Brasil, ou se já é um organismo diferente e inferior a esta. Como é notório, a resposta a essa questão é fundamental para se saber tratar-se o Estado federal brasileiro de um

---

[2] Luis Ricardo Lorenzetti, *Teoria da decisão judicial: fundamentos de direito*, tradução de Bruno Miragem, São Paulo: Revista dos Tribunais, 2009, p. 158.
[3] Riccardo Guastini, *Le fonti del diritto...*, cit., p. 327.

modelo de três (União, Estados e Municípios, sendo União *o mesmo que* República Federativa) ou de quatro níveis (todos aqueles e mais a República Federativa, sendo esta *algo diferente da* União). Na primeira hipótese (União = República Federativa), as determinantes constitucionais impostas à União no âmbito nacional condicionariam também a atuação da República Federativa no âmbito externo.[4] Já na segunda hipótese (União ≠ República Federativa), não existiria esse condicionamento.[5]

Questão que ainda não foi suficientemente discutida no Brasil, mas que afeta o debate acerca dos direitos fundamentais em outros países, é se as Constituições Estaduais poderiam disciplinar e, mais do que isto, inovar em matéria de direitos fundamentais. Embora muitas o tenham feito, não se encontra uma resposta constitucional evidente para essa questão.

Difíceis também são os casos envolvendo a cláusula constitucional dos *poderes remanescentes*. Quando o texto constitucional estabelece que "[s]ão reservadas aos Estados as competências que não lhes sejam vedadas por esta Constituição" (art. 25, § 1º, CF), é possível extrair daí ao menos duas interpretações diferentes. Por um lado, pode-se considerar que todas as "matérias" sobre as quais não recaia qualquer vedação podem ser objeto da atuação estadual autônoma; nesse primeiro sentido, poder remanescente significa um conjunto de *assuntos* que, por não estarem reservados a qualquer outra esfera de competência (nem pública, nem privada), estão à livre disposição dos Estados, respeitados os limites constitucionais pertinentes ao seu exercício. Por outro lado, conforme aquele mesmo texto, também é possível dizer que todas as "possibilidades" de atuação criativa, qualquer que seja o assunto ou a matéria de competência estadual, estão permitidas aos Estados desde que não

---

[4] Sendo assim, em matéria tributária, por exemplo, também a República Federativa estaria submetida à seguinte cláusula vedatória da Constituição Federal: "Art. 151. É vedado à União: III – instituir isenções de tributos da competência dos Estados, do Distrito Federal ou dos Municípios".

[5] Após reconhecer a distinção entre União e República Federativa, o Supremo Tribunal Federal finalmente concluiu: "O âmbito de aplicação do art. 151, da CF, em todos os seus incisos, é o das relações das entidades federadas, entre si. Não tem por objeto a União Federal [*sic*] quando esta se apresenta como a República Federativa do Brasil, na ordem externa" (ADI 1600, Rel. p/ o acórdão Min. Nelson Jobim, Tribunal Pleno, *Ementário n. 2115-9*, j. 26/11/2001, p. 1854). O mesmo entendimento, exposto de forma mais contundente, pode ser encontrado também no RE 543943-AgR, Rel. Min. Celso de Mello, Segunda Turma, j. 30.11.2010, *Ementário n. 2464-02*, p. 469.

estejam de algum modo vedadas; nesse segundo sentido, poder remanescente significa um conjunto de *poderes* de livre exercício por parte dos Estados, respeitados os limites constitucionais correspondentes.

Também no âmbito da repartição de competências não há um consenso acerca do que se deve entender por *normas gerais* no âmbito da chamada competência concorrente. Nesse sentido, doutrina e jurisprudência variam entre considerar "normas gerais" num sentido objetivo ou num sentido subjetivo. No primeiro caso, a expressão "normas gerais" equivale ao grau de abstração dessas normas, que seriam tomadas, assim, como normas sobre princípios. Num segundo sentido, a mesma expressão "normas gerais" coincidiria com "normas genéricas", no sentido de normas aplicáveis a todos, independente do seu índice de abstratividade.

Atrelada ao problema anterior, a questão de saber os limites da "competência suplementar" dependerá daquilo que se estabelecer quanto ao significado de normas gerais. Se estas forem apenas normas de princípios, então a competência suplementar versará sobre "questões específicas" – que, por sua vez, é outro termo difícil de se conceituar –, havendo assim de antemão uma estanque, muito embora nem um pouco nítida, linha divisória entre a competência federal para normas gerais e estadual para normas específicas. Se, por outro lado, normas gerais forem normas aplicáveis a todos os entes federativos independentemente do grau de abstração delas, então o poder suplementar não passa de uma competência sobre aquilo que sobejar da disciplina estabelecida em lei federal sobre normas gerais, e desde que jamais contrarie a linha divisória estabelecida nestas.

Outra questão de difícil resposta diz respeito à possibilidade de intervenção do Estado-membro em Municípios localizados em seu território, na hipótese de violação por parte destes dos "princípios indicados na Constituição Estadual" (art. 35, IV, CF). Quantos e quais seriam esses princípios, bem como se os Estados são livres para determiná-los, são questões que não encontram resposta expressa ou clara no texto constitucional. E por não haver essa resposta é que o tema gera perplexidade, ante o risco de, a cada Constituição Estadual, variar o nível de comprometimento da autonomia municipal[6] em razão da quantidade (maior ou menor, a depender do respectivo Estado) desses princípios.

---

[6] A autonomia municipal mesmo, um princípio de observância obrigatória pelos Estados, sob pena de intervenção federal (art. 34, VII, "c", CF).

A Constituição Federal também nada diz acerca dos efeitos (*erga omnes*? *inter partes*? vinculante?) das decisões proferidas pelos Tribunais de Justiça em ação direta de inconstitucionalidade em face da Constituição Estadual (art. 125, § 2º, CF). Tal silêncio deixa em aberto uma série de questões relevantes, tais como (a) a força dessas decisões sobre o próprio Supremo Tribunal Federal, (b) o cabimento de reclamação perante as Cortes locais por descumprimento dos respectivos julgados em ações diretas, (c) os efeitos do recurso extraordinário contra essas decisões e (d) a consequente necessidade ou não de encaminhamento da decisão no recurso extremo ao Senado Federal para suspensão da lei ou ato normativo declarado eventualmente declarado inconstitucional.

Para não seguir mais longe, mencionem-se ainda estas duas últimas questões: Qual seria, segundo a Constituição Federal, o sistema eleitoral aplicável aos vereadores? Quantos e quais são, para efeitos de limitação da autonomia dos Estados, os "princípios desta Constituição" (art. 25, *caput*, CF)?

Esse breve inventário visa a demonstrar que importantes questões relativas à forma federativa de Estado, além de não receberem um tratamento constitucional claro e específico, ainda continuam sem resolução no Direito constitucional pátrio. Isso faz reacender o debate em torno do Estado federal no Brasil, que, ao menos na perspectiva do Direito, continua seriamente carecido de reflexão e de novas abordagens.

Segurança Pública e a Responsabilidade do Poder Judiciário

GILMAR FERREIRA MENDES

Dois projetos de lei em tramitação no Congresso americano receberam destaque no editorial do *The New York Times* publicado em março de 2014[1].

Um deles, o *Smarter Sentencing Act*, prevê a flexibilização do modelo hoje adotado para crimes não violentos relacionados a drogas, para os quais se exige aplicação de penas mínimas, atualmente fixadas em 5, 10 e 20 anos. Pelo novo regime proposto, que permitiria, em certos casos, a fixação de penas abaixo do mínimo obrigatório, milhares de presos condenados por uso de drogas – especialmente o *crack* – estariam livres da prisão.

Em complementação, dispõe o projeto *Recidivism Reduction and Public Safety Act* que presos condenados por crimes de baixo potencial ofensivo poderiam reduzir suas penas por meio de créditos pela participação em programas educacionais, de capacitação profissional e de prevenção ao uso de drogas.

Destaca o jornal que esses dois projetos, caso aprovados, por certo darão significativo passo rumo à superação de décadas de história ameri-

---

[1] The New York Times. A Rare Opportunity on Criminal Justice. Publicado em: 15.3.2014 – Disponível em: *http://mobile.nytimes.com/2014/03/16/opinion/sunday/a-rare-opportunity-on--criminal-justice.html?hp&rref=opinion&_r=1&referrer.* Acesso em 18.3.2014.

cana marcadas pelo encarceramento em massa, um dos temas mais controversos da política dos Estados Unidos.

Fato que desperta curiosidade nessas duas propostas é que estão sendo aceitas inclusive pela ala conservadora do Congresso. A explicação desse raro consenso sobre o tema reside, de acordo com a publicação, no impacto que o sistema prisional representa no orçamento americano: cerca de US $ 7 bilhões por ano, um quarto de todo o orçamento do Departamento de Justiça.

Justamente por esse motivo, diversos estados americanos já procuram adotar medidas semelhantes às ora discutidas em âmbito federal. No Texas, por exemplo, estado que mais encarcera nos Estados Unidos, os legisladores conceberam alternativas ao encarceramento, como tribunais especiais para julgar usuários de drogas e programas eficientes de combate à reincidência. Essa nova política resultou em expressiva diminuição da população carcerária, acarretando, até, o impressionante fechamento de três prisões estaduais, além da redução dos índices de criminalidade.

A conclusão do editorial é óbvia: a experiência que vem sendo adotada em alguns estados mostra que essas medidas apresentam impacto positivo não apenas no tocante à redução da reincidência e na diminuição do número de encarcerados – com a consequente destinação de presídios a infratores mais violentos –, como também na própria gestão de segurança pública.

Aqui no Brasil, também estamos a discutir possíveis ações para superação do quadro de barbárie em que se encontra o nosso sistema carcerário. E é exatamente na necessidade de tratarmos dessa questão de forma indissociável do macrossistema da segurança pública que há tempo venho insistindo.

Em entrevistas ao Conjur[2] e à Folha de São Paulo[3], destaquei que a deficiência do sistema carcerário brasileiro deve ser abordada a partir da

---

[2] http://www.conjur.com.br/2014-fev-02/entrevista-gilmar-mendes-ministro-supremo-tribunal-federal.

[3] "Para Gilmar Mendes, já é discutir de maneira franca o sistema carcerário brasileiro". Entrevista concedida à jornalista Mônica Bergamo, publicada na edição de 8.12.2013 da Folha de São Paulo, disponível em: http://www1.folha.uol.com.br/colunas/monicabergamo/2013/12/1381683-para-gilmar-mendes-ja-e-hora-de-discutir-de-maneira--franca-o-sistema-carcerario-brasileiro.shtml

premissa de que esse problema é de responsabilidade de todos. Um eficaz plano de melhorias deve englobar o trabalho harmônico dos diversos entes estatais, além de ser tratado em conjunto com iniciativas voltadas à prevenção da reincidência, à efetiva atuação dos magistrados, à campanha de prevenção às drogas, entre tantas outras.

Em audiência pública sobre o sistema carcerário que promovemos no Supremo Tribunal Federal[4], foram relatadas diversas situações que deixaram evidente que há algo verdadeiramente absurdo na tragédia cotidiana do nosso sistema prisional. Ao lado da falta de vagas, foi constatado também que o controle de muitos presídios por facções criminosas é fato preocupante que muito tem contribuído para o retorno dos presos à criminalidade quando egressos do sistema.

Além disso, em face da escassez de estabelecimentos prisionais apropriados aos regimes aberto e semiaberto, é comum o cumprimento de penas integralmente em regime fechado ou em prisão domiciliar, sem observância da progressão de regimes prevista na Lei de Execução Penal. Em São Paulo, Estado com a maior população carcerária do país, há aproximadamente seis mil presos cuja progressão para o regime semiaberto já foi deferida pelo juiz, mas que ainda permanecem no regime fechado por falta de vagas no semiaberto[5]. E hoje se sabe que bastariam investimentos da ordem de 400 milhões de reais para se obter as 24.000 vagas faltantes para o regime semiaberto[6].

Esse quadro alarmante representa, contudo, apenas a ponta do *iceberg* do entrelaçamento de questões muito mais complexas, mas nem por isso sem solução. São problemas de tal forma imbricados que hoje já não faz mais sentido discuti-las isoladamente. Não obstante tudo isso, o Brasil, ao contrário da situação americana, retratada no editorial do *The New York Times*, já possui legislação e projetos aptos a dar respostas efetivas aos horrores que presenciamos no sistema carcerário nacional.

O sistema prisional é parte integrante e importante da segurança pública e assim deve ser tratado.

A segurança pública, por sua vez, tem direta relação com a garantia dos direitos fundamentais: um assegura a efetividade do outro, em um

---

[4] Audiência Pública sobre regime prisional, RE 641.320, Rel. Min. Gilmar Mendes.
[5] Audiência Pública sobre regime prisional, RE 641.320, Rel. Min. Gilmar Mendes.
[6] Cf. dados informados na Audiência Pública sobre regime prisional, RE 641.320, Rel. Min. Gilmar Mendes.

ciclo que se retroalimenta. A concretização e a manutenção das garantias constitucionais dependem da paz social, fundada na real segurança de todos, assegurada, por sua vez, pelo adequado funcionamento das instituições[7].

O balanceamento entre liberdade e segurança sustenta, em última análise, a própria ordem constitucional, de modo que o cidadão não exerça sua liberdade sem limites, mas possa confiar na liberdade que lhe é garantida pelo Estado, assim como na proteção contra o próprio Estado. Nas palavras de Isensee: segurança é obra da liberdade ("Sicherheit ist das Werk der Freiheit").

Nossa Constituição Federal possui vários dispositivos relacionados à segurança pública, como a previsão de que "a segurança pública, dever do Estado, direito e responsabilidade de todos, é exercida para a preservação da ordem pública e da incolumidade das pessoas e do patrimônio" (art. 144), a ser exercida através da polícia federal; polícia rodoviária federal; polícia ferroviária federal; polícias civis; polícias militares e corpos de bombeiros militares, a partir de lei que discipline sua organização e funcionamento de maneira a garantir a eficiência de suas atividades (art. 144, §7º).

Cumpre à União legislar privativamente sobre penal e processo penal (art. 22, I), sobre requisições civis e militares, em caso de iminente perigo e em tempo de guerra (art. 22, III), sobre convocação e mobilização das polícias militares e corpos de bombeiros militares (art. 22, XXI), sobre competência da polícia federal, das polícias rodoviária e ferroviária federais (art. 22, XXII). Em relação às Forças Armadas, define que "lei complementar estabelecerá as normas gerais a serem adotadas na organização, no preparo e no emprego das Forças Armadas" (art. 142, §1º).

Podemos citar, ainda, as seguintes disposições constitucionais do art. 5º: "constitui crime inafiançável e imprescritível a ação de grupos armados, civis ou militares, contra a ordem constitucional e o Estado Democrático" (art. 5º, XLIV); bem como que a "lei considerará crimes inafiançáveis e insuscetíveis de graça ou anistia a prática da tortura, o tráfico ilícito de entorpecentes e drogas afins, o terrorismo e os definidos como

---

[7] Cf. ISENSEE, Josef. Sicherheit als Voraussetzung und als Thema einer freiheitlichen Verfassung. In: *Verfassungsvoraussetzungen.Gedächtnisschrift für Winfried Brugger*. ANDERHEIDEN, Michael (et alii) Org. Tübingen: Mohr Siebeck, 2013, p. 500.

crimes hediondos, por eles respondendo os mandantes, os executores e os que, podendo evitá-los, se omitirem" (art. 5º XLIII).

Além de garantir os direitos fundamentais de forma ampla (art. 5º), a Constituição prevê normas impositivas de direitos e *deveres de proteção*, tais como as que estabelecem que "ninguém será preso senão em flagrante delito ou por ordem escrita e fundamentada de autoridade judiciária competente, salvo nos casos de transgressão militar ou crime propriamente militar, definidos em lei" (art. 5º, LXI).

Todo esse quadro normativo legitima o que aqui se propõe: é preciso uma estratégia global para lidar com a questão da segurança pública. Já passou da hora de insistirmos em tratar desses temas de forma isolada. Um sistema integrado de segurança pública, algo como um "SUS de segurança pública", poderia ser pensado, por exemplo, em termos de federalismo cooperativo, devendo a União assumir seu papel de organização e coordenação de ações gerais.

Não é possível, portanto, que o assunto segurança pública seja tratado como competência exclusiva dos Estados. União, Estados e Municípios têm atribuições próprias, relevantes e conexas, que devem ser exercidas de forma coordenada e com o indispensável senso de cooperação Cabe especialmente à União, no encaminhamento de soluções sobre essa nova perspectiva, importante papel, em razão do seu vasto leque de responsabilidades em matéria de segurança pública: legisla sobre direto penal, sobre processo penal, sobre execução penal, controla a Polícia Federal, as Forças Armadas.

Além disso, é também inequívoco que é a União que detém, hoje, nesse federalismo assimétrico, a concentração de grande parte dos recursos destinados ao sistema de segurança pública. Com raras exceções, os estados estão em situação de penúria. Todavia – e voltamos à ideia principal deste texto –, o que precisamos é de organização e de procedimento. É incompreensível que, diante da notória falta de vagas no sistema prisional, os recursos do Funpen ainda sejam passíveis de contingenciamentos, como infelizmente tem ocorrido. Dados indicam que esse Fundo dispõe de cerca de R$ 1,065 bilhão e recebe em média R$ 300 milhões por ano. Só no ano de 2013, por exemplo, o Funpen foi autorizado a investir R$ 384,2 milhões, mas apenas 10,6% desse valor foi efetivamente empregado[8].

---

[8] Cf. dados fornecidos pelo Ministério da Justiça.

Vê-se, pois, que segurança pública, além de um inafastável direito de todos, é também dever da União, dos Estados e dos Municípios. Para o cumprimento dessa obrigação, é preciso que os Poderes Executivo, Judiciário e Legislativo repensem suas responsabilidades e unam-se, de forma coordenada, em uma ampla estratégia de segurança pública.

Nesse sentido, seria interessante pensar, por exemplo, do ponto vista do Judiciário, em soluções criativas para o enfrentamento do caos reinante no sistema prisional por meio de medidas como o estabelecimento de prazos e indicação de ações concretas para que omissões estatais sejam solucionadas, sob a coordenação do próprio Judiciário.

No biênio em que estivemos à frente da Presidência do Supremo Tribunal Federal e do Conselho Nacional de Justiça (2008-2010), instituímos projetos que hoje são referência no combate a essas notórias deficiências. Um deles, o Projeto Mutirão Carcerário, em execução desde agosto de 2008, resultou em um amplo mapeamento do sistema prisional, com a recuperação da dignidade de pessoas injustamente esquecidas e ignoradas pela sociedade.

A partir de inspeções realizadas em diversos presídios brasileiros, o Conselho Nacional de Justiça constatou que a contrariedade à lei – especialmente à Constituição – escancara-se diante das péssimas condições em que são cumpridas as penas no país, em situações que vão desde instalações inadequadas até maus-tratos, agressões sexuais, promiscuidade, corrupção e inúmeros abusos de autoridade. A constatação, nesses mutirões, de casos como o de pessoas ainda presas com penas já cumpridas ou sem o gozo de benefícios a que já fariam jus, e, até – pasmem! – em prisão provisória há 14 anos –, faz ruir o velho costume de atribuir-se a culpa pelas mazelas do sistema prisional exclusivamente ao Poder Executivo[9].

---

[9] Na cidade de Abaetetuba, no Estado do Pará, uma jovem de 16 anos foi mantida presa por mais de 30 dias em uma cela com 20 homens. Acusada de furto, a adolescente afirmou ter sido violentada pelos demais apenados no período em que esteve encarcerada. Segundo a Polícia Civil, no Município não há carceragem feminina, motivo pelo qual a jovem foi indevidamente colocada junto com presidiários do sexo masculino. A juíza que ordenou a prisão da adolescente em uma cela com detentos do sexo masculino foi aposentada compulsoriamente pelo Conselho Nacional de Justiça em abril de 2010.

No Paraná, foi encontrada situação que se repete em diversas outras regiões do país: a inexistência de locais específicos e especializados aos cumpridores de pena que possuem dependência química (usuários de drogas). Normalmente, em muitas localidades estes são

Como mais uma forma de combate ao quadro deflagrado pelos Mutirões Carcerários, importante destacar que, após sanção da Lei n. 12.106, em dezembro de 2009, foi criado, no CNJ, o *Departamento de Monitoramento e Fiscalização do Sistema Carcerário e do Sistema de Execução de Medidas Socioeducativas (DFM)*, com a missão de monitorar e fiscalizar os sistemas carcerários do país, além de verificar as medidas socioeducativas aplicadas pelos órgãos responsáveis em cada cidade brasileira.

É patente, todavia, que de pouco valeria qualquer iniciativa visando assegurar os direitos fundamentais dos acusados e dos detentos do sistema prisional brasileiro, caso não fossem igualmente criadas formas de reinserção social dos seus egressos. Para tanto, o CNJ instituiu o *Programa Começar de Novo*[10], que, mediante campanhas institucionais, objetiva sensibilizar a população para a necessidade de recolocação de ex-presidiários no mercado de trabalho e na sociedade.

Entre as iniciativas nesse sentido destacam-se, *v.g.*, a realização de campanha de mobilização para a criação de uma rede de cidadania em favor da ressocialização; o estabelecimento de parcerias com associações de classe patronais, organizações civis e gestores públicos, para apoiar as ações de reinserção; a integração dos serviços sociais nos Estados para seleção dos beneficiários do projeto; a criação de um banco de oportunidades de trabalho e de educação e capacitação profissional; e o acompanhamento dos indicadores e das metas de reinserção. O CNJ tem contribuído nessas iniciativas de reinserção por meio acordos de cooperação técnica pelos quais se busca ampliar a capacitação profissional de presos. Mencione-se que, com a proximidade da Copa do Mundo de 2014, foi firmado acordo nesse sentido com o Clube dos 13 e com o Comitê Organizador da Copa do Mundo 2014. Programas semelhantes poderiam ser adotados no plano federal e nos planos locais sem grandes dificuldades.

confinados em complexos penais destinados a apenados com doenças mentais, fato também que pode ser considerado agressivo e que em nada contribui com sua melhora. Notícia publicada no site do Conselho Nacional de Justiça: Coordenador de mutirão carcerário recomenda interdição de delegacias no Paraná. Disponível em: <http://www.cnj.jus.br/index.php?option=com_content&view=article&catid=1%3Anotas&id=9136%3Atj-de-roraima-realiza-concurso-para-contratacao-de-servidores&Itemid=169>.
[10] O Projeto Começar de Novo, que até abril de 2010 já tinha proporcionado mais de 1.700 vagas para cursos de capacitação profissional e trabalho, foi prática premiada pelo Instituto Innovare, em sua VII edição.

Ainda com essa visão global em busca de melhorias efetivas, outras ações foram desenvolvidas, como o programa *Advocacia Voluntária*, criado pela Resolução n. 62 do CNJ, de 10 de fevereiro de 2010. Esse programa visa prestar assistência jurídica gratuita tanto aos presos que não têm condições de pagar um advogado, quanto aos seus familiares. Busca-se, desse modo, ampliar os canais de acesso ao Judiciário às pessoas de baixa renda, principalmente em razão do ainda pequeno número de defensores públicos existentes no País. Esse modelo poderia ganhar uma nova veste com a participação de estudantes e recém-formados em programas de estágios obrigatórios coordenados por diversas instituições, inclusive pela OAB. Lográssemos colocar um bacharel em cada delegacia e, certamente, reduziríamos significativamente os casos de abuso que se repetem cotidianamente.

Das iniciativas do Poder Legislativo[11], também válido citar a criação do Sistema Nacional de Informação de Segurança Pública, Prisionais e sobre Drogas (SINESP), que coleta e analisa os dados necessários à melhor gestão (Leis 12.681 e 12.714, de 2012). Ao lado desses diplomas legislativos, a Lei 12.403/11, originária de projeto integrante do Pacto Republicano, ampliou significativamente o rol de medidas cautelares à disposição do juiz, alterando o art. 319 do Código de Processo Penal. Trata-se, por certo, de importantíssima medida, como destaquei em artigo publicado também nesta coluna do Observatório da Jurisdição Constitucional[12].

Quanto à medida cautelar, apesar de sua previsão ter sido efetivada em 2011, a cultura das prisões provisórias, lamentavelmente, ainda persiste. Estudos indicam que, até aqui, a Lei 12.403/2011 teve pouco impacto na diminuição da população carcerária brasileira. Isso evidencia que tal procedimento precisa ser efetivamente aplicado pelos próprios magistrados.

---

[11] Importante destacar o Projeto de Lei do Senado nº 513/2013, que propõe diversas medidas para solucionar problemas do sistema carcerário, como a vedação do contingenciamento dos recursos do Funpen; criação de novos Órgãos da Execução Penal; revisão dos direitos e deveres dos presos e inclusão de direitos dos presos estrangeiros; extinção das carceragens em Delegacias de Polícia no prazo de quatro anos.

[12] Cf. meu artigo **É preciso repensar o modelo cautelar no processo penal**. Publicado em 9.2.2013. Disponível em: http://www.conjur.com.br/2013-fev-09/observatorio-constitucional-abuso-prisoes-provisorias-pais

Tenho insistido, nesse ponto, que deveríamos pensar na apresentação do preso em flagrante ao juiz em curto prazo, para que o magistrado possa avaliar se há justificativa para a prisão preventiva ou aplicação de uma das medidas alternativas. Apesar de prevista em tratados internacionais, já incorporados ao direito interno, como o Pacto Internacional sobre Direitos Civis e Políticos, a Convenção Americana sobre Direitos Humanos e o Pacto de São José, essa medida nunca foi implementada em nosso país[13].

É evidente que não se pode ignorar todas as dificuldades que teríamos na adoção deste modelo, que precisaria ser, de início, um experimento institucional consciente, por certo com relevante impacto nas grandes cidades. Ademais, seria mecanismo de controle de legalidade das prisões em flagrante, prevenindo encarceramentos ilegais, constrangimentos e até tortura no ato de prisão, situações constatadas nos mutirões carcerários realizados pelo CNJ. É claro que, nesse contexto, devemos conferir atenção especial ao funcionamento da justiça criminal, que, como se sabe, tem falhado na prolação de decisão em tempo adequado. É preciso pensar em um programa de modernização da justiça criminal e aqui se afigura indispensável que o CNJ faça valer a sua liderança, coordenando, inclusive, o aporte de recursos nos sistemas com maiores carências[14].

Em síntese, nenhum programa de redução de criminalidade terá eficácia se não levar em conta as graves deficiências das nossas prisões. Mas a falência crônica do sistema penitenciário também está vinculada

---

[13] Diante desse quadro, mostra-se oportuna a iniciativa do CNJ em dar cumprimento às citadas imposições legais, conforme deliberação plenária daquele órgão em procedimento específico sobre o tema Processo de Ato Normativo nº 0001731-41.2012.2.00.0000. Encontra-se em elaboração no CNJ, em cumprimento à deliberação do Plenário, projeto de resolução disciplinando o assunto. Sobre o mesmo tema, tramita no Senado Federal o projeto de lei 554/2011, que altera o §1º do art. 306 do CPP para determinar a apresentação do preso à autoridade judicial no prazo de 24 horas após a sua prisão em flagrante.

[14] Em relação especificamente ao Tribunal do Júri, devem ser efetivadas iniciativas que agilizem e concedam maior efetividade às investigações, denúncias e julgamentos de homicídios. Dados alarmantes de Porto Alegre exemplificam o quadro atual: Promotores de Justiça que atuam na Promotoria do Júri na capital gaúcha declararam que 75% dos homicídios da cidade estavam à espera de solução. Depois de mutirão realizado na Delegacia de Homicídios, 1.095 inquéritos foram encaminhados de homicídios praticados nos anos de 2007 e 2008, dos quais 823 não tinham indiciamento, por não ter sido a autoria caracterizada. (Cf. relatório da ENASP – Estratégia Nacional de Justiça e Segurança Pública).

a outros temas correlatos como, por exemplo, a reincidência, as alternativas à prisão em casos de delitos de pouca ofensividade e o efetivo funcionamento do Judiciário[15].

Estima-se que um maior protagonismo do Judiciário nas searas referidas justifica-se não apenas em razão de sua competência na matéria, mas também em razão de inequívoca inércia de outros setores aos quais a ordem jurídica confere atribuições sobre o assunto. Afigura-se fundamental que o CNJ proceda a uma avaliação rigorosa do sistema criminal com iniciativas diversas destinadas a dotar o país de uma justiça moderna também em na área criminal.

Medidas assim podem resultar em maior proteção dos direitos e garantias fundamentais não apenas de presos e acusados, mas de toda sociedade.

---

[15] Iniciativas com vistas a um melhor funcionamento do sistema de justiça podem ser estimuladas dentro do próprio Judiciário, como, por exemplo, a adoção, pela Vara de Execuções Criminais de Curitiba/PA, de sistema de gerenciamento automático de requisitos para progressão de regime e outros benefícios, pelo qual tem sido possível a realização, em apenas uma semana, de audiências com presos que, antes, demoravam meses e até anos.

Definição de Multa Confiscatória na Jurisprudência do Supremo Tribunal Federal

CELSO DE BARROS CORREIA NETO

Entre as limitações do poder de tributar, a Constituição Federal de 1988 incluiu a proibição de "utilizar tributo com *efeito* de confisco" (art. 150, IV). A vedação representa um limite material ao exercício da competência tributária, inspirado nas ideias de moderação, razoabilidade e proporcionalidade. Vedar o confisco é, nessa linha, impedir a destruição da propriedade privada (art. 5º, XXII) pelo sistema tributário e proteger a liberdade de iniciativa (art. 170, *caput*).

De acordo com o que afirmou o Ministro Celso de Mello, no julgamento da ADI 1.075-MC, a proibição do confisco em matéria tributária pode ser entendida como *"a interdição, pela Carta Política, de qualquer pretensão governamental que possa conduzir, no campo da fiscalidade, à injusta apropriação estatal, no todo ou em parte, do patrimônio ou dos rendimentos dos contribuintes, comprometendo-lhes, pela insuportabilidade da carga tributária, o exercício do direito a uma existência digna, ou a prática de atividade profissional lícita ou, ainda, a regular satisfação de suas necessidades vitais básicas."*[1] Em outras palavras, por meio da cobrança de tributos, o Estado não deve apropriar-se da propriedade privada, nem impedir a atividade econômica.

---

[1] BRASIL. Supremo Tribunal Federal. ADI 1.075-MC. Rel. Min. Celso de Mello. Plenário. DJ de 24.11.2006.

Embora o texto constitucional mencione apenas "tributos", a orientação acolhida pela jurisprudência do Supremo Tribunal Federal[2] confere leitura extensiva ao art. 150, IV, da Constituição a fim de aplicá-lo também às multas em matéria tributária. Para o Tribunal, estão limitadas pela proibição do confisco assim as multas fiscais como quaisquer tributos.

Não há, entretanto, na legislação vigente, definição positivada do que seja exatamente "confisco", tampouco a delimitação do patamar máximo aceitável para as multas fiscais.[3] Cabe ao julgador, no caso concreto, estabelecer se a multa ou o tributo em questão são mesmo confiscatórios e, à jurisprudência dos tribunais superiores, particularmente a do STF, conferir densidade a essa noção e oferecer, nos seus precedentes, os parâmetros a serem observados pelos Tribunais inferiores no julgamento de casos semelhantes.[4]

Durante a vigência da Constituição Federal de 1988, o STF teve oportunidade de enfrentar diversos casos em que se discutia, com base na proibição do não confisco, a constitucionalidade de multas fiscais em variados patamares: 500%, 300%, 200%, 120%, 100%, 40%, 25%, 20%, etc. Entre os julgados de maior destaque, estão a ADI 551, de relatoria do Ministro Ilmar Galvão, e a ADI 1.075, de relatoria do Ministro Celso de Mello. Ambas são tomadas como *leading cases* por outros julgados do próprio Tribunal[5], quanto à fixação do máximo aceitável para as multas tributárias, em face do princípio constitucional da vedação do confisco.

---

[2] Por exemplo: BRASIL. Supremo Tribunal Federal. RE-AgR 657372. Relator: Ministro Ricardo Lewandowski. Segunda Turma. 10.6.2013; BRASIL. Supremo Tribunal Federal. AI-AgR 769089, Relatora: Ministra Rosa Weber. Primeira Turma. DJe 14.3.2013; BRASIL. Supremo Tribunal Federal. RE-AgR 565341. Relator: Ministro Joaquim Barbosa. Segunda Turma. DJe 25.6.2012.

[3] "Trata-se, na realidade, de um conceito aberto, a ser utilizado pelo juiz, com apoio em seu prudente critério, quando chamado a resolver os conflitos entre o poder público e os contribuintes.". BRASIL. Supremo Tribunal Federal. Medida Cautelar na Ação Direta de Inconstitucionalidade 1.07. Voto do Relator Ministro Celso de Mello, Segunda Turma, DJE de 28.6.2013.

[4] Ver: FUCK, Luciano Felício. Repercussão Geral completa seis anos e produz resultados. Observatório Constitucional. Disponível em: http://www.conjur.com.br/2013-jun-08/observatorio-constitucional-repercussao-geral-completa-seis-anos-produz-resultados.

[5] Por exemplo: BRASIL. Supremo Tribunal Federal. RE-AgR 657372. Relator: Ministro Ricardo Lewandowski. Segunda Turma. DJe 10.6.2013.

No primeiro caso, discutia-se a constitucionalidade de disposição do Ato das Disposições Constitucionais Transitórias da Constituição do Estado do Rio de Janeiro (art. 57, §§2º e 3º), que determinava que as multas decorrentes do não recolhimento de impostos e taxas não poderiam ser inferiores a duas vezes – ou seja, 200% – o valor da exação e as multas por sonegação, cinco vezes – ou seja, 500%.

No segundo caso, impugnava-se multa fiscal, no percentual de 300%, incidente sobre o valor do bem objeto da operação ou do serviço prestado, prevista no art. 3º da Lei 8.846/1991, aplicável na hipótese de omissão de rendimentos, se o contribuinte deixasse de emitir nota fiscal, recibo ou documento equivalente ou deixasse de comprovar sua emissão.

Há também precedentes em que o STF considerou que a análise da violação do princípio do não confisco seria dependente do reexame de fatos e provas, providência que, como se sabe, encontra óbice no Enunciado de Súmula 279 do Tribunal. São exemplos dessa orientação as decisões proferidas no RE 565.341[6], no AI 769.089[7] e no ARE 730.128[8], entre outras.

Já na sistemática da repercussão geral, merece especial destaque o RE 582.461, de relatoria do Ministro Gilmar Mendes (tema 214).[9] No caso, discutia-se a constitucionalidade de multa de mora, no percentual de 20%, prevista na legislação do Estado de São Paulo (art. 87 da Lei estadual 6.375/1991). A decisão, por maioria de votos, foi no sentido de negar provimento ao recurso do contribuinte e, assim, assentar a constitucionalidade da multa nesse patamar.

Destacamos da ementa do julgado este trecho que diz respeito à multa confiscatória:

"1. Recurso extraordinário. Repercussão geral. 2. Taxa Selic. [...] 4. Multa moratória. Patamar de 20%. Razoabilidade. Inexistência de efeito confiscatório. Precedentes. A aplicação da multa moratória

---

[6] BRASIL. Supremo Tribunal Federal. ARE 730.128. Relator: Ministro Celso de Mello. DJe 26.3.2013. Segunda Turma.
[7] BRASIL. Supremo Tribunal Federal. AI 769.089. Relatora: Ministra Rosa Weber. Primeira Turma. DJe 14.3.2013.
[8] BRASIL. Supremo Tribunal Federal. RE-AgR 565.341. Relator: Ministro Joaquim Barbosa. Segunda Turma. DJe 25.6.2012.
[9] BRASIL. Supremo Tribunal Federal. RE 582.461. Relator: Ministro Gilmar Mendes. Tribunal Pleno. DJe 18.8.2011.

tem o objetivo de sancionar o contribuinte que não cumpre suas obrigações tributárias, prestigiando a conduta daqueles que pagam em dia seus tributos aos cofres públicos. Assim, para que a multa moratória cumpra sua função de desencorajar a elisão fiscal, de um lado não pode ser pífia, mas, de outro, não pode ter um importe que lhe confira característica confiscatória, inviabilizando inclusive o recolhimento de futuros tributos. O acórdão recorrido encontra amparo na jurisprudência desta Suprema Corte, segundo a qual não é confiscatória a multa moratória no importe de 20% (vinte por cento). 5. Recurso extraordinário a que se nega provimento."

Como é próprio do instituto da repercussão geral, a orientação acolhida no julgamento deve servir de parâmetro para os demais tribunais decidirem casos semelhantes, nos quais se discuta o caráter confiscatório de multa em matéria tributária, e também para os próprios ministros do STF, especialmente nas decisões monocráticas que proferem (art. 557, do CPC e art. 21, § 1º, do Regimento Interno do STF). Mas, afinal, quais parâmetros se podem extrair desse julgamento no que se refere ao patamar máximo das multas confiscatórias?

É fundamental considerar as circunstâncias do caso decidido e delimitar claramente seu objeto, bem com a tese que saiu vencedora. Questionou-se, no processo-paradigma, a constitucionalidade de multa de mora, no patamar de 20% sobre o valor do tributo, pelo atraso no recolhimento de ICMS à Fazenda do Estado de São Paulo. O Tribunal decidiu que a sanção, nesse limite, não seria confiscatória.

Dois votos fazem clara referência a julgados do Tribunal que reconheceram a inconstitucionalidade de multas em percentual superior a 100%, o do relator e da Ministra Ellen Gracie. Disse, então, o relator Ministro Gilmar Mendes, mencionando os precedentes:

> "A propósito, o Tribunal Pleno desta Corte, por ocasião do julgamento da ADI-MC 1075, Rel. Min. Celso de Mello, DJ 24.11.2006, e da ADI 551, Rel. Min. Ilmar Galvão, 14.11.2000, entendeu abusivas multas moratórias que superaram 100% [...]".

Na mesma linha, afirmou a Ministra Ellen Gracie:

> "Este Tribunal, deparando-se com multas demasiadamente onerosas, reduziu-as de 100% para 30%, do que é exemplo o RE 81.550,

julgado em maio de 1975. Considerou, então, que deveria haver uma compatibilização com a utilização do instrumento da correção monetária, que já compensava a perda do valor aquisitivo da moeda. Já no RE 220.284-6/SC, julgado em maio de 2000, reconheceu a constitucionalidade de multa de 30%. [...] Estivéssemos, agora, nos deparando com multa de 40% ou mesmo de 30%, não hesitaria em entender que atualmente não poderiam perdurar. Quanto à multa de 20%, é, sem dúvida, pesada para o contribuinte inadimplente. Mas tenho que não se deve ir ao ponto de dizê-la inválida. A relação tributária não é equiparável às relações de consumo. A obrigação de pagar impostos consubstancia dever fundamental".

A análise do julgado chama atenção para a necessidade de discutir a interpretação dos precedentes que cuidam da aplicação do princípio do não confisco às multas fiscais. É correto considerar, a partir da decisão, que qualquer multa fiscal até 20% é válida, enquanto toda aquela que exceder limiar de 100% será necessariamente inconstitucional?

Ao que parece, a leitura desse julgado – como, aliás, de todos os demais aqui mencionados sobre multa fiscal –, não pode deixar de lado, ao menos, dois aspectos: o tipo de multa impugnada e a natureza do tributo em questão. Os dois pontos são fundamentais para que se possam definir precisamente a tese acolhida no julgamento e a maneira como ele pode servir de parâmetro para a atuação das instâncias inferiores.

Existem diferentes espécies de multa em matéria tributária, com funções e hipóteses de incidência diversas. Nem todas sancionam apenas o atraso ou não pagamento do tributo. Há também multas isoladas pelo descumprimento de obrigação acessória, multas qualificadas pela prática de sonegação, fraude ou conluio, multas agravadas por reincidência, entre outras. A propósito, é especialmente ilustrativo o art. 527 do Regimento do ICMS do Estado de São Paulo (Decreto 45.490/2000), que elenca mais de uma centena de multas fiscais, com variadas hipóteses e bases de cálculo.

Decerto não é este o espaço para discutir a tipologia das multas, em matéria tributária.[10] Mas cabe ressalvar: não se pode, obviamente, dar a

---

[10] Cf. ANDRADE FILHO, Edmar Oliveira. Infrações e Sanções Tributárias. São Paulo: Dialética, 2003, p. 118-134.

todas elas idêntico tratamento. É de se esperar que as condutas mais graves sejam sancionadas com multas mais severas, ou seja, em patamares mais elevados.

O segundo aspecto diz respeito à natureza da obrigação tributária cujo descumprimento se sanciona. A maior ou menor aptidão extrafiscal do tributo e possibilidade de transferir da carga fiscal do contribuinte de direito para o contribuinte de fato não parecem ser dados desprezíveis para avaliar o caráter confiscatório da multa imposta. Por isso, parece plausível, por exemplo, que a sanção aplicável na hipótese de descumprimento das obrigações relativas ao imposto de importação possa ser superior à que se exige em matéria de imposto sobre serviços de qualquer natureza, diante da natureza predominantemente indutora (extrafiscal) do primeiro imposto.

O objeto do processo-paradigma acima indicado era restrito. Discutia-se multa de mora, em ICMS e no percentual de 20% do tributo devido. Nesse contexto, parece correto inferir que as multas dessa mesma categoria e até essa fração, notadamente as previstas na legislação do ICMS, não devem ser consideradas confiscatórias. Mas, em princípio, não se pode concluir que o precedente ofereça uma diretriz geral de interpretação a ser aplicada a qualquer categoria de multa ou a patamares percentuais acima daquele impugnado no recurso, mesmo os acima de 100%.

A questão, na verdade, não diz respeito apenas ao RE 582.461. Alcança, em certa medida, qualquer caso em que se discuta a aplicação do princípio do não confisco às multas fiscais. A variedade de funções, percentuais e hipóteses de incidência previstas para as multas, na legislação tributária, recomenda cautela na interpretação dos precedentes do Supremo Tribunal Federal.

Referências

ANDRADE FILHO, Edmar Oliveira. Infrações e Sanções Tributárias. São Paulo: Dialética, 2003.

BRASIL. Supremo Tribunal Federal. Ação Direta de Inconstitucionalidade n. 1.075-MC. Rel. Min. Celso de Mello, Plenário. DJ 24.11.2006.

_____. Agravo Regimental no Agravo de Instrumento n. 769089. Relatora: Ministra Rosa Weber. Primeira Turma, DJe 14.3.2013.

_____. Agravo Regimental no Recurso Extraordinário n. 565.341. Relator: Ministro Joaquim Barbosa. Segunda Turma. DJe 25.6.2012.

_____. Agravo Regimental no Recurso Extraordinário n. 657.372. Relator: Ministro Ricardo Lewandowski. Segunda Turma. 10.6.2013.

_____. Recurso Extraordinário com Agravo n. 730.128. Relator: Ministro Celso de Mello. Segunda Turma. DJe 26.3.2013.

_____. Recurso Extraordinário n. 582.461. Relator Ministro Gilmar Mendes. DJe 18.8.2011, Tribunal Pleno.

FUCK, Luciano Felício. Repercussão Geral completa seis anos e produz resultados. Observatório Constitucional. Disponível em: http://www.conjur.com.br/2013-jun-08/observatorio-constitucional-repercussao-geral-completa-seis-anos-produz-resultados.

HARET, Florence Cronemberg. Multas tributárias de ofício, isolada, qualificada e agravada: Considerações sobre cumulação de multas e sobre o entendimento jurisprudencial dos princípios da proporcionalidade e do não confisco aplicados às multas tributárias. Revista Dialética de Direito Tributário, v. 225, p. 61-77, 2014.

"Princípio da Simetria": Uma Proposta de Releitura

Léo Ferreira Leoncy

Ao se analisar a jurisprudência do Supremo Tribunal Federal (STF) acerca da autonomia dos Estados-membros e dos poderes que em nome dessa autonomia tais entes estariam autorizados a exercer, é notável a quantidade de julgados em que se fez uso de um hipotético postulado constitucional que a própria Corte convencionou denominar "princípio da simetria".

Sem explicitar a origem, a natureza ou mesmo o significado de tal "princípio", aquele Tribunal da Federação aproveitou-se reiteradamente desse "fundamento" para tornar sem efeito uma série de leis e atos normativos editados principalmente pelos poderes públicos estaduais, sem falar em incontáveis atos concretos das mesmas autoridades igualmente nulificados por "desconformidade" com o referido postulado.

Ante a indefinição daquela Corte quanto à fixação de um sentido claro e uniforme para o "princípio da simetria", uma parcela da doutrina constitucional, a pretexto de desvendar-lhe um significado supostamente oculto na jurisprudência, associa-o à idéia de que *os Estados, quando no exercício de suas competências autônomas, devem adotar tanto quanto possível os modelos normativos constitucionalmente estabelecidos para a União*, ainda que esses modelos em princípio não lhes digam respeito por não lhes terem sido direta e expressamente endereçados pelo poder constituinte federal.

Assim, para citar alguns exemplos de aplicação desse entendimento, (a) em caso de ausência do Governador do território do respectivo Estado-membro por mais de 15 dias sem licença da Assembléia Legislativa, ou (b) na hipótese de emenda parlamentar contendo aumento de despesa em projeto de lei de iniciativa reservada do Governador, ou ainda (c) na circunstância da instalação de comissão parlamentar de inquérito estadual para apuração de fato determinado, os Estados-membros, "por força do princípio da simetria" e diante da ausência de regramento constitucional federal específico voltado a esses entes no que diz respeito a tais questões, deveriam conduzir-se nos mesmos moldes em que o constituinte federal dispusera para a União em situações consideradas semelhantes.

Isso quer dizer que não apenas os Estados deveriam assim se conduzir na sua prática institucional cotidiana, como também suas normas constitucionais de organização relativas a tais temas deveriam assim se amoldar quando de sua elaboração pelo poder constituinte estadual, sob pena de inconstitucionalidade em face da Constituição da República, à qual as Cartas estaduais encontram-se subordinadas (art. 25, *caput*, CF, e art. 11, *caput*, ADCT).

Em face disso, e segundo a jurisprudência do STF baseada naquele postulado, tais entes federativos deveriam, pois, organizar-se e comportar-se de modo a, relativamente aos casos em questão, (*a'*) estipular a pena de perda de mandato do Governador que se fizer ausente do território estadual por mais de 15 dias sem autorização do respectivo parlamento, tal como estabelecido constitucionalmente para o Presidente da República (art. 83, CF), (*b'*) proibir a emenda parlamentar que eleva gastos em projetos de lei de iniciativa privativa do Governador, assim como disposto constitucionalmente para o processo legislativo federal (art. 63, I, CF) e, por fim, (*c'*) garantir o direito de criação de comissões parlamentares de inquérito mediante o requerimento de um terço dos membros das Assembléias Legislativas, tal como definido constitucionalmente para as Casas do Congresso Nacional (art. 58, § 3º, CF).

O que as situações descritas em (a), (b) e (c) têm em comum, além da circunstância de todas terem sido extraídas de casos reais, é o fato de a Constituição Federal, não fosse por um pequeno conjunto de princípios constitucionais aos quais essas situações poderiam ser vagamente reportadas, não lhes ter oferecido qualquer regramento expresso, diretamente voltado aos Estados-membros.[1]

---

[1] Nos casos em apreço, os respectivos relatores invocaram os seguintes princípios constitucionais: em (a), o princípio da responsabilidade dos governantes; em (b), o da separação de poderes; e em (c), o da proteção das minorias parlamentares.

Por outro lado, o que as soluções apresentadas em (*a'*), (*b'*) e (*c'*) guardam em comum, além da circunstância de todas traduzirem a jurisprudência do STF adotada naqueles mencionados casos, é o fato de estarem baseadas em uma regra constitucional previamente estabelecida para a União, mas não para os Estados, no tocante a determinadas situações semelhantes.[2]

Tais circunstâncias revelam que, na hipótese de dúvida sobre se situações como aquelas relatadas receberam adequado tratamento por parte das instâncias estaduais de aplicação ou mesmo do poder constituinte estadual, a Carta Federal (i) tanto pode deixar de oferecer normas-regra especificamente voltadas para a resolução daqueles casos (produzindo-se, com isso, uma *lacuna normativa*) (ii) como pode limitar-se a oferecer normas-princípio apenas vagamente relacionadas aos mesmos casos (engendrando-se, assim, uma *lacuna de indeterminação*).

Diante desse cenário, o STF, quando defrontado com questões dessa natureza, dispõe de pelo menos duas posições possíveis. Nos termos da primeira, a Corte, mesmo reconhecendo que questões envolvendo limites à autonomia dos Estados são questões eminentemente constitucionais, rende-se ao fato de que a Constituição Federal nem sempre oferece uma regra expressa e específica para cada uma delas, e aceita eventual solução adotada no âmbito estadual, seja esta qual for, invocando, ainda, em favor de tal postura, uma pretensa valorização das autonomias locais. Conforme uma segunda posição, o Tribunal, inclusive por reconhecer que questões envolvendo restrições à autonomia estadual são questões constitucionais que não podem ser deixadas sem resposta, esforça-se por construir uma decisão para cada uma delas, mesmo que para isso tenha que se valer da cláusula constitucional segundo a qual, no exercício de autonomia por parte dos Estados, estes devem observar "os princípios desta Constituição" (arts. 25, *caput*, CF, e 11, ADCT).

Analisando-se uma série de precedentes do STF baseados no "princípio da simetria", e a despeito da vagueza deste postulado, percebe-se que no fundo as decisões tomadas revelam um alinhamento da Corte no sentido da segunda postura acima apontada.

---

[2] Os casos descritos foram extraídos dos seguintes precedentes, acima citados nesta ordem: ADI 3647, ADI 2079 e ADI 3619. Por outro lado, todos os dispositivos constitucionais invocados nas suas razões de decidir, quais sejam, os artigos 83, 63, I, e 58, § 3º, têm como objeto a disciplina de instituições e procedimentos relacionados aos Poderes da União.

Com efeito, ao receber uma ação direta de inconstitucionalidade ou um recurso extraordinário oriundos, por exemplo, (*a"*) de um Governador de Estado questionando norma constitucional estadual que o impeça de fazer qualquer viagem para fora do Estado, ainda que por um curto período de tempo, sem a prévia autorização da respectiva Assembleia Legislativa, ou advindos (*b"*) do Ministério Público impugnando a validade formal de lei estadual cujo projeto, decorrente de iniciativa reservada do Poder Executivo, fora aprovado com emenda parlamentar aumentando os gastos originariamente previstos, ou provenientes (*c"*) de um partido político de oposição com representação na Assembleia Legislativa discutindo a validade de regra regimental que submeta requerimento de um terço dos deputados estaduais para criação de CPI à deliberação da maioria em plenário, enfim, ao receber uma ação ou um recurso nesses sentidos, o STF, sob o argumento de valorizar a autonomia estadual e ante a ausência de normas-regra específicas para esses casos no bojo da Constituição Federal, poderia muito bem declarar a total liberdade das instâncias locais de aplicação para resolver tais questões como lhes aprouvesse.[3] No entanto, o que a Corte realmente tem feito é reconhecer que todas essas são questões constitucionais que, embora não contem com um regramento constitucional federal expresso ou específico, devem ser resolvidas à luz da Carta da República, ainda que para isso se tenha que invocar a aplicação de normas-princípio, ou seja, os mencionados "princípios desta Constituição" (arts. 25, *caput*, CF, e 11, ADCT).

Se toda essa leitura estiver correta, então não há como fugir da constatação de que o STF, nos casos em que costuma invocar o "princípio da simetria", está essencialmente aceitando enfrentar uma série de *questões federativas sem solução constitucional evidente*. Federativas, porque envolvem a restrição da autonomia estadual, o que por si só já empresta índole constitucional a essas questões, na medida em que o regime de imposição de limites àquela autonomia constitui matéria sob reserva de Constituição (art. 18, CF). Por outro lado, dada a sua natureza constitucional, tais questões devem ser resolvidas nos quadrantes da Constituição Federal. Não obstante, e conforme já foi visto, o texto constitu-

---

[3] Mas, com isso, o Tribunal também poderia estar sepultando de uma vez por todas um legítimo interesse do Governador, do Ministério Público e do partido político.

cional em muitos aspectos é lacunoso, pois não apresenta uma solução evidente para todos os casos a ele reportados, seja porque *não* lhes oferece uma norma-regra (*lacuna jurídica*), seja porque *somente* lhes oferece uma norma-princípio (*lacuna de indeterminação*). Em ambas as situações, se a Corte não quiser fugir ao seu dever de solucionar questões constitucionais envolvendo conflitos entre atores estaduais (Executivo *x* Legislativo, maioria *x* minoria, etc.), então deverá dar efetiva solução a tais questões, ou seja, deverá *criar* regras constitucionais que ainda não existem (alguns falarão em "revelar" regras constitucionais implícitas), mesmo que para isso tenha que derivá-las de princípios constitucionais indeterminados.

Para criar ou explicitar tais regras, o STF poderia valer-se de variados mecanismos e, assim, construir as respostas aos problemas em apreço (valendo-se, por exemplo, de recursos como tradição, direito comparado, doutrina, equidade). Mas também pode voltar-se ao próprio sistema jurídico dentro do qual haverá de resolver as tais questões e, nele, identificar uma solução já atribuída pelo legislador constituinte democrático a outras situações semelhantes. Aliás, parece que é justamente isso que a Corte realiza nos casos em que invoca a "simetria" com a finalidade de aplicar aos Estados uma regra expressamente direcionada à União, valendo-se, assim, de um paradigma oferecido pelo próprio constituinte federal para, então, aplicá-lo a uma situação lacunosa semelhante àquela especificamente regulada no texto constitucional.

Dificilmente a esta altura o leitor não terá percebido a insinuação de que o STF, nos casos envolvendo o "princípio da simetria", está na verdade aplicando uma forma de *argumentação por analogia*. Com efeito, uma análise acurada dos diversos precedentes judiciais pretensamente baseados na "simetria" acaba por demonstrar que o Tribunal não apenas faz uso (muito embora não o reconheça nem o faça de maneira regular) de uma forma de argumentação por analogia, mas também sugere que (se o reconhecesse e o fizesse de modo adequado) decidiria as questões submetidas a seu juízo de maneira muito mais racional e controlável do que tem feito quando se vale simplesmente daquele postulado.

Desse modo, verifica-se que, ao basear suas decisões no "princípio da simetria", o STF parece "assumir" estar diante de um problema de lacuna, ao qual tenta responder, embora sem o reconhecer claramente, com elementos típicos do raciocínio por analogia. A propósito, relembre-se que a analogia não é um instrumento invocado apenas quando não se tem norma alguma (no caso de lacunas normativas, em que se carece de uma regra), mas também é um recurso utilizado quando a norma disponível é um princípio indeterminado, carecedor de conteúdo (e o que falta, portanto, é um melhor desenvolvimento do seu significado).

Diante de tal constatação, e a partir da experiência do STF, seria útil construir um modelo decisório apto a auxiliar a resolução de questões federativas lacunosas que estivesse baseado no argumento analógico. Tal providência teria a virtude de oferecer uma "nova" metodologia para solucionar tais questões e, com isso, poderia diminuir os ruídos e incertezas provocados pela utilização de um "princípio" que de há muito vem incomodando muita gente até mesmo dentro do próprio Tribunal.

A construção de um modelo decisório para as questões federativas sem solução constitucional evidente que tenha por base o argumento analógico exige que se definam previamente as etapas do raciocínio subjacente a essa forma de argumentação. De antemão, é possível reconhecer que o argumento por analogia não respeita a uma estrutura única, sendo possível identificar, entre os diversos autores que abordam o assunto, uma variação dos estágios considerados relevantes para a construção dessa modalidade de argumento.

Tomando isso por base, não interessa tanto e necessariamente adotar a proposta de um autor específico no tocante à estrutura do argumento analógico, mas estabelecer um modelo ou padrão decisório em que, a um só tempo, suas respectivas etapas (a) estejam de alguma forma amparadas pela doutrina, (b) não contenham contradições intrínsecas ou entre si e (c) sejam adequadas ao tipo de problema ao qual se pretende aplicá-las (no caso, as questões federativas sem solução constitucional evidente). Um quarto quesito pode ser ainda aventado, e consiste justamente na (d) adequação de tal modelo – com cada uma de suas etapas – à jurisprudência constitucional acerca do assunto. Em relação a esse último tópico, não se trata de ajustar a teoria à prática jurisprudencial, para, com isso, atribuir legitimidade a esta. O que se pretende é apenas avaliar se aquela jurisprudência conta com algum *elemento de coerência*, seja ele qual for (embora a "aposta" aqui feita seja em favor do raciocínio por analogia).

Diante disso, propõe-se um modelo – baseado numa forma de argumentação por analogia – que seja composto pela seguinte estrutura: (i) identificação de uma questão federativa sem solução constitucional evidente; (ii) identificação de um parâmetro constitucional aplicável a uma hipótese semelhante; (iii) reconhecimento da identidade de razão entre a situação não regulada e a hipótese regulada; (iv) identificação de um princípio constitucional comum às duas situações; (v) reconhecimento da inexistência de uma "vontade" constitucional contrária; (vi) construção da máxima de decisão para o caso.[4]

Além de poder funcionar como *modelo decisório* para o julgador que tiver diante de si uma questão federativa sem solução constitucional evidente, pretende-se ainda que tal estrutura sirva de *modelo de análise* dos precedentes do STF baseados no "princípio da simetria", modelo a partir do qual será possível, em relação a esses julgados, identificar a eventual presença dos elementos (e das etapas) do argumento por analogia.

Se os precedentes analisados puderem ser reconduzidos a esse modelo, será possível concluir que as decisões baseadas no "princípio da simetria" ocultam uma forma de argumento por analogia, que, uma vez assumida pelo STF, poderia emprestar maior legitimidade racional àquelas decisões e, assim, permitir que as mesmas sejam passíveis de um controle social mais efetivo.

Tenha-se em mente, por fim, que a proposta ora esboçada procura tomar a sério o alerta feito por Larenz, no sentido de que "[o] desenvolvimento judicial do Direito precisa de uma fundamentação levada a cabo metodicamente se se quiser que o seu resultado haja de justificar-se como 'Direito', no sentido da ordem jurídica vigente. Precisa de uma justificação porque sem ela os tribunais só usurpariam de facto um poder que não lhes compete".[5] Estima-se que, no caso do uso do "princípio da simetria", tal recomendação não venha sendo cumprida de forma

---

[4] Esclareça-se que o modelo acima esboçado aproxima-se da *analogia legis*, mas não exclui a *analogia iuris*. As etapas de construção do argumento analógico e a sua respectiva sequência, tal como apresentadas no texto, são resultado da conjugação dos pontos de vista de diferentes autores, entre os quais Manuel Salguero (*Argumentación jurídica por analogía*, Madrid: Marcial Pons, 2002, p. 84), María José Falcón y Tella (*El argumento analógico en nel derecho*, Madrid: Civitas, 1991) e Riccardo Guastini (*Le fonti del diritto e l'interpretazione*, Milano: Giuffrè, 1993, p. 429-30). No entanto, o modo como esses elementos foram dispostos aqui não coincide necessariamente *in totum* com a forma como apareceram na obra desses autores.

[5] Karl Larenz, *Metodologia da ciência do direito*, 3.ed., tradução de José Lamego, Lisboa: Fundação Calouste Gulbenkian, 1997, p. 524.

adequada, daí a proposta do presente modelo decisório fundado em bases argumentativas.

É preciso alertar, por fim, que o modelo proposto não gera *por si só* uma decisão necessariamente justa ou correta, mas aumenta consideravelmente as chances para que o julgador possa chegar a esse resultado, sem que tenha de apelar para o enigmático "princípio da simetria".

Inconstitucionalidade dos Critérios de Rateio do Fundo de Participação dos Estados: ADI 875 e ADI 5069

CELSO DE BARROS CORREIA NETO

A Constituição Federal (art. 159, I, "a") reserva 21,5% da arrecadação do Imposto de Renda e Proventos de Qualquer Natureza (IR) e do Imposto sobre Produtos Industrializados (IPI) para os Estados e o Distrito Federal, por meio do Fundo de Participação dos Estados (FPE).

A finalidade do fundo é dupla: descentralizar receitas, transferindo-as do governo central para os governos estaduais (equilíbrio vertical) e dos Estados mais desenvolvidos para os mais carentes (equilíbrio horizontal), fazendo com que recebam recursos que, por si mesmos, não poderiam arrecadar, dadas as suas estreitas bases tributárias.[1] O objetivo de "promover o equilíbrio socioeconômico entre estados" está expressamente previsto no art. 161, II, do texto constitucional, como diretriz para a edição de lei complementar que deverá dispor sobre o rateio dos recursos do fundo.

Desde 1989, as regras para o cálculo do montante individual a ser repassado a cada Estado-membro e ao Distrito Federal estavam previstas na Lei Complementar 62/1989. Essa lei, no entanto, não trazia propriamente critérios para distribuição das receitas. Além de distribuir 85%

---

[1] Cf. PRADO, Sérgio. FPE – Equalização Estadual no Brasil – Alternativas e Simulações para a Reforma. Vol. 1. S/l.: FGV Projetos/IDP, 2012, p. 15-18.

dos recursos para as regiões Norte, Nordeste e Centro-Oeste e o restante para os Estados situados no Sul e Sudeste, estabelecia coeficientes individuais fixos, previstos em seu Anexo Único, para o rateio das verbas do fundo entre os diferentes Estados-membros (por exemplo: 7,2182 para o Maranhão e 2,8832 para o Paraná).

Inicialmente, os coeficientes individuais deveriam ser provisórios e vigorar apenas nos exercícios de 1990 e 1991. O art. 2º, § 2º, da LC 62/1989, determinava que, a partir de 1992, novos critérios de rateio do fundo deveriam ser fixados em lei específica, com base na apuração do censo de 1990. Mas essa lei não chegou a ser editada e, à falta dela, os coeficientes, que eram a princípio temporários, permaneceram em vigor por mais de vinte anos.

Inconformados com a omissão do Congresso Nacional e com a permanência indefinida da fórmula de rateio estabelecida, os governadores do Rio Grande do Sul, Paraná, Santa Catarina (ADI 875) e Mato Grosso do Sul (ADI 2727 e 3243) levaram a questão até o Supremo Tribunal Federal, pela via do controle abstrato.[2] Nas ações diretas propostas, alegava-se que os coeficientes fixos de participação, estabelecidos há mais de uma década por acordo político, não representavam verdadeiros "critérios de rateio", aptos a evoluir conforme a alteração das circunstâncias socioeconômicas dos Estados e das regiões brasileiras. Eram índices estanques, que não guardavam sintonia com a finalidade redistributiva imposta pelo art. 161, inciso II, da Constituição Federal, nem com o cenário econômico atual.

Em 24 de fevereiro de 2010, o Supremo Tribunal Federal, acolhendo voto do relator, Ministro Gilmar Mendes, julgou procedentes as ações para declarar a inconstitucionalidade do art. 2º, I e II, §§ 1º, 2º e 3º, e do Anexo Único, da Lei Complementar 62/1989. A decisão adotou, no entanto, a técnica da declaração de inconstitucionalidade sem a pronúncia da nulidade e assegurou a aplicação da lei até 31 de dezembro de 2012.

Além de merecer destaque pela própria importância do FPE para a federação brasileira, o caso em si chama atenção por três outros motivos: (1) o acolhimento da tese da fungibilidade dos instrumentos processuais empregados, ADI e ADO, (2) os fundamentos utilizados para justificar a

---

[2] BRASIL. Supremo Tribunal Federal. Ação Direta de Inconstitucionalidade n. 875. Relator: Ministro Gilmar Mendes. Tribunal Pleno. DJe 30.04.2010.

declaração de inconstitucionalidade da lei, que incluíam a incapacidade de a legislação impugnada atingir, concretamente, os objetivos constitucionais para os quais foi editada, e (3) a técnica de decisão escolhida pelo Supremo, que declarou a inconstitucionalidade sem pronúncia de nulidade da lei.

O primeiro aspecto é a superação da rígida divisão entre ADI e ADO pela adoção da tese da fungibilidade. Entendeu o Tribunal que deveria relativizar a distinção entre esses instrumentos processuais, nas situações de omissão parcial,[3] nas quais é "imprecisa a distinção entre ofensa constitucional por ação ou por omissão", como consta do voto do relator, Ministro Gilmar Mendes. E assim justificou-se, no caso, o conhecimento de todas as ações propostas e seu julgamento em conjunto, a despeito das relativas diferenças de objeto e fundamentação.

O segundo aspecto está nos fundamentos adotados pelo STF para a declaração de inconstitucionalidade. Não se limitou a decisão ao cotejo entre o texto da lei complementar e o da Constituição Federal. A fundamentação adotada abriu-se ao exame do contexto socioeconômico da lei impugnada em contraste com o objetivo jurídico que a Constituição atribuiu ao FPE. Considerou que a norma *tornou-se* inconstitucional pela alteração do substrato socioeconômico sobre o qual deveria incidir.

Acolheu o STF a orientação de que os coeficientes individuais fixos estabelecidos na LC 62/1989, por meio de acordo político, há praticamente duas décadas, não mais refletiam a realidade socioeconômica vivenciada hoje pelos Estados brasileiros e, portanto, não seriam capazes de realizar o objetivo institucional do FPE, que é reduzir as desigualdades entre as diferentes unidades federadas. O cenário econômico inicialmente retratado pela lei complementar deixou de existir. Por isso, se um dia os coeficientes da LC 62/1989 estiveram em consonância com o texto constitucional, a alteração do quadro fático teria os tornado

---

[3] "A omissão parcial, por sua vez, envolve a execução parcial ou incompleta de um dever constitucional de legislar, que se manifesta tanto em razão do atendimento incompleto do estabelecido na norma constitucional como do processo de mudança das circunstâncias fático-jurídicas que venha a afetar a legitimidade da norma (inconstitucionalidade superveniente), ou, ainda, em razão de concessão de benefício de forma incompatível com o princípio da igualdade (exclusão de benefício incompatível com o princípio da igualdade)." MENDES, Gilmar. O Mandado de Injunção e a Necessidade de sua Regulação Legislativa. IN: MENDES, Gilmar; VALE, André Rufino do; QUINTAS, Fábio Lima (Orgs). Mandado de Injunção: estudos sobre sua regulamentação. São Paulo: Saraiva, 2013.

inconstitucionais, porque incapazes de atender ao escopo redistributivo da lei.

O terceiro aspecto destacado no julgamento é a técnica de decisão. A opção pela declaração de inconstitucionalidade sem pronúncia de nulidade justificou-se diante da natureza do vício atacado, a inconstitucionalidade por omissão parcial. O STF teve de construir uma solução que, de um lado, não agravasse a questão constitucional apresentada – como seria a pura cassação dos critérios do FPE – e, de outro, não avançasse sobre as competências do Congresso Nacional.[4] O Legislativo foi, assim, conclamado a editar uma nova legislação sobre o tema.

A nova lei (Lei Complementar 143/2013) só veio a ser editada em 18 de julho de 2013, meses após expirar o prazo fixado pelo STF. Os repasses, no entanto, não chegaram a ser interrompidos, uma vez que, em 24 de janeiro de 2013, liminar deferida pelo Ministro Ricardo Lewandowski, na ADO 23,[5] no exercício da presidência, garantiu a continuidade da transferência dos recursos para os estados e o Distrito Federal, em conformidade com os critérios anteriormente vigentes, por mais 150 dias.

Em agosto de 2013, foi a vez de a LC 143/2013 também ser objeto de impugnação no STF. Na ADI 5.069, de relatoria do Ministro Dias Toffoli, o governador de Alagoas ataca parte das modificações que a LC 143/2013 procedeu na Lei Complementar 62/1989. Os fundamentos jurídicos utilizados na ação – os arts. 3º, III; 161, II; e 171, VII, da Constituição Federal – dialogam com aqueles que justificaram a declaração de inconstitucionalidade da legislação anterior pelo STF.

---

[4] A propósito da inconstitucionalidade por omissão no ordenamento português, afirma Carlos Blanco de Morais: "De acordo com o n. 1º do art. 283º da CRP, a inconstitucionalidade por omissão ocorre quando o legislador não aprova leis tidas como necessárias para dar exequibilidade a normas constitucionais não exequíveis por si próprias, de carácter preceptivo ou programático. Trata-se de *uma inconstitucionalidade sem sanção*, pois o Tribunal Constitucional limita-se a verificar o não cumprimento omissivo da Constituição e dar, desse facto, conhecimento ao órgão legislativo competente." MORAIS, Carlos Blanco de. Justiça Constitucional. Tomo I. Coimbra: Coimbra editora, 2002, p. 135 (grifos originais).

[5] A ADO 23 foi ajuizada, em 21 de janeiro de 2013, pelos governadores dos Estados da Bahia, do Maranhão, de Minas Gerais e de Pernambuco contra omissão do Congresso Nacional e requereu, em sede de liminar, que o Tribunal mantivesse provisoriamente a vigência dos dispositivos da Lei Complementar n. 62/89 anteriormente declarados inconstitucionais, até que o órgão omisso adotasse as providências necessárias para disciplinar a matéria.

Aponta-se, em suma, que a nova lei renovou, até 31 de dezembro de 2015, a vigência dos coeficientes individuais já declarados inconstitucionais pelo STF (art. 2º, I), no julgamento da ADI 875, e acabou por transformá-los em piso para os repasses, a partir de 2016 (art. 2º, II), mantendo, por mais alguns anos, o estado de inconstitucionalidade já reconhecido pelo Tribunal. A nova fórmula de rateio, que leva em conta combinação de fatores representativos da população e do inverso da renda domiciliar *per capita* da entidade beneficiária, somente será implementada a partir de 2016 e está subordinada à realização de evento futuro e, até certo ponto, incerto, que é o crescimento econômico.

As regras dos incisos II e III do arts. 2º determinam que, a partir de 2016, cada entidade beneficiária receberá valor igual ao que foi distribuído no correspondente decêndio do exercício de 2015, corrigido pela variação acumulada do IPCA e pelo percentual equivalente a 75% da variação real do PIB (Produto Interno Bruto) do ano anterior ao ano considerado para base de cálculo. Apenas a parcela que superar esse montante é que será distribuída individualmente, com base nos novos critérios obtidos mediante combinação de fatores representativos da população e do inverso da renda domiciliar *per capita* da entidade beneficiária.

O caso, como se sabe, ainda não foi a julgamento. Mas a propositura da ADI 5.069 chama atenção pela singular oportunidade que proporciona ao STF de revisitar o tema julgado na ADI 875 e, sobretudo, de avaliar o efetivo atendimento por parte do Congresso Nacional dos parâmetros jurídicos definidos nessa decisão.

Teria a nova lei incorrido nos mesmos vícios já constatados pelo STF em relação à antecedente? Nesse caso, caberia ao Supremo aplicar a técnica de decisão semelhante à adotada no julgamento anterior? Seja como for, o novo julgamento da lei do Fundo de Participação dos Estados certamente poderá contribuir de maneira significativa para a compreensão e o aprimoramento dos instrumentos de superação das omissões inconstitucionais no Direito brasileiro.

Referências

BRASIL. Supremo Tribunal Federal. Ação Direta de Inconstitucionalidade n. 875. Relator: Ministro Gilmar Mendes. Tribunal Pleno. DJe 30.04.2010.

MENDES, Gilmar. O Mandado de Injunção e a Necessidade de sua Regulação Legislativa. IN: MENDES, Gilmar; VALE, André Rufino do; QUINTAS, Fábio

Lima (Orgs.). Mandado de Injunção: estudos sobre sua regulamentação. São Paulo: Saraiva, 2013

MORAIS, Carlos Blanco de. Justiça Constitucional. Tomo I. Coimbra: Coimbra editora, 2002.

PRADO, Sérgio. FPE – Equalização Estadual no Brasil – Alternativas e Simulações para a Reforma. Vol. 1. S/l.: FGV Projetos/IDP, 2012

Processo Constitucional

A Solitária Voz de Adaucto Lucio Cardoso e o Processo Constitucional Brasileiro

GILMAR FERREIRA MENDES[1]

Poucas questões suscitaram tantas e tão intensas discussões no direito constitucional brasileiro quanto a da eventual discricionariedade do Procurador-Geral da República para oferecer ou não a representação de inconstitucionalidade ao Supremo Tribunal Federal.

Na linha do desenvolvimento iniciado em 1934 e continuado na Constituição de 1946, com a possibilidade de propositura de representação interventiva, passou-se a entender, após a EC 16/65, que o Procurador-Geral da República poderia oferecer representação de inconstitucionalidade e apresentar, posteriormente, parecer contrário. Essa disciplina foi mantida na Constituição de 1967 e na EC nº 1, de 1969.

Em 1970, o Movimento Democrático Brasileiro (MDB), único partido da oposição representado no Congresso Nacional, solicitou ao Procurador-Geral da República, titular exclusivo do direito de propositura, a instauração do controle abstrato de normas contra o decreto-lei que legitimava a censura prévia de livros, jornais e periódicos[2]. Este deter-

---

[1] O presente texto é uma versão reduzida do artigo "Adaucto Lucio Cardoso e o processo constitucional brasileiro". In: DINIZ, João Janquiê Bezerra. RIBEIRO, Marcelo (Org.). Constituição, Processo e Cidadania. Brasília: Gomes e Oliveira, 2014.

[2] Dl. 1.077, de 21 de janeiro de 1970.

minou, contudo, o arquivamento da representação, negando-se a submeter a questão ao Supremo Tribunal Federal, uma vez que, na sua opinião, não estava constitucionalmente obrigado a fazê-lo.

O MDB propôs reclamação perante o Supremo Tribunal Federal, pugnando pela obrigatoriedade de o PGR conduzir a representação à apreciação da Corte, mas a ação foi rejeitada. O STF entendeu que apenas o Procurador-Geral poderia decidir *se e quando* deveria ser oferecida representação para a aferição da constitucionalidade de lei[3].

Ao proferir voto – vencido – no julgamento da Rcl. 849, Adaucto Lucio Cardoso evidenciou sua preocupação histórica com a decisão que se estava a delinear. Em sua percepção, *"a conjuntura em que nos vemos e o papel do Supremo Tribunal Federal estão a indicar, para minha simplicidade, que o art. 2º, da L. 4.337, de 1.6.64, o que estabeleceu para o Procurador-Geral da República foi o dever de apresentar ao S.T.F., em prazo certo, a argüição de inconstitucionalidade formulada por qualquer interessado. O nobre Dr. Procurador apreciou desde logo a representação, não para encaminhá-la, com parecer desfavorável, como lhe faculta o Regimento, mas para negar-lhe a tramitação marcada na lei e na nossa Carta Interna. Com isso, ele se substituiu ao Tribunal e declarou, ele próprio, a constitucionalidade do Dl. 1.077-70. Essa é para mim uma realidade diante da qual não sei como fugir."*

O ministro fez referência à Lei 4337/64, que regulou a representação de inconstitucionalidade e, na redação do art. 2º, previu que *"se o conhecimento da inconstitucionalidade resultar de representação que lhe seja dirigida por qualquer interessado, o Procurador-Geral da República terá o prazo de 30 (trinta) dias, a contar do recebimento da representação, para apresentar a arguição perante o Supremo Tribunal Federal."*.

Registre-se ainda que a questão foi inserida ao ordenamento constitucional pela EC/65 (*representação contra inconstitucionalidade de lei ou ato de natureza normativa, federal ou estadual, encaminhada pelo Procurador--Geral*) e sofreu pequena alteração na Constituição de 1967 e de 1967/69 (*representação do Procurador-Geral da República, por inconstitucionalidade de lei ou ato normativo federal ou estadual*[4]). Em 1970, o Regimento Interno do Supremo Tribunal Federal[5] positivou, no plano processual, a orientação

---

[3] Rcl 849, Rel. Min. Adalício Nogueira, DJ de 10.03.1971.
[4] CF de 1967, art. 115, I, *l*; CF de 1967/69, art. 119, I, *l*.
[5] Regimento Interno do Supremo Tribunal Federal, *DJ*, 4 set. 1970, p. 3971 e s.

que balizara a instituição da representação de inconstitucionalidade entre nós e consagrou: *provocado por autoridade ou por terceiro para exercitar a iniciativa prevista neste artigo, o Procurador-Geral, entendendo improcedente a fundamentação da súplica, poderá encaminhá-la com parecer contrário* (art. 174.§ 1º).

Nesse contexto, o ministro Luiz Gallotti interpelou Adaucto Lucio Cardoso sobre o Regimento vigente do STF e indicou que, segundo seu texto, o Procurador-Geral poderia encaminhar a representação com o parecer contrário. Retrucou Adaucto, então: *"considero o argumento de Vossa Excelência com o maior apreço, mas com melancolia. Tenho a observar-lhe que, de janeiro de 1970 até hoje, não surgiu, e certamente nem surgirá ninguém, a não ser o Partido Político da Oposição, que a duras penas cumpre o seu papel, a não ser ele, que se abalance a argüir a inconstitucionalidade do decreto-lei que estabelece a censura prévia."*.

A discussão prosseguiu e Gallotti questionou se escritores ou empresas não poderiam fazê-lo, já que o caso versava sobre censura prévia de livros, jornais e periódicos, ao que Adaucto ponderou: *"V. Excia. está argumentando com virtualidades otimistas, que são do seu temperamento. Sinto não participar das suas convicções e acredito que o Tribunal, deixando de cumprir aquilo que me parece a clara literalidade da L. 4.337, e deixando de atender também á transparente disposição do § 1º, do art. 174 do Regimento, se esquiva de fazer o que a Constituição lhe atribui e que a L. 4.337 já punha sobre seus ombros, que é julgar a constitucionalidade das leis, ainda quando a representação venha contestada na sua procedência, na sua fundamentação, pelo parecer contrário do Procurador-Geral da República. É assim que entendo a lei, que entendo a Constituição, e é assim também que entendo a missão desta Corte, desde que a ela passei a pertencer, há quatro anos.*

Vencido nesse julgamento, ocorrido em 10 de março de 1971, Adaucto Lucio Cardoso, com 66 anos de idade, requereu sua aposentadoria, em 31 de março de 1971.

Após a decisão, o tema continuou na pauta das discussões jurídicas do país. No mesmo ano, o Conselho Federal da Ordem dos Advogados do Brasil, em sessão de nove de julho de 1971, manifestou-se pela correção da posição assumida pelo Supremo Tribunal Federal na Reclamação nº 849. Redator designado para a lavratura da decisão, Raymundo Faoro ressaltou, ao final de seu voto, que *"no caso brasileiro, a uma autoridade do*

Poder Executivo compete, privativamente, o exercício da representação, em atividade voltada à guarda da Constituição[6].".

Autores de renome, como Pontes de Miranda[7], Josaphat Marinho[8] e Themístocles Cavalcanti[9] externaram o entendimento no sentido da obrigatoriedade de o Procurador-Geral da República submeter a questão constitucional ao Supremo Tribunal Federal, ressaltando a impossibilidade de se alçar o chefe do Ministério Público à posição de juiz último da constitucionalidade das leis[10]. Outros, não menos ilustres, como Celso Agrícola Barbi[11], José Carlos Barbosa Moreira[12], José Luiz de Anhaia Mello[13], Sérgio Ferraz[14] e Raymundo Faoro[15], reconheceram a faculdade do exercício da ação pelo Procurador-Geral da República.

---

[6] Faoro chegou a citar, em sua fundamentação, precedente do Tribunal Constitucional Federal alemão (*Bundesverfassungsgericht*). Olvidou-se, contudo, que o sistema abstrato alemão é tipicamente ambivalente, permitindo que os protagonistas da cena política provoquem a Corte com o objetivo de obter uma declaração de constitucionalidade ou de inconstitucionalidade Cf. § 76 da Lei orgânica da Corte Constitucional alemã. Votaram com Faoro os conselheiros Eduardo Seabra Fagundes, Ivo d`Aquino, José Olympio de Castro Filho e Arnoldo Wald (Cf. julgamento do processo C. Nº 1336/71, de 21.04.1971, in: Revista da OAB nº 6, 1971, p.256-291.). Restou vencido o Presidente do Conselho, o notável Caio Mario da Silva Pereira, para quem o Procurador-Geral estava obrigado a submeter a questão constitucional ao Supremo Tribunal Federal, ressaltando-se, univocamente, a impossibilidade de se alçar o chefe do Ministério Público à posição de juiz último da constitucionalidade das leis (Voto do Conselheiro Caio Mário da Silva Pereira no processo C. Nº 1336/71, de 21.04.1971, Revista da OAB nº 6, 1971, p. 257-265).

[7] MIRANDA, Pontes de. Comentários à Constituição de 1967, com a Emenda n. 1, de 1969. São Paulo: Revista dos Tribunais, v. 4, p. 44.

[8] MARINHO, Josaphat, Inconstitucionalidade de lei – representação ao Supremo Tribunal Federal. In: Revista de Direito Público, v. 3, n. 12, p. 150-152, abr./jun. 1970.

[9] CAVALCANTI, Themístocles. Arquivamento de representação por inconstitucionalidade da lei, *RDP, 16*:169.

[10] BASTOS, Celso Ribeiro. Curso de direito constitucional. São Paulo: Malheiros, p. 68. Cf., no mesmo sentido, voto do Min. Goulart de Oliveira, Rp. 96, de 3-10-1947, *AJ*, 85:100-1.

[11] BARBI, Celso Agricola. Evolução do controle de constitucionalidade das leis no Brasil. In: Revista de Direito Público, 1968, 4:40.

[12] MOREIRA, José Carlos Barbosa. As partes na ação declaratória de inconstitucionalidade. *In*: Revista de Direito da Procuradoria-Geral do Estado da Guanabara, *13*:67.

[13] MELLO, José Luiz de Anhaia. Os princípios constitucionais e sua proteção. São Paulo: Saraiva, 1966, p. 24.

[14] Contencioso constitucional, comentário a acórdão, *Revista de Direito*, 20:218.

[15] Voto no Conselho Federal da OAB, *Arquivos, 118*:47.

A despeito do esforço despendido, o incidente com Adaucto Lucio Cardoso não contribuiu – infelizmente, ressalte-se – para que a doutrina constitucional brasileira definisse a natureza jurídica do instituto da representação de inconstitucionalidade[16].

Não restou assente sequer a distinção necessária e adequada entre o controle abstrato de normas (representação de inconstitucionalidade) e a representação interventiva. Não se percebeu, igualmente, que, tal como concebida, a chamada representação de inconstitucionalidade tinha, em verdade, *caráter dúplice* ou *natureza ambivalente*, permitindo ao Procurador-Geral submeter a questão constitucional ao Supremo Tribunal quando estivesse convencido da inconstitucionalidade da norma ou, mesmo quando convencido da higidez da situação jurídica, surgissem controvérsias relevantes sobre sua legitimidade.

O objetivo almejado com a fórmula adotada pela EC 16/65 não era que o Procurador-Geral instaurasse o processo de controle abstrato com o propósito exclusivo de ver declarada a inconstitucionalidade de lei, até porque ele poderia não tomar parte na controvérsia constitucional ou, se dela participasse, estar entre aqueles que consideravam válida a lei.

Se correta essa orientação, parece legítimo admitir que o Procurador-Geral da República tanto poderia instaurar o controle abstrato de normas, com o objetivo precípuo de ver declarada a inconstitucionalidade da lei ou ato normativo (*ação declaratória de inconstitucionalidade ou representação de inconstitucionalidade*), como poderia postular, expressa ou tacitamente, a declaração de constitucionalidade da norma questionada (*ação declaratória de constitucionalidade*).

A falta de maior desenvolvimento doutrinário e a própria balbúrdia conceitual em torno da *representação interventiva*[17] – confusão essa que contaminou os estudos do novo instituto – não permitiram que essas ideias fossem formuladas com a necessária clareza[18]. A própria disposi-

---

[16] Kelsen, já nos anos 20, pelo menos na doutrina europeia, já havia contemplado, em suas meditações sobre o chamado *processo constitucional*, a possibilidade de se outorgar a órgão do Ministério Público a iniciativa do controle de constitucionalidade *in abstracto* (KELSEN, Hans. Wesen und Entwicklung der Staatsgerichtsbarkeit. *In*: Veröffentlichung der Vereinigung der Deutschen Staatrechtslehrer. Heft 5, Berlin-Leipzig, Walter de Gruyter & Co., 1929, p. 75).

[17] BUZAID, Alfredo. Da ação direta de declaração de inconstitucionalidade no direito brasileiro. São Paulo: Saraiva, 1958. p. 107.

[18] Cf. nossa crítica em Mendes, Gilmar. Considerações sobre o papel do Procurador-Geral da República no controle abstrato de normas sob a Constituição de 1967/69: proposta de relei-

ção regimental era equívoca, pois, se interpretada literalmente, reduziria o papel do titular da iniciativa, o Procurador-Geral da República, ao de um *despachante autorizado*, que poderia encaminhar os pleitos que lhe fossem dirigidos, ainda que com parecer contrário.

Embora o Supremo Tribunal Federal tenha considerado inadmissível representação na qual o Procurador-Geral da República afirmava, de plano, a constitucionalidade da norma[19] – a iniciativa foi de Sepúlveda Pertence –, é certo que essa orientação, calcada em interpretação literal do texto constitucional, não parecia condizente com a natureza do instituto e com a sua práxis desde a sua adoção pela EC 16/65.

Em substância, era indiferente que o Procurador-Geral sustentasse, desde logo, a constitucionalidade da norma, ou que encaminhasse o pedido, para, posteriormente, manifestar-se pela sua improcedência. Essa análise demonstra claramente que, a despeito da utilização do termo *representação de inconstitucionalidade*, o controle abstrato de normas foi concebido e desenvolvido como processo de *natureza dúplice ou ambivalente*.

Se o Procurador-Geral estivesse convencido da inconstitucionalidade, poderia provocar o Supremo Tribunal Federal para a declaração de inconstitucionalidade. Se, ao revés, estivesse convicto da legitimidade da norma, então poderia instaurar o controle abstrato com a finalidade de ver confirmada a orientação questionada.

Daí ter o saudoso Victor Nunes Leal observado, em palestra proferida na Conferência Nacional da OAB de 1978 (Curitiba), que, *"em caso de representação com parecer contrário, o que se tem, na realidade, sendo privativa a iniciativa do Procurador-Geral, é uma representação de constitucionalidade.*[20]*'*

A identificação da natureza dúplice do instituto parece retirar um dos fortes argumentos do Procurador-Geral, que se referia à sua condição de titular da ação para fazer atuar a jurisdição constitucional. A possibilidade de pedir a declaração de constitucionalidade deitaria

---

tura, in: Direitos Fundamentais e Controle de Constitucionalidade, 3 ed. São Paulo: Saraiva, 2004, p.221-239.

[19] Rp. 1.349, Rel. Min. Aldir Passarinho, *RTJ*, *129*:41. O Tribunal considerou inepta a representação, entendendo que, como a Constituição previa uma ação de inconstitucionalidade, não poderia o titular da ação demonstrar, de maneira insofismável, que perseguia outros desideratos.

[20] Victor Nunes Leal, Representação de inconstitucionalidade perante o Supremo Tribunal Federal: um aspecto inexplorado, *RDP*, *53-54*:25 (33).

por terra essa assertiva, convertendo o pretenso *"direito"* de propor a ação direta num *"poder-dever"* de submeter a questão constitucional relevante ao Supremo, sob a forma de representação de constitucionalidade.

Portanto, uma análise mais detida da natureza do instituto da representação de inconstitucionalidade permitiria recomendar uma releitura ou, quiçá, um censura ao entendimento dominante na doutrina e na jurisprudência do Supremo Tribunal Federal, propiciando-se, assim, uma nova compreensão – ainda que apenas com valor de crítica histórica – da orientação sustentada pela Procuradoria-Geral da República e avalizada pelo STF.

Aqui se afigura inevitável reconhecer que a voz solitária de Adaucto Lucio Cardoso no julgamento de 10 de março de 1971 é admirável. Preocupou-se, então, substancialmente, em garantir o exercício amplo da jurisdição da Corte em delicado momento da vida nacional, marcado por um cenário político bastante limitado. No caso, consignou de forma expressa sua não conformidade com solução que enfraquecia ainda mais as possibilidades de um jogo democrático já deficiente, em período da vida pública brasileira em que a oposição estava confiada a um único partido.

Sua preocupação ao rejeitar a delimitação do exercício da jurisdição do Supremo Tribunal Federal, em verdade corresponde ao pensamento político contemporâneo, no sentido do fortalecimento da democracia, do livre exercício do jogo político e, especialmente, do papel da jurisdição constitucional na defesa da minoria.

Alguns anos mais tarde, com a Constituição de 1988, a ampliação do direito de propositura da ação direta de inconstitucionalidade e o desenvolvimento da ação declaratória de constitucionalidade como autêntica ação direta de inconstitucionalidade com "sinal trocado" deram, por fim, razão ao que fora defendido por ele há mais de quarenta anos, chancelando a importância desse jurista ao cenário histórico-constitucional brasileiro.

É muito difícil prever o que teria acontecido no plano constitucional se o STF tivesse adotado a linha defendida por Adaucto Lucio Cardoso. É inegável, porém, que a decisão que fortaleceu o monopólio da ação direta nas mãos do Procurador-Geral da República e a crítica que se seguiu a partir do gesto de protesto contribuíram, decisivamente, para a adoção de um modelo de legitimação aberto pelo Constituinte de 1988 (CF, arts. 102, I, *a*, 103 e 125, § 2º).

Nesse ponto, talvez não haja exagero em afirmar que, com o caráter de denúncia constante de seu voto e com o protesto representado por sua aposentadoria, Adaucto Lucio Cardoso passou a figurar como um dos pais fundadores do processo constitucional brasileiro, que tem um dos seus pilares na abertura da legitimação no processo de controle abstrato de normas.

Embargos Infringentes no STF: Lições da AP 470

ANA PAULA CARVALHAL

Durante semanas o país parou para ouvir o Supremo Tribunal Federal. Na pauta, o cabimento ou não de Embargos Infringentes nas ações penais de sua competência. É significativo que o Plenário do Supremo Tribunal Federal, pela primeira vez nos 25 anos de vigência da Constituição de 1988, tenha se dedicado a apreciar o cabimento ou não dos Embargos Infringentes nas ações penais originárias.

Os ministros se dividiram: Joaquim Barbosa, Luiz Fux, Cármen Lúcia, Gilmar Mendes e Marco Aurélio votaram pelo não cabimento; Roberto Barroso, Teori Zavascki, Rosa Weber, Dias Toffoli e Ricardo Lewandowski votaram pelo cabimento. Empatados, coube ao decano, ministro Celso de Mello, desempatar em favor dos réus.

Dois votos destacaram-se pela clareza e profundidade com que defenderam as duas posições antagônicas.

O ministro Gilmar Mendes, de forma objetiva e incisiva, expôs com firmeza a posição vencida: não cabem Embargos Infringentes no julgamento de ações penais originárias do Supremo Tribunal Federal.

Fiel à posição já sustentada em agosto de 2012, o ministro Celso de Mello emprestou seus argumentos à tese vencedora: os réus que receberam ao menos 4 votos pela sua absolvição têm o direito de interpor embargos infringentes, recebendo um segundo julgamento quanto à matéria objeto da divergência qualificada.

A fundamentação dos votos enfrenta, basicamente, dois pontos: a revogação ou não do artigo 333 do Regimento Interno do STF e a existência ou não de um direito fundamental ao recurso por força do Pacto de São José da Costa Rica e da jurisprudência da Corte Interamericana.

A previsão legal dos Embargos Infringentes

Ambos os votos partem do pressuposto de que o Regimento Interno do STF foi recepcionado pela Constituição de 1988 com *status* de lei.

O ministro Gilmar Mendes, no entanto, entendeu que a Lei 8.038/1990 disciplinou por inteiro o processo e o procedimento das ações penais, ou seja, embora recepcionado pela Constituição de 1988, o artigo 333, I, do RISTF foi revogado pela referida lei. Concluiu, portanto, que não há suporte legal a sustentar a existência dos Embargos Infringentes no julgamento das ações penais originárias pelo STF. Em suas palavras: "A Lei 8.038/90 deliberadamente escolheu não acolher os embargos infringentes em ação penal originária, mantendo os embargos declaratórios e os infringentes apenas na forma prevista no CPC, ao alterar os dispositivos pertinentes, inclusive o art. 496".

Assim, concluiu que, enquanto o artigo 337 do RISTF (Embargos de Declaração) tem base na Lei 8.038/1990 e nos artigos 535 e 536 do CPC, o artigo 333, I, do RISTF (Embargos Infringentes na ação penal originária) não possui amparo legal, não subsistindo no ordenamento jurídico em vigor.

Ressaltou que a possibilidade da revogação tácita operada pela Lei 8.038/1990 no caso possui amparo na jurisprudência da Corte, tendo sido consignado no RE-Edv-AgR 220.286/SP, de relatoria do ministro Celso de Mello:

> EMBARGOS DE DIVERGÊNCIA – DESCUMPRIMENTO, PELA PARTE EMBARGANTE, DO DEVER PROCESSUAL DE PROCEDER AO NECESSÁRIO PREPARO – OCORRÊNCIA DA DESERÇÃO – EXTINÇÃO ANÔMALA DO PROCEDIMENTO RECURSAL – RISTF, ART. 335, § 3º – DERROGAÇÃO PELO ART. 511 DO CPC, NA REDAÇÃO DADA PELA LEI Nº 8.950/94 – RECURSO DE AGRAVO IMPROVIDO. – O art. 511 do CPC, na redação dada pela Lei nº 8.950/94, derrogou o § 3º do art. 335 do RISTF, de tal modo que se impõe, à parte recorrente, no próprio ato de interposição dos embargos de divergência, o dever de comprovar a efetivação

do respectivo preparo, sob pena de deserção. Precedentes. – A deserção, por traduzir matéria de ordem pública, pode ser conhecida, "ex officio", pelo Tribunal, que deverá decretá-la, para que produza os seus regulares efeitos jurídicos (RT 503/129), independentemente de formal provocação de qualquer dos sujeitos processuais (RTJ 151/278-279), gerando, desse modo, com o seu reconhecimento, a extinção anômala do procedimento recursal.

Já o ministro Celso de Mello optou por seguir caminho diverso. Utilizou-se da técnica de interpretação histórica e foi buscar a vontade do legislador.

Lembrou que, em 1998, o então presidente da República, Fernando Henrique Cardoso, encaminhou, por meio da Mensagem 43/1998, projeto de Lei ao Congresso Nacional propondo, entre outras coisas, a abolição dos embargos infringentes no Supremo Tribunal Federal:

"Art. 7º. Acrescentam-se à Lei nº 8.038, de 1990, os seguintes artigos, renumerando-se os subsequentes:

Art. 43. Não cabem embargos infringentes contra decisão do plenário do Supremo Tribunal Federal."

No entanto, a proposta foi rejeitada pela Câmara dos Deputados. O então deputado federal Jarbas Lima apresentou voto separado para defender a importância da manutenção dos embargos infringentes no STF, utilizando como justificativa, inclusive, que a possibilidade de alteração da composição da Corte poderia levar à alteração do resultado do julgamento em ação penal originária.

O decano da Corte concluiu, portanto, que a norma do artigo 333 está em vigor e só poderá ser revogada pelo Poder Legislativo. Nesse caso, entendeu que "não se presume a revogação tácita das leis, especialmente se se considerar que não incide, no caso ora em exame, qualquer das hipóteses configuradoras de revogação das espécies normativas, na forma descrita no parágrafo primeiro do artigo 2º. da Lei de Introdução às normas do direito brasileiro".

O direito ao recurso previsto no Pacto de San Jose da Costa Rica

Quanto à alegação da existência de um direito fundamental ao recurso, os dois ministros recordaram a divisão do Plenário no julgamento do

Recurso Extraordinário 349.703/RS, de relatoria do ministro Ayres Britto (prisão civil do depositário infiel).

O ministro Gilmar Mendes baseou-se na tese vencedora naquela oportunidade: a de que os tratados internacionais de direitos humanos têm *status* de supralegalidade. Em suas palavras, "os tratados também se submetem às normas constitucionais e devem ser interpretados segundo a Constituição".

Assim, na interpretação dada pelo ministro, o artigo 8.2.h da Convenção Americana de Direitos Humanos diz respeito ao direito a recurso para tribunal superior. Não havendo tribunal superior para julgar a matéria, caso da prerrogativa de foro, como não há tribunal acima do STF, não se aplica o disposto no Pacto de San Jose. Em suas palavras:

> "(...)não são as competências que devem se amoldar ao art. 8.2.h do Pacto de San Jose da Costa Rica, são as normas internacionais que devem ser interpretadas segundo os ditames da Carta Magna, uma vez que estas só se implementam quando respeitadas as normas constitucionais."

O ministro Celso de Mello, ao contrário, valeu-se da tese que restou vencida no julgamento do RE 349.703/RS. Voltou a sustentar a natureza de norma constitucional do Pacto de San Jose da Costa Rica e, consequentemente, a vinculação do Estado Brasileiro tanto à interpretação dada ao artigo 8.2.h da Convenção (direito ao recurso) pela Corte Interamericana.

Afirmou, assim, a importância dos embargos infringentes como forma de fazer valer esse direito fundamental ao recurso, embora acredite que sua previsão é insuficiente para a plena realização do direito fundamental assegurado pela Convenção Americana.

Dessa forma, o decano foi mais longe e, por entender que o Brasil se vincula à jurisdição da Corte Interamericana, chegou a cogitar sobre a possível responsabilização do Estado brasileiro por não ter adequado seu direito interno aos precedentes dos casos Barreto Leiva contra Venezuela e Morramed contra Argentina.

Da necessidade de modernização do processo penal no STF
Embora o voto de minerva dado pelo ministro Celso de Mello tenha feito vencedora a tese jurídica favorável à admissibilidade dos embargos

infringentes em ações penais originárias perante o STF, a divisão dos ministros da Corte aponta a necessidade de reforma do sistema jurídico vigente.

Quer pelas razões da minoria que vêm o recurso de embargos infringentes como um instituto arcaico e protelador, quer pelas preocupações do decano com a adequação do direito brasileiro (inclusive da Constituição brasileira) à jurisprudência da Corte Interamericana, a Ação Penal 470 mostrou mais uma vez ao país os entraves processuais a um julgamento com razoável duração e com celeridade na tramitação (artigo 5º, LXXVIII, CF).

Como lembrado pelo Ministro Gilmar Mendes, "cada nova reforma processual, desde então [1902], ressalta e reforça o caráter excepcional dos embargos infringentes, tornando-os cada vez mais restritos, dado o seu nítido caráter anacrônico e sua flagrante incompatibilidade com a razoável duração do processo".

Ademais, cabe ressaltar, como demonstrado nos votos da minoria vencida, que o sistema processual penal, a partir da decisão na AP 470, passou a admitir tal recurso para os réus que vierem a ser processados no STF, mas não para os que tiverem foro no STJ e demais tribunais. Nas palavras do Ministro Gilmar Mendes:

"Ademais, não parece coerente o sistema que permita os alegados embargos infringentes nas ações penais originárias apenas no âmbito do STF e não nos demais tribunais como o STJ, Tribunais de Justiça e Tribunais Regionais Federais – como assentado no julgamento do HC 72.465/SP, Rel. Min. Celso de Mello, 1a. Turma, DJ 24.11.1995, considerando serem regidos pelos mesmos dispositivos da Lei 8.038/1990. Sistematicamente, não há justificativa para o cabimento deste retrógrado recurso que retira eficácia e força decisória das decisões do Suprema Corte com fundamento na existência de divergência quanto à condenação."

Nesse sentido, chama atenção a declaração dada ao canal de notícias G1 pela professora Flávia Piovesan, reconhecida defensora dos tratados internacionais de direitos humanos em nosso país, que, no dia 18 de setembro, assim se pronunciou sobre a decisão de admitir os embargos infringentes: "Os embargos infringentes não são a forma adequada de compensar a inexistência do duplo grau de jurisdição. (...) Os embargos não são admitidos no Superior Tribunal de Justiça, cria-se um sistema anacrônico."

O decano, ministro Celso de Mello, indicou em seu voto os responsáveis pela manutenção ou não deste recurso em nosso sistema: nossos legisladores. O ministro Luiz Fux lembrou que o STF tem hoje 400 ações penais para julgar. Os advogados dos réus clamam pelo reconhecimento do duplo grau de jurisdição. O povo brasileiro sonha com uma justiça mais eficiente, ágil e igualitária. Assim, é forçoso concluir pela necessidade de mudança. Afinal, nas palavras da ministra Rosa Weber, "se trata de recurso arcaico, anacrônico ou contraproducente".

Mandado de Segurança e Controle Preventivo no Brasil

Eliardo Teles

Em 23 de abril de 2013, a Câmara dos Deputados aprovou, em regime de urgência, o Projeto de Lei 4.470, de 2012, que restringiu o acesso de novos partidos políticos ao tempo de propaganda eleitoral gratuita e aos recursos financeiros do fundo partidário. Aparentemente, o conteúdo do projeto violava direitos políticos individuais e coletivos previstos no artigo 17 da Constituição Federal, considerados cláusulas pétreas.

Apoiando-se em construção jurisprudencial, um senador impetrou um *writ* requerendo a suspensão do trâmite do PL 4.470, a esta altura já renomeado PLC 14/2013, em virtude de sua passagem ao Senado Federal. O Ministro Gilmar Mendes, designado relator, deferiu "o pedido de liminar para suspender a tramitação do PLC 14/2013, até o julgamento de mérito do presente mandado de segurança", por entender que a alegação era plausível.

A decisão causou furor nos meios jurídicos e políticos. O Supremo Tribunal Federal foi acusado de menoscabar o Legislativo, usurpar suas funções, violar a separação de poderes e a soberania popular. Diversos juristas manifestaram surpresa diante da "novidade" da decisão da Suprema Corte. Políticos subiram às tribunas para denunciar "um golpe" contra a democracia.

Ocorre que a decisão liminar no Mandado de Segurança 32.033, para o bem ou para o mal, não tem nenhuma novidade. Independentemente de considerações de fundo, a liminar se apoia em um conjunto de técnicas e instrumentos típicos do direito constitucional, do mais clássico direito constitucional europeu ou americano, ou da tradição constitucionalista brasileira.

A inconstitucionalidade formal

A ideia de controlar casos de inconstitucionalidade formal, isto é, de um tipo de vício relativo à forma do ato normativo, ao procedimento exigível para sua elaboração legislativa ou à autoridade do qual emanou[1], não é nenhum exotismo brasileiro[2]. Nos Estados Unidos da América, terra da doutrina das *"political questions"*[3] e do *"self-restraint"*, várias Supremas Cortes estaduais controlam a conformação da legislação com os requisitos do processo legislativo constitucional[4]. Em um caso específico, a Suprema Corte de Ohio julgou a inconstitucionalidade de lei cujo projeto, depois de aprovado na Câmara e no Senado estaduais, foi enviado diretamente ao governador para sanção pelo líder da maioria no Senado, porque o vice-governador – e presidente do Senado – se recusava a fazê-lo. A Constituição Estadual, contudo, determinava que o vice-governador deveria certificar a autenticidade do texto aprovado antes do encaminhamento ao governador. Não só a Suprema Corte de Ohio decidiu pela inconstitucionalidade da lei, como afirmou que, naquele caso, o correto seria que o líder da maioria impetrasse um *writ of mandamus* para compelir o vice-governador a cumprir com o seu dever constitucional[5]. A própria Suprema Corte dos Estados Unidos, no céle-

---

[1] J. J. Canotilho. *Direito Constitucional e Teoria da Constituição*. 4ª ed. Lisboa: Almedina, p. 925. Para esse autor, aliás, é possível categorizar até quatro tipos de vício de inconstitucionalidade: formal, material, procedimental e orgânico. Aqui, ficamos apenas na distinção clássica entre formal e material, incluindo o procedimental e o orgânico entre as formas de vício formal.

[2] V., por exemplo, sobre a Espanha, S. Navot. "Judicial review of the legislative process" in *Israel Law Review*, vol. 39, n. 2, 2006, p. 215; sobre Portugal, J. J. Canotilho, op. cit. p. 1030, e art. 288, da Constituição da República Portuguesa; sobre a Alemanha, O. Duhamel. *Droit constitutionnel et institutions politiques*. 2ª ed. Paris : Seuil, p. 295.

[3] E. S. Ramos. *Ativismo judicial*. Parâmetros dogmáticos. São Paulo: Saraiva, 2010, p. 142-143.

[4] S. Raher. "Judicial review of the legislative procedure: determining who determines the rules of proceeding" de *Selected Works of Stephen Raher*, disponível em http://works.bepress.com/stephen_raher/1 p. 56; I. Bar-Siman-Tov. "The puzzling resistance to judicial review of the legislative process" in *Boston University Law Review*, vol. 91:1915, 2011, p. 1922.

[5] S. Raher, op. cit., p. 57-8.

bre caso *United States v Ballin*, declarou que "as regras de procedimento legislativo não 'podem ignorar limites constitucionais nem violar direitos fundamentais'"[6], reconhecendo o controle de constitucionalidade repressivo do processo legislativo[7].

Dessa forma, a ideia de o Judiciário controlar repressivamente a constitucionalidade das leis em razão de falhas no processo legislativo – inclusive em relação ao conteúdo da proposta – dificilmente pode ser considerada uma peculiaridade brasileira.

As cláusulas pétreas: limitações materiais/procedimentais

A maioria das constituições contém, também, limitações procedimentais ou materiais ao poder constituinte derivado, como a dos Estados Unidos, da Irlanda, da Alemanha, da Áustria, de Portugal, da Espanha, e até do Brasil[8]. Em geral, essas limitações são de cunho procedimental.

---

[6] Apud. B. Ackerman. "An open letter to Mr. Gingrich" in *The Yale Law Journal*, vol. 104:1539, 1995, p. 1543.

[7] *US v Ballin*, 144, U.S. 1 (1892). Nessa decisão, a Suprema Corte declarou: "The constitution empowers each house to determine its rules of proceedings. It may not by its rules ignore constitutional restraints or violate fundamental rights, and there should be a reasonable relation between the mode or method of proceeding established by the rule and the result which is sought to be attained. But within these limitations all matters of method are open to the determination of the house, and it is no impeachment of the rule to say that some other way would be better, more accurate, or even more just. It is no objection to the validity of a rule that a different one has been prescribed and in force for a length of time. The power to make rules is not one which once exercised is exhausted. It is a continuous power, always subject to be exercised by the house, and, within the limitations suggested, absolute and beyond the challenge of any other body or tribunal."
"A Constituição confere a cada Casa o poder para estabelecer suas normas procedimentais. Elas não podem, por meio dessas regras, ignorar os limites constitucionais ou violar direitos fundamentais, e deve haver uma relação de razoabilidade entre o modo e método de procedimento e o resultado que se espera obter. Mas no âmbito dessas limitações, todos os temas de método são abertos à discrição da Casa, e não é uma oposição válida à regra de procedimento a alegação de que uma ou outra forma de proceder teria sido melhor, mais acurada ou justa. Não é objeção à validade da regra de procedimento que outra havia sido prescrita e esteve em vigor por um determinado período de tempo. O poder de fazer regras não é do tipo que se exaure, uma vez exercido. É um poder contínuo, passível de ser exercido pela Casa a qualquer tempo, e, desde que atendendo às limitações sugeridas, absoluto e além de qualquer questionamento por outro colegiado ou tribunal". (tradução livre)

[8] A. Barak, "Unconstitutional constitutional amendments" in *Israel Law Review*, vol. 44:321, 2011, p. 327-328 e 331; J. J. Canotilho, op. cit., p. 1030 – ver art. 288 da Constituição da República Portuguesa.

Já a existência de limitações materiais, isto é, de dispositivos ou princípios irrevogáveis na Constituição, é menos comum. Trata-se das famosas cláusulas pétreas, limites materiais ao poder constituinte derivado.

No Brasil, no entanto, as cláusulas pétreas possuem peculiaridades locais. Na nossa Constituição, elas são limites materiais com efeitos procedimentais. É que o art. 60, § 4º, declara a limitação ao poder de deliberar, que é parte do processo legislativo[9]. Trata-se de restrição material ao poder constituinte derivado, mas que incide sobre o procedimento, sobre a tramitação da PEC. Dito de outra forma, nossas cláusulas pétreas não são uma enumeração taxativa de matérias que, se transformadas em emendas, conteriam um vício material. Elas são, antes de tudo, uma enumeração ilustrativa, porquanto há cláusulas pétreas implícitas[10], de matérias que impõem paralisações ao processo legislativo, incidindo diretamente no funcionamento interno das duas Casas do Congresso Nacional.

Assim, na configuração constitucional das nossas cláusulas pétreas, o que fica impedido é a colocação em discussão e debate, o processamento, o andamento de uma proposição que viola o núcleo essencial da Constituição. Segundo decisão do Supremo Tribunal Federal de 1980, "a vedação constitucional se dirige ao próprio processamento da lei ou da emenda", "a inconstitucionalidade diz respeito ao próprio andamento do processo legislativo, e isso porque a Constituição não quer – em face da gravidade dessas deliberações, se consumadas – que sequer se chegue a deliberação, proibindo-a taxativamente"[11].

O cabimento de mandado de segurança contra a tramitação inconstitucional de proposições legislativas

Com base nessa configuração das cláusulas pétreas no nosso art. 60, § 4º, o Supremo Tribunal Federal construiu um remédio constitucional

---

[9] "§4º Não será objeto de deliberação a proposta de emenda tendente a abolir: I – a forma federativa de Estado; II – o voto direto, secreto, universal e periódico; III – a separação de poderes; IV – os direitos e garantias individuais."

[10] Como, por exemplo, os fundamentos da República Federativa do Brasil, previstos no art. 1º, da Constituição, bem como o próprio instituto das cláusulas pétreas, que não podem ser rebaixadas desse status por meio de emenda à Constituição.

[11] MS n. 20.257, STF, Tribunal Pleno, relator Ministro Décio Miranda, relator para o acórdão Ministro Moreira Alves, julgamento em 08.10.1980.

que controla o próprio processo legislativo, impedindo que ele se desenrole quando o conteúdo da proposta de emenda violar nossas cláusulas pétreas. Essa construção começou com o célebre voto do Ministro Moreira Alves no julgamento do Mandado de Segurança 20.257. O eixo de seu raciocínio foi o direito público subjetivo do parlamentar de não deliberar sobre matéria cujo processo legislativo é vedado pela Constituição. Tal direito se tornaria líquido e certo em face da incidência de uma cláusula pétrea no fato do processo legislativo, enquanto o ato coator seria a tramitação da proposição como um todo.

Desde então, essa construção teórico-constitucionalista foi se firmando, até o mandado de segurança tornar-se um autêntico remédio protetivo do direito de oposição, ou do direito das minorias, que se insere indiscutivelmente no princípio democrático. São tantos os casos em que o Supremo Tribunal Federal concedeu ordem para suspender o processo legislativo violador das cláusulas pétreas, que não se pode fazer uma lista exaustiva. Citaremos, exemplificativamente, as seguintes decisões, liminares ou de mérito.

Em 1996, o Ministro Marco Aurélio de Mello concedeu liminar suspendendo o trâmite da Proposta de Emenda Constitucional 33-A/95, a Reforma da Previdência. A liminar havia sido requerida pelos deputados federais Jandira Feghalli, Humberto Costa, Aldo Rebelo, Agnelo Queiroz, Miro Teixeira, entre outros[12]. Já em 1999, o Ministro Néri da Silveira reconheceu o cabimento do mandado de segurança impetrado pelo deputado federal José Genoíno pedindo a suspensão da PEC n. 01/88, que instituía a pena de morte no Brasil. Apesar de reconhecido o cabimento, o pedido foi julgado prejudicado[13]. Note-se que, nesses dois casos, os impetrantes eram membros da minoria parlamentar e encontraram na atuação da Corte Suprema a proteção a seu direito de oposição. Outras decisões reconheceram o cabimento do mandado de segurança para proteger direito líquido e certo do parlamentar, concedendo ou não a ordem ou medida liminar. Citamos, ilustrativamente, o MS 24.642, relator Ministro Carlos Velloso; o MS 26.441, relator Ministro Celso de Mello; e o MS 22.442, relator Ministro Sydney Sanches.

---

[12] MS 22.503 MC, STF, Relator Ministro Marco Aurélio, julgado em 12.4.1996.
[13] MS 21.311, Relator Ministro Néri da Silveira, julgado em 13.05.1999.

A configuração das nossas limitações materiais/procedimentais ao poder constituinte derivado fundamenta, corretamente, o uso do mandado de segurança para sustar o trâmite legislativo de proposta de emenda à Constituição cujo conteúdo seja tendente a abolir cláusula pétrea. E se a proposta de emenda pode ser sustada, com mais razão pode ser sustado um projeto de lei. É que os limites materiais ao poder constituinte derivado devem, necessariamente, limitar o poder legislativo, caso contrário, autorizaríamos o legislador a alterar a Constituição por meio de norma ordinária, contrariando uma das afirmações fundadoras do controle de constitucionalidade no mundo[14]. Diante disso, cabe mandado de segurança também contra a tramitação de projeto de lei tendente a abolir cláusula pétrea.

O conteúdo do PL 4.470 e a possível violação ao processo legislativo constitucional

A natureza dúplice – de limitação material/procedimental – das nossas cláusulas pétreas impõe ao julgador de um mandado de segurança impetrado contra tramitação de PEC inconstitucional uma análise de fundo do texto do projeto de lei para decidir sobre a possível inconstitucionalidade da tramitação. Não há como, nesse caso, verificar se houve violação ao art. 60, § 4º sem comparar o conteúdo da PEC com o da Constituição. É aqui que a previsão constitucional das cláusulas pétreas cruza o controle da constitucionalidade material do texto com o controle de constitucionalidade formal do processo legislativo. Foi, talvez, por desconsiderar essa peculiaridade do constitucionalismo brasileiro que, em recente artigo, o professor Virgílio Afonso da Silva[15], da Universidade de São Paulo, estranhou o deferimento de liminar no MS 32.033.

Partindo desse princípio, tomemos o PL 4.470, objeto do MS 32.033, para verificar se o seu conteúdo justificaria suspender o seu trâmite via mandado de segurança.

---

[14] O *chief-justice* Marshall declarou, no célebre *Marbury v Madison*: "Ou a Constituição é direito superior, fundamental, imutável por via legislativa ordinária ou ela está no mesmo nível de atos legislativos comuns e é alterável sempre que a legislatura assim entender, como qualquer ato legislativo" (tradução livre). No original: "The Constitution is either a superior, paramount law, unchangeable by ordinary means, or it is on a level with ordinary legislative acts, and, like other acts, is alterable when the legislature shall please to alter it."

[15] V. http://www.advivo.com.br/blog/luisnassif/a-emenda-e-o-supremo-por-virgilio-afonso-da-silva.

O Projeto de Lei 4.470 contém dois artigos alterando três dispositivos das leis 9.096/95 e 9.504/97, Lei dos Partidos e Lei das Eleições, respectivamente.

Os atuais art. 29, § 6º, e 41-A, da Lei 9.096/95, têm a seguinte redação:

"Art. 29. Por decisão de seus órgãos nacionais de deliberação, dois ou mais partidos poderão fundir-se num só ou incorporar-se um ao outro.

"§ 6º Havendo fusão ou incorporação de partidos, os votos obtidos por eles, na última eleição geral para a Câmara dos Deputados, devem ser somados para efeito do funcionamento parlamentar, nos termos do art. 13, da distribuição dos recursos do Fundo Partidário e do acesso gratuito ao rádio e à televisão."

"Art. 41-A. 5% (cinco por cento) do total do Fundo Partidário serão destacados para entrega, em partes iguais, a todos os partidos que tenham seus estatutos registrados no Tribunal Superior Eleitoral e 95% (noventa e cinco por cento) do total do Fundo Partidário serão distribuídos a eles na proporção dos votos obtidos na última eleição geral para a Câmara dos Deputados".

Com essa redação, a participação dos partidos no rateio dos 95% do fundo depende da representação que eles obtiveram nas últimas eleições. Ocorre que, conforme interpretação do Supremo Tribunal Federal veiculada na ADI 4.430, de relatoria do Ministro Dias Toffoli, essa distribuição dos recursos do fundo partidário não se aplica aos partidos criados, fundidos ou incorporados após as últimas eleições.

Ora, o PL pretende alterar as redações dos dois dispositivos, justamente para afastar a interpretação que o STF lhes deu naquela ocasião. A nova redação passaria a ser assim:

"Art.29 (...)

§ 6º Havendo fusão ou incorporação, *devem ser somados exclusivamente os votos dos partidos fundidos ou incorporados*, obtidos na última eleição geral para a Câmara dos Deputados, para efeito da distribuição dos recursos do Fundo Partidário e do acesso gratuito ao rádio e à televisão." (NR)

"Art. 41-A. Do total do Fundo Partidário:

I – 5% (cinco por cento) serão destacados para entrega, em partes iguais, a todos os partidos que tenham seus estatutos registrados no Tribunal Superior Eleitoral; e

II – 95% (noventa e cinco por cento) serão distribuídos aos partidos na proporção dos votos obtidos na última eleição geral para a Câmara dos Deputados.

Parágrafo único. Para efeito do disposto no inciso II, *serão desconsideradas as mudanças de filiação partidária, em quaisquer hipóteses*, ressalvado o disposto no § 6º do art. 29." (destacamos)

A partir dessa alteração, os novos partidos não mais entrariam no rateio dos 95% do fundo partidário, mas apenas nos 5% destinados aos partidos sem representação na Câmara dos Deputados. Além disso, para os partidos resultantes de fusão ou incorporação, a adesão de novos deputados não seria computada para a distribuição do Fundo Partidário ou do tempo de propaganda política.

Mas o PL altera ainda a Lei das Eleições, inserindo um §7º no seu art. 47, com o objetivo de alterar a interpretação dada ao §2º, II, do mesmo artigo, cuja redação atual é a seguinte:

Art. 47. As emissoras de rádio e de televisão e os canais de televisão por assinatura mencionados no art. 57 reservarão, nos quarenta e cinco dias anteriores à antevéspera das eleições, horário destinado à divulgação, em rede, da propaganda eleitoral gratuita, na forma estabelecida neste artigo.

(...)

§ 2º Os horários reservados à propaganda de cada eleição, nos termos do parágrafo anterior, serão distribuídos entre todos os partidos e coligações que tenham candidato e representação na Câmara dos Deputados, observados os seguintes critérios:

(...)

II– dois terços, proporcionalmente ao número de representantes na Câmara dos Deputados, considerado, no caso de coligação, o resultado da soma do número de representantes de todos os partidos que a integram.

Mas a interpretação desses dispositivos foi objeto de análise de constitucionalidade pelo Supremo Tribunal Federal em 29 de junho de 2012, há menos de um ano, portanto. A decisão da Corte, relatada pelo Ministro Dias Toffoli, foi a seguinte:

i) declarar a *inconstitucionalidade da expressão "e representação na Câmara dos Deputados"* contida na cabeça do § 2º do art. 47 da Lei nº 9.504/97;

ii) dar interpretação conforme à Constituição Federal ao inciso II do § 2º do art. 47 da mesma lei, para assegurar aos partidos novos, criados após a realização de eleições para a Câmara dos Deputados, o direito de acesso proporcional aos dois terços do tempo destinado à propaganda eleitoral no rádio e na televisão, *considerada a representação dos deputados federais que migrarem diretamente dos partidos pelos quais foram eleitos para a nova legenda na sua criação.* (destacamos)

Com essa decisão, garantiu-se, aqui também, que os partidos criados no curso de uma legislatura participassem, na proporção dos deputados que a ele aderiram, da distribuição do tempo de propaganda eleitoral no rádio e na televisão.

Ora, o §7º que o PL pretende inserir nesse mesmo artigo tem o seguinte teor:

§7º Para efeito do disposto no inciso II do § 2º, serão desconsideradas as mudanças de filiação partidária, em quaisquer hipóteses, ressalvado o disposto no § 6º do art. 29 da Lei nº 9.096, de 19 de setembro de 1995.

Trata-se, portanto, de uma disposição interpretativa, isto é, uma norma que fixa interpretação para outra norma, no caso, o inciso II do §2º do art. 47 da Lei 9.504. Coincidentemente ou não, o entendimento que o PL pretende fixar é diametralmente oposto àquele que o Supremo Tribunal Federal entendeu ser conforme à Constituição.

Ora, o Supremo Tribunal Federal já decidiu, na ADI 2.797, relator Ministro Sepúlveda Pertence, que norma cujo objetivo imediato seja superar prévia interpretação do STF é inconstitucional[16]. Esse precedente foi mencionado pela decisão que concedeu a liminar no MS 32.033.

---

[16] Cf. o seguinte trecho do voto do ministro relator: "3. Não pode a lei ordinária pretender impor, como seu objeto imediato, uma interpretação da Constituição: a questão é de inconstitucionalidade formal, ínsita a toda norma de gradação inferior que se proponha a ditar interpretação da norma de hierarquia superior. 4. Quando, ao vício de inconstitucionalidade formal, a lei interpretativa da Constituição acresça o de opor-se ao entendimento da jurisprudência constitucional do Supremo Tribunal– guarda da Constituição –, às razões dogmá-

O Supremo Tribunal Federal, em 29 de junho de 2012, ao fixar interpretação para o art. 47, §2º, II da Lei 9.504, o fez com base em dois valores protegidos pela Constituição Federal: o *pluripartidarismo*, de que a livre criação de partidos é uma consequência natural (art. 1º, V, e art. 17, *caput* e §3º, da CF); e a *representatividade dos partidos políticos no sistema dos direitos políticos e de cidadania* instituído pela Constituição Federal, no qual a filiação partidária é condição de elegibilidade (art. 14, *caput*, e §3º, V e art. 17, caput, da Constituição Federal). Esses valores estão inseridos em dois princípios fundamentais da Constituição Federal. O primeiro, no pluralismo político. O segundo, na soberania popular. Ambos são fundamentos da República Federativa do Brasil, previstos no art. 1º, V, e parágrafo único.

O STF já declarou, portanto, na ADI 4.430 que a mesma interpretação que o PL 4.470 quer dar às Leis 9.096 e 9.504 é inconstitucional e viola dois fundamentos da República. É no mínimo provável, em face do pronunciamento naquela ADI, que a interpretação veiculada no PL 4.470 seja considerada tendente a abolir cláusulas pétreas. Logo, não é meramente o seu conteúdo que é inconstitucional, mas o trâmite do projeto de lei em si. Como, no nosso constitucionalismo o uso do mandado de segurança para suspender trâmites inconstitucionais já é uma tradição que se incorporou às relações entre os poderes, nada mais natural que um parlamentar faça uso dessa garantia, que visa a proteger seu direito líquido e certo de não deliberar sobre proposição tendente a abolir cláusula pétrea.

Note-se que a continuidade da tramitação do PL 4.470 atinge negativamente diversas forças políticas, produzindo um efeito desmobilizador de vários setores político-ideológicos que estão empenhados em uma reacomodação ou reconfiguração do campo partidário brasileiro. Esses setores, antevendo a entrada em vigor da vedação imposta pelo PL

ticas acentuadas se impõem ao Tribunal razões de alta política institucional para repelir a usurpação pelo legislador de sua missão de intérprete final da Lei Fundamental: admitir pudesse a lei ordinária inverter a leitura pelo Supremo Tribunal da Constituição seria dizer que a interpretação constitucional da Corte estaria sujeita ao referendo do legislador, ou seja, que a Constituição – como entendida pelo órgão que ela própria erigiu em guarda da sua supremacia –, só constituiria o correto entendimento da Lei Suprema na medida da inteligência que lhe desse outro órgão constituído, o legislador ordinário, ao contrário, submetido aos seus ditames." ADI 2.797, STF, Tribunal Pleno, Relator Sepúlveda Pertence, julgamento em 15.9.2005.

4.470, poderiam ver-se desestimulados a empreender essa reorganização partidária e simplesmente desistir de disputar as próximas eleições. Se isso acontecesse, mesmo uma eventual correção do vício de constitucionalidade daquele projeto de lei por meio de ação direta de inconstitucionalidade, não seria suficiente para reparar o dano causado às forças políticas, aos partidos e até aos eventuais eleitores, cujos candidatos preferenciais seriam impedidos de disputar competitivamente as próximas eleições nacionais. Portanto, a concessão de liminar em mandado de segurança nesse caso justifica-se, tendo em vista a relevância da matéria e o grau de risco que ela representa para a democracia e o pluralismo.

Não deveria haver, por consequência, surpresa nem na impetração nem na decisão liminar, que, aliás, não declarou de pronto que o trâmite do projeto de lei é inconstitucional, mas apenas que é plausível a alegação. Conforme sustentamos, tanto a impetração quanto a decisão inserem-se perfeitamente na tradição constitucionalista brasileira.

Dados Sobre a Prática Mais Recente do Art. 52, X, da Constituição

José Levi Mello do Amaral Júnior

Na coluna "Análise Constitucional", de 20 de abril de 2014, na revista eletrônica "Consultor Jurídico", discorri sobre o art. 52, inciso X, da Constituição: "Compete privativamente ao Senado Federal (...) suspender a execução, no todo ou em parte, da lei declarada inconstitucional por decisão definitiva do Supremo Tribunal Federal".

Caracterizei o mecanismo como um sucedâneo, pela via normativa, ao *stare decisis*, elemento de funcionalidade e coerência decisórias existente na experiência do *common law* americano, mas que não veio ao Direito brasileiro por ocasião do transplante (ou cópia) do modelo americano.

Então, revisitei algumas questões decorrentes do dispositivo.

Primeira, a polêmica sobre a facultatividade ou obrigatoriedade de o Senado Federal suspender a lei ou ato normativo declarado inconstitucional pelo Supremo Tribunal Federal. A doutrina dividiu-se no ponto. Prevaleceu que o Senado tem a faculdade de suspender ou não a lei declarada inconstitucional pelo Supremo. A obrigatoriedade não seria compatível com a dignidade institucional própria a uma alta Casa legislativa que, do contrário, ficaria reduzida a um mero órgão carimbador das decisões do Supremo (a propósito, o Voto do Ministro Aliomar Baleeiro no MS n. 16.512/DF, Relator o Ministro Oswaldo Trigueiro, julgado em 25 de maio de 1966). Ademais, a decisão do Supremo, no controle difuso, não é afetada em sua autoridade pela eventual decisão senatorial de não suspender a lei declarada inconstitucional: remanescerá, no mínimo, o efeito que lhe é próprio: o *inter partes*.

Segunda, a repercussão da decisão no tempo: *ex nunc* ou *ex tunc*? O Senado, no exercício de sua competência privativa inscrita no art. 52, inciso X, da Constituição, não revoga a lei *ab initio* – até porque isso só poderia decorrer do concurso de vontades das duas Casas parlamentares e da Presidência da República – mas, sim, (apenas) suspende-lhe a eficácia. Disso decorre eficácia temporal tão-só prospectiva, *ex nunc*. No entanto, nada impede que o Poder Público – diante da generalidade própria à manifestação senatorial – reconheça repercussão *ex tunc* não só às partes do respectivo controle difuso, mas também à toda sociedade. É o que faz o § 2º do art. 1º do Decreto n. 2.346, de 10 de outubro de 1997.

Terceira, a questão sobre que decisões de inconstitucionalidade poderiam ser objeto da suspensão senatorial: apenas as típicas e clássicas, com redução de texto, ou também aquelas sem redução de texto. A prática do Senado Federal responde à questão. Veja-se, por exemplo, a Resolução n. 52 de 2005: "É parcialmente suspensa, sem redução de texto, a execução do art. 11 da Medida Provisória Federal nº 2.225-45, de 4 de junho de 2001, ficando excluído do seu alcance as hipóteses em que o servidor se recuse, explícita ou tacitamente, a aceitar o parcelamento previsto no dispositivo, em virtude de declaração de inconstitucionalidade em decisão definitiva do Supremo Tribunal Federal, nos autos do Recurso Extraordinário nº 401.436-0– Goiás."

Quarta, a reafirmação de que a suspensão senatorial não cabe em sede de controle concentrado, uma vez que as ações diretas já têm – elas próprias – eficácia *erga omnes*. Do contrário, na fórmula muito bem empregada pelo Ministro Moreira Alves, a Corte transformar-se-ia em um mero "clube lítero-poético-recreativo", cuja decisão em sede de controle concentrado nada valeria, porque ficaria inteiramente dependente do acolhimento senatorial.

Quinta, a origem das leis ou atos normativos sujeitos à suspensão senatorial. Ora, como o Supremo Tribunal Federal, no controle difuso, controla a constitucionalidade de leis e atos normativos federais, estaduais e municipais em face da Constituição da República, e considerando que o Senado Federal é a Casa de representação dos Estados – ou, mais propriamente, dos entes federados brasileiros – a suspensão pode atingir leis e atos normativos federais, estaduais e municipais. Na prática, são numerosos e recorrentes os exemplos de leis e atos normativos federais, estaduais e municipais suspensos pelo Senado no exercício da sua competência privativa constante do art. 52, inciso X, da Constituição.

Também registrei que é a Comissão de Constituição, Justiça e Cidadania do Senado Federal, no uso de competência a ela delegada pelo Plenário da Casa, que vota projetos de resolução acerca do art. 52, inciso X, da Constituição (sem prejuízo de recurso ao Plenário na forma do inciso I do § 2º do art. 58 da Constituição – o que, via de regra, não acontece na matéria).

A propósito, vale, agora, mencionar alguns dados da prática mais recente do Senado Federal no exercício da competência privativa que lhe confere o art. 52, inciso X, da Constituição. Sugere-se, como critério de corte do que seja uma "prática mais recente", as duas últimas legislaturas (a anterior e a em curso), ou seja, uma breve análise das resoluções promulgadas pelo Senado Federal a partir de 2007 nos termos do art. 52, inciso X, da Constituição.

No período em causa foram promulgadas 29 Resoluções com fundamento de validade no art. 52, inciso X, da Constituição: *uma* em 2013, *cinco* em 2012, *três* em 2010, *uma* em 2009, *quatro* em 2008 e *quinze* em 2007.

Sete das Resoluções suspenderam a execução de dispositivos de leis ou ato normativos da União, aí incluídos dispositivos de uma Lei Complementar, de três Leis (ordinárias), de uma Medida Provisória (e suas reedições pertinentes), de um Decreto-Lei e de um Decreto. *Três* das Resoluções suspenderam, no todo ou em parte, a execução de atos normativos do próprio Poder Judiciário. *Uma* das Resoluções suspendeu dispositivo de Regimento Interno de Assembleia Legislativa (no caso, a de Minas Gerais). *Quatro* das Resoluções suspenderam, no todo ou em parte, a execução de leis municipais. A grande maioria das Resoluções – *quatorze* – suspendeu a execução, no todo ou em parte, de leis ou atos normativos estaduais. No período examinado, São Paulo, Rio de Janeiro e Santa Catarina foram os estados que mais tiveram leis ou atos normativos suspensos, no todo ou em parte, pelo Senado Federal (três Resoluções para cada um desses três estados).

Da análise desses dados, algumas conclusões podem ser destacadas.

Primeira, foi bastante comum o exercício, pelo Senado Federal, nos anos mais recentes, da sua competência privativa prevista pelo art. 52, inciso X, da Constituição.

Segunda, revela-se bastante abrangente a prática do controle difuso, fulminando leis e atos normativos de quaisquer dos Poderes federais, estaduais e municipais, inclusive aqueles anteriores à Constituição vigente.

Terceira, nota-se sintonia entre o Supremo Tribunal Federal e o Senado Federal, porque, em regra, a declaração incidental de inconstitucionalidade pela Corte efetivamente enseja resolução senatorial na forma do art. 52, inciso X, da Constituição. Aliás, vale destacar que a maioria das Resoluções examinadas foi promulgada após breve lapso de tempo entre o recebimento do Ofício do Supremo informando uma declaração de inconstitucionalidade e a promulgação da Resolução de suspensão: *duas* foram promulgadas no mesmo ano de recebimento do Ofício, *sete* no ano seguinte e outras *sete* no segundo ano seguinte. As demais Resoluções examinadas cumpriram tramitação mais lenta. Porém, em verdade, essa circunstância é compatível com a discricionariedade que tem o Senado de suspender ou não a lei ou ato normativo declarado inconstitucional pelo Supremo.

Importa anotar que todas as 29 Resoluções examinadas foram aprovadas em decisão terminativa da Comissão de Constituição, Justiça e Cidadania do Senado Federal, sem interposição de recurso ao Plenário da Casa.

Dentre as Resoluções examinadas, apenas a Resolução n. 03, de 28 de fevereiro de 2008, atribui efeito *ex tunc* à suspensão, pois o dispositivo implicado foi publicado em consequência de erro material (não fora ele aprovado pelo Congresso Nacional), o que, claro, não gera nenhuma normatividade (portanto, uma inconstitucionalidade formal decorrente da não aprovação do dispositivo).

Enfim, como recordei em coluna anterior referida *supra*, o Supremo Tribunal Federal, no julgamento da Reclamação n. 4.335-5/AC, considerou a possibilidade de atribuir eficácia *erga omnes* a decisões em controle difuso, independentemente de o Senado Federal haver exercido a sua competência privativa de suspender a lei ou ato normativo declarado inconstitucional pelo Supremo.

Após longo período de maturação, o assunto foi resolvido contra a possibilidade cogitada. A tendência expansiva dos efeitos de decisões no controle difuso foi reconhecida, mas, no caso, a Reclamação foi conhecida e deferida, na prática, simplesmente, porque houve a superveniência de um enunciado de súmula vinculante (o de n. 26) sobre o assunto de fundo agitado na Reclamação.

Portanto, a prática mais recente da suspensão senatorial mostra que está ela em pleno – e vigoroso – uso, não havendo espaço para cogitar, no caso, desuso que pudesse justificar mutação constitucional a dispensar a manifestação do Senado Federal.

Possibilidades e Funções da Reclamação Constitucional

SÉRGIO ANTÔNIO FERREIRA VICTOR

Em artigo publicado no CONJUR[1], o professor José Levi Mello do Amaral Júnior ofereceu aos leitores uma forma interessante e, para muitos, nova de pensar sobre a evolução do sistema brasileiro de controle de constitucionalidade. Segundo o texto, a evolução do modelo pátrio de controle tem se marcado por uma constante busca pelo *stare decisis*, instituto do direito anglosaxônico especialmente relevante para a compreensão do *judicial review* norte-americano, que busca dar segurança às teses jurídicas já decididas por cortes superiores, constrangendo os juízes e tribunais inferiores a seguirem seus precedentes, ante a ausência de qualquer matéria fática distintiva da questão em exame ou da alteração da paisagem jurídica viabilizadora de uma proposta de evolução da *ratio juris* subjacente aos precedentes.

O texto do Professor José Levi Mello do Amaral Júnior termina oferecendo ao leitor esse interessante caminho para refletir sobre o voto apresentado pelo Min. Gilmar Mendes na Reclamação 4.335. Segundo o professor da Faculdade de Direito do Largo de São Francisco, o voto do ministro quer acentuar a necessidade – e o já suficiente grau de maturidade – de que o Supremo Tribunal Federal, e o Poder Judiciário em

---

[1] Disponível em: http://www.conjur.com.br/2013-mai-25/observatorio-constitucional-reclamacao-4335-busca-stare-decisis.

geral, reconheça a força vinculante dos fundamentos determinantes de suas decisões, ainda que tomadas em processos subjetivos. O que o texto afirma, e concordo com essa leitura, é que o voto do Min. Gilmar Mendes, ao defender a transcendência da *ratio decidendi* das decisões do Supremo, está a propor um passo além na caminhada de nosso modelo de controle rumo a algo pelo menos análogo ao *stare decisis* que vigora no sistema de controle estadunidense.

Isso me levou a refletir sobre as funções da Reclamação Constitucional em nosso modelo de controle de constitucionalidade, o qual se caracteriza, entre tantas outras coisas, pela adoção dos sistemas difuso e concentrado de controle. Deve-se ressaltar, de início, que a reclamação é um instituto que foi criado pelo próprio Supremo Tribunal Federal, uma vez que não estava prevista em norma jurídica de qualquer natureza. Com base na doutrina dos poderes implícitos (*implied powers*), delineada pelo juiz da Suprema Corte norte-americana John Marshall, no julgamento do caso *McCulloch v. Maryland*, o Tribunal construiu, paulatinamente, o instituto da reclamação.

Se, em um primeiro momento, o Supremo Tribunal Federal deixava transparecer que a reclamação tinha natureza administrativa ou correcional, em pouco tempo a Corte pode esclarecer que o instituto visava a garantir a autoridade de suas decisões e a coibir a usurpação de sua competência, em ambas as hipóteses tendo em mira julgados de juízes e cortes inferiores. Nesse sentido, a Reclamação 84 (DJ 23.7.46) impugnou decisão que supostamente aplicava de forma inexata precedente do STF. Na Reclamação 90 (DJ 19.4.48), o Tribunal chega a afirmar que a medida não tem natureza meramente administrativa. E, no julgamento do RE 13828 (em 4 de abril de 1950), a 2ª Turma do STF, pela voz do Relator, Min. Orosimbo Nonato, explicita que *"a alegação de ofensa a julgado do Supremo Tribunal Federal pela Justiça local pode ser examinada e resolvida por via de reclamação"*[2].

Em Sessão realizada em 2.10.57, o Supremo fez constar de seu Regimento Interno a previsão da reclamação. Muito se discutiu sobre a natureza jurídica do instituto. Houve quem o considerasse uma espécie de correição parcial, bem como quem atribuísse à reclamação natureza

---

[2] Sobre o assunto, consultar: DANTAS, Marcelo Navarro Ribeiro. Reclamação Constitucional no Direito Brasileiro. Porto Alegre: Sergio Antonio Fabris Editor, 2000, pp. 172 e s.

recursal, e a polêmica durou longos anos. Por fim, a Constituição de 1988 previu a reclamação, inicialmente, em seu art. 102, I, *l*, e com ela a doutrina apaziguou-se em considerar o instituto um tipo de ação constitucional. A evolução do controle abstrato de normas pós-1988 e seu relacionamento com o antigo controle difuso de constitucionalidade trouxe novas perspectivas para o interessante instituto da Reclamação Constitucional, que, a partir da EC 45/2004, passou a ser cabível, também, contra eventuais violações às súmulas vinculantes editadas pelo Supremo (art. 103-A, § 3º, CF).

Ao pensar na forma como nasceu a reclamação e na evolução de nosso sistema misto de controle de constitucionalidade, que exige dos estudiosos do tema engendrar formas de compatibilização dos modelos difuso e concentrado, torna-se claro que a criação pretoriana desse instituto também serviu como uma espécie de sucedâneo do *stare decisis* entre nós, visto que permitiu ao Supremo Tribunal fazer valer a autoridade de suas decisões.

Mas a reclamação continua a apresentar desafios ao nosso sistema de controle de constitucionalidade e sua utilização criativa e inteligente oferece possibilidades interessantes para que o STF possa integrar e atualizar o conteúdo de suas decisões. Nesse sentido, revela-se extremamente importante a recente decisão tomada no julgamento da Rcl 4.374, Relator Min. Gilmar Mendes, Plenário, julgada em 18.04.2013.

Nesse caso, o Instituto Nacional de Seguro Social – INSS ajuizou reclamação contra decisão proferida pela Turma Recursal dos Juizados Especiais Federais do Estado de Pernambuco, que concedeu ao interessado o benefício assistencial previsto no art. 203, inciso V, da Constituição Federal, em desrespeito ao parâmetro previsto na legislação de regência (art. 20, § 3º, da Lei 8.742/1993), a qual exige, para a concessão do referido benefício, o requisito renda familiar *per capita* inferior a ¼ (um quarto) do salário mínimo. Isso porque tal parâmetro foi declarado constitucional pelo Supremo Tribunal Federal, no julgamento da ADI 1.232, Rel. Min. Ilmar Galvão, Red. p/ o acórdão Min. Nelson Jobim, Plenário, DJ 1º.6.2001.

Vários foram os casos em que juízos concederam o benefício fora do parâmetro legal, em razão do reconhecimento da hipossuficiência do interessado, comprovada pelas mais diversas maneiras. Na Rcl 4.374, a Corte, por maioria, acompanhou o voto do Min. Gilmar Mendes para entender que mediante o julgamento de reclamação pode o Tribunal integrar e atualizar o conteúdo de decisão proferida em ação direta de inconstitucionalidade, que já não se afigura consentânea com a realidade fática e jurídica vivenciada pelo país.

Ao julgar a ADI 1.232, o STF afirmou a constitucionalidade da norma inscrita no art. 20, § 3º, da Lei 8.742/1993, que assim dispõe: "*considera-se incapaz de prover a manutenção da pessoa portadora de deficiência ou idosa a família cuja renda mensal per capita seja inferior a ¼ (um quarto) do salário mínimo*". Ante as inúmeras decisões de juízes e tribunais inferiores considerando que o parâmetro legal já não mais se mostrava consentâneo com a realidade sócio-econômica brasileira, o Supremo Tribunal, ao reconhecer a correção dessa avaliação, utilizou-se da referida reclamação para reapreciar sua decisão tomada na ADI 1232, evoluindo em seu posicionamento para redefinir ou até mesmo superar o acórdão que serviu como parâmetro para o ajuizamento da reclamação, afirmando que tal decisão não mais se coaduna com a interpretação atual da Constituição.

Assim, o relator demonstrou que foram editadas diversas normas que previram critérios mais elásticos para a concessão de benefícios assistenciais, entre elas a Lei 10.836/2004, que criou o Bolsa Família; a Lei 10.689/2003, que instituiu o Programa Nacional de Acesso à Alimentação; e a Lei 10.219/2001, que criou o Bolsa Escola. A partir disso, a Corte pode constatar, no julgamento da reclamação, a ocorrência do processo de inconstitucionalização do art. 20, § 3º, da Lei 8.742/1993, decorrente da significativa alteração das condições políticas, sociais e econômicas vigentes no país, bem como em razão das mudanças jurídicas (as sucessivas modificações legais mencionadas) empreendidas.

Após essas considerações, o Supremo Tribunal Federal declarou a inconstitucionalidade parcial, sem pronúncia de nulidade, do art. 20, § 3º, da Lei 8.742/1993, e julgou procedente a Reclamação 4.374, reconhecendo que os parâmetros legais sofreram processo de inconstitucionalização e que, portanto, os benefícios podem ser concedidos mediante outras formas de comprovação da situação de miserabilidade social das famílias com entes idosos ou deficientes.

Retomando a ideia lançada no início do texto, conclui-se que a construção pretoriana da reclamação também pode ser inserida, na compreensão da evolução do controle de constitucionalidade brasileiro, entre os sucedâneos do *stare decisis*, uma vez que buscava dar ao Supremo

Tribunal Federal meios de fazer valer a autoridade de suas decisões e de preservar a sua competência.

O julgamento da Rcl 4.374, por sua vez, demonstra que as possibilidades e funções do instituto são diversas e ainda não esgotadas. Do referido julgamento extrai-se que a reclamação pode-se tornar um importante instituto para a compatibilização dos modelos difuso e concentrado de controle de constitucionalidade. Ela permite que o Supremo Tribunal Federal dialogue com as instâncias ordinárias, de modo a perceber nuances e modificações fáticas relevantes para a melhor compreensão do atual significado da Constituição. A partir desse frutífero diálogo, viabiliza-se uma oxigenação da jurisdição constitucional, permitindo-se à Corte evoluir em sua interpretação, fazendo com que decisões em reclamações integrem e atualizem julgados antigos, proferidos pelo STF no controle abstrato de normas.

Reflexões Sobre a Possibilidade de Modulação dos Efeitos das Decisões Judiciais Proferidas Pelos Tribunais e Pelo Superior Tribunal de Justiça

FÁBIO LIMA QUINTAS

O Direito não é apenas uma expressão da autoridade e da coerção. Uma de suas destacadas funções se relaciona com sua capacidade de ordenação: o estabelecimento de um padrão estipulado de conduta, que seja racionalmente inteligível em sua totalidade[1]. É dizer: o Direito é mais do que mera aceitação e subordinação: é um critério regulador de conduta. Não é acidental, portanto, a importância da segurança jurídica para o Direito moderno, que se manifesta por diversos institutos de direito material e processual: as garantias constitucionais do direito adquirido, do ato jurídico perfeito e da irretroatividade da lei, a proteção da boa-fé e da legítima confiança, a coisa julgada e a preclusão.

Essa expectativa de previsibilidade tem gerado discussão sobre a necessidade de conferir estabilidade à jurisprudência, de prevenir viradas bruscas de orientações jurisprudenciais, sobretudo dos tribunais supe-

---

[1] MACCORMICK, Neil. Institutions of Law. Oxford University Press, 2009.Cap. 1. O argumento tem algum desenvolvimento no seguinte texto do autor: QUINTAS, Fábio Lima. *O juiz como última instância da Administração Pública: o impacto do ativismo judicial na ordenação do direito e na função administrativa*. In: Revista Brasileira de Estudos Constitucionais, v.20, Belo Horizonte, Ed. Fórum, out/dez. 2011,pp.245/261.

riores e do Supremo Tribunal Federal, e de evitar surpresas na prestação jurisdicional.

No plano do controle concentrado de constitucionalidade prestado pelo Supremo Tribunal Federal, vai ao encontro dessa expectativa a consagração do instituto da modulação dos efeitos da declaração de inconstitucionalidade, prevista no artigo 27 da Lei 9.868, de 1999, segundo o qual "ao declarar a inconstitucionalidade de lei ou ato normativo, e tendo em vista razões de segurança jurídica ou de excepcional interesse social, poderá o Supremo Tribunal Federal, por maioria de dois terços de seus membros, restringir os efeitos daquela declaração ou decidir que ela só tenha eficácia a partir de seu trânsito em julgado ou de outro momento que venha a ser fixado".

Também diante da prestação jurisdicional oferecida pelos demais órgãos do Poder Judiciário, postula-se a proteção da legítima confiança do cidadão ou do jurisdicionado aos efeitos de determinado quadro normativo que foi modificado por decorrência de mudanças de entendimento jurisprudencial, sobretudo aquelas ocorridas no âmbito de Tribunais Superiores, como o do Superior Tribunal de Justiça, o que se traduz por termos como "modulação dos efeitos da decisão judicial", "eficácia *ex nunc* das decisões judicias", "ilegitimidade da eficácia retroativa de pronunciamentos judiciais", "direito adquirido a orientação jurisprudencial"[2].

Com algum grau de síntese, pretende-se indicar alguns pontos de reflexão para enfrentar a seguinte indagação: seria o artigo 27 da Lei 9.868, de 1999, um instituto que poderia ser utilizado pelo Poder Judiciário para realizar a modulação de suas decisões? Seria um expediente disponível para a generalidade do Poder Judiciário?

Entendo que não.

Para contextualizar o problema, observem-se os seguintes exemplos.

No julgamento do RE 377.457, que versava sobre a Cofins, o Supremo Tribunal Federal decidiu, em regime de Repercussão Geral,

---

[2] Vide, a propósito: FERRAZ JR. Tércio Sampaio; CARRAZA, Roque Antonio; NERY JUNIOR, Nelson. Efeito ex nunc e as decisões do STJ. 2ª ed. São Paulo, Manole, 2009. CRUZ E TUCCI, José Rogério. *Paradoxo da Corte: Eficácia retroativa de pronunciamentos judiciais é desleal*. ConJur, 19 de novembro de 2013, disponível no seguinte endereço: www.conjur.com.br/2013-nov-19/paradoxo-corte-eficacia-retroativa-pronunciamentos-judiciais--malefica?imprimir=1

que a revogação pelo artigo 56 da Lei 9.430/96 da isenção concedida às sociedades civis de profissão regulamentada pelo artigo 6º, II, da Lei Complementar 70/1991 foi válida e legítima. Entendeu que a distinção entre lei ordinária e lei complementar não se punha em termos de hierarquia, mas sim de distribuição material entre as espécies legais, sendo que, competindo à lei ordinária regular as isenções no Cofins, poderia o benefício estabelecido na LC 70/91 (que seria materialmente legislação ordinária) ser revogado por lei ordinária. O Tribunal, por maioria, rejeitou pedido de modulação dos efeitos de sua decisão. Cumpre destacar que o Tribunal, por maioria, rejeitou pedido de modulação dos efeitos de sua decisão, vencidos os Ministros Menezes Direito, Eros Grau, Celso de Mello, Ricardo Lewandowski e Carlos Britto[3].

O Tribunal Regional Federal da 5ª Região, julgando a mesma matéria, em sede de ação rescisória ajuizada pela União, seguiu o entendimento do STF e julgou a ação procedente para rescindir acórdão que mantivera a isenção prevista na legislação complementar. Não obstante a rescisão do julgado, o Tribunal aplicou a modulação dos efeitos da decisão, no sentido de estabelecer que a exigência da Cofins no caso concreto deveria se dar a partir da data do julgamento (não sendo necessário o recolhimento do tributo com base em decisão transitada em julgado)[4].

Num terceiro caso, o Tribunal de Justiça do Distrito Federal, por meio de seu Conselho Especial, em sede de controle concentrado, declarou a inconstitucionalidade de Decreto que admitia o "aproveitamento" ou 'transposição" de candidatos aprovados em concurso público para nomeação em cargos distintos daqueles para os quais se havia prestado o certame, em afronta ao artigo 37, inciso II, da Constituição (Súmula 685 do STF). Considerando que esse Decreto tinha produzido efeitos (com a nomeação de candidatos para cargos distintos daqueles para os quais haviam prestado concurso), o Tribunal de Justiça houve por bem modular os efeitos de sua decisão, dando-lhe eficácia *ex nunc*, com fundamento no artigo 8, §5º, da Lei nº 11.697/2008 e do artigo 128

---

[3] STF, RE 377457, Rel. Min. Gilmar Mendes, Tribunal Pleno, DJe 19/12/2008.
[4] TRF5, Pleno, processo nº 200905000710392 (AR6306/PE), Rel. Des. Fed. Rogério Fialho Moreira, DJE 10/12/2012.

do Regimento Interno do TJ-DF, em paralelismo com o artigo 27 da Lei 9.868/99[5].

Para compreender o impacto dessa decisão do Conselho Especial do Tribunal de Justiça do Distrito Federal, é ilustrativo examinar o resultado de julgamento de uma apelação, num caso individual, envolvendo essa mesma temática: um servidor público distrital, que havia sido nomeado em cargo diferente daquele em que foi aprovado (nos termos permitidos pelo Decreto Distrital mencionado) ajuizou demanda pleiteando a regularização de sua situação funcional, com sua nomeação para o cargo correto (que, aliás, lhe daria uma remuneração maior), sobretudo no contexto de que outros candidatos em posição inferior à sua classificação no certame foram corretamente nomeados. O tribunal manteve a sentença que julgara improcedente a demanda. Considerou que "diante da modulação de efeitos, considera-se hígido e constitucional o normativo que, à época, possibilitara à Administração Distrital oferecer ao apelante investidura em cargo diverso para o qual havia prestado concurso público"[6].

Abusando da paciência do leitor, trago um quarto, e último, exemplo. O Superior Tribunal de Justiça, modificando orientação que existia na Corte, passou a considerar que os aposentados não teriam direito à incorporação do auxílio "cesta-alimentação" no cálculo do benefício de previdência privada[7]. No julgamento do EDcl no REsp 1.234.881, a Corte se deparou com um pedido dos aposentados-embargantes (que eram recorridos no recurso especial que fora provido) para que se conformasse o resultado de seu processo ao entendimento jurisprudencial anterior, em nome da segurança jurídica. A 4ª Turma rejeitou o pedido, "diante da inexistência de autorização legal e da manifesta distinção entre as técnicas de julgamento de ação direta de inconstitucionalidade e da atividade jurisdicional constitucionalmente atribuída a este STJ"[8].

---

[5] TJDFT, Conselho Especial, acórdão n.337813, 20070020067407ADI, Rel. p/ acórdão Des. Romeu Gonzaga Neiva, Data de Julgamento: 16/9/2008, Publicado no DJE: 1/6/2009.

[6] TJDFT, 1ª Turma, Acórdão n.750558, 20100111289248APC, Rel. Des. Alfeu Machado, Data de Julgamento: 16/1/2014, Publicado no DJE: 22/1/2014.

[7] STJ, 2ª Seção, REsp 1.207.071/RJ, Rel. Ministra Maria Isabel Gallotti, julgado em 27/6/2012, no regime do art. 543-C, DJe 8/8/2012.

[8] STJ, 4ª.Turma, EDcl no REsp 1234881/RS, Rel. Ministro Marco Buzzi julgado em 09/10/2012, DJe 19/10/2012.

Em síntese, temos as seguintes situações: i) uma decisão do STF em controle de constitucionalidade que afastou a modulação dos seus efeitos numa questão tributária envolvendo o COFINS; ii) uma decisão do TRF5, em ação rescisória, que, enfrentando a mesma questão constitucional (i) houve por bem realizar a modulação dos seus efeitos; iii) uma decisão do TJDFT, em controle concentrado de constitucionalidade, que modulou os efeitos de sua declaração de inconstitucionalidade; e iv) uma decisão do Superior Tribunal de Justiça que negou a possibilidade de realizar a modulação em juízo de legalidade.

Esses quatro exemplos ajudam a fixar os aspectos que me parecem relevantes para enfrentar a discussão, que pode se orientar, basicamente, pela resposta que se der a duas questões: i) quem pode realizar a modulação dos efeitos das decisões judiciais?; e ii) qual o fundamento adequado para tanto?

Deve-se partir da constatação de que o artigo 27 da Lei nº 9.868, de 1999, confere apenas ao Supremo Tribunal Federal, por maioria qualificada de 8 votos, a possibilidade de realizar a modulação no controle concentrado de constitucionalidade. Considero que não é factível, por analogia, mimetizar para outros Tribunais e situações o instituto da modulação previsto no artigo 27 da Lei nº 9.868, de 1999.

Em síntese, parece-me que deva ser privilegiada a distinção entre as atividades decorrentes da jurisdição ordinária e as da jurisdição constitucional, e, dentro dessa última dimensão, as da jurisdição constitucional prestada por juízes e tribunais e aquela prestada pelo Supremo Tribunal Federal.

No que se refere à jurisdição constitucional, que sabidamente tem uma conotação política, que, de certa forma, se aproxima mais da atividade do legislativo do que da do juiz (não por outro motivo associa-se a atividade da jurisdição constitucional à do legislador negativo), deve-se reconhecer uma diferença qualitativa entre aquela prestada pelo Supremo Tribunal Federal e a oferecida pelos juízes e tribunais (mesmo no exercício do controle concentrado). Sendo novamente conciso, entendo que – sob o pálio da Constituição de 1988, das Emendas Constitucionais promulgadas, da legislação editada e da nossa prática constitucional – o Supremo Tribunal Federal assumiu uma função de Tribunal Constitucional, tendo feições que o distinguem do Poder Judiciário em sua estrutura e composição, seu funcionamento e procedimento e nas eficácias de suas decisões[9].

Por isso, na leitura do artigo 27 da Lei nº 9.868, de 1999, deve-se dar ênfase não apenas à modalidade de controle (concentrado), mas também a quem é atribuída essa competência (ao Supremo Tribunal Federal)[10].

Qual seria a justificativa para estender a modulação dos efeitos da declaração de inconstitucionalidade para outros tribunais? Isso seria compatível com a função, a estrutura e os procedimentos desses tribunais? Ou seja, isso se conformaria ao princípio da separação de poderes? Parece-me que essa é a pergunta que precisa ser enfrentada para admitir a prática da modulação, em questões de constitucionalidade, por outros Tribunais.

Pensar na modulação dos efeitos em decisões de legalidade, mesmo que proferidas pelo Superior Tribunal de Justiça, enfrenta outros relevantes obstáculos teóricos.

Não se pode negar que o STJ tem assumido a função de uma Corte de Precedentes. É o que se revela por sua função constitucional de garantir a integridade da legislação federal e a uniformidade de sua interpretação (artigo 105 da Constituição), pelas reformas legislativas que ampliaram a força persuasiva de suas decisões (vide, por exemplo, os arts. 557, 518 e 543-C do CPC, com a redação conferida pelas Leis nº 9.756, de 1998, 11.276, de 2008, e 11.672, de 2008, respectivamente) e pelas nossas práticas judiciárias (vide, por exemplo, o cabimento da reclamação perante o STJ contra decisão dos Juizados Especiais Cíveis

---

[9] Esse argumento é desenvolvido em capítulo da tese de doutorado defendida perante a Faculdade de Direito da Universidade de São Paulo: QUINTAS, F. L. O mandado de injunção perante o Supremo Tribunal Federal: a reserva de jurisdição constitucional do Supremo Tribunal Federal para o suprimento das omissões legislativas inconstitucionais. 2013. 376 f. Tese (doutorado) – Faculdade de Direito, Universidade de São Paulo, São Paulo, 2013.

[10] No âmbito do controle difuso de constitucionalidade, em especial no julgamento de recursos extraordinários com repercussão geral reconhecida, o Supremo tem admitido a restrição dos efeitos de sua decisão, dando-lhes eficácia prospectiva, com base na ideia de segurança jurídica. Vide a respeito os seguintes julgados: STF, RE 377457, Rel. Min. Gilmar Mendes, Tribunal Pleno, DJe 19/12/2008; RE 637485, Rel. Min. Gilmar Mendes, Tribunal Pleno, julgado em 1/8/2012, DJe 21/5/2013.

e Criminais, conforme decidido pelo STF no julgamento do EDcl no RE n. 571.572-8/BA)[11].

De todo modo, essa feição do STJ não permite atribuir-lhe uma função assemelhada a de uma Corte Constitucional (da legalidade), pois os planos da legalidade e da constitucionalidade não são assimiláveis. A jurisdição (ordinária), vale lembrar, voltada à composição de conflitos ou ao suprimento de vontades pela aplicação da lei, é marcada pela imparcialidade do julgador que decorre da sua vinculação ao direito posto, destinando-se a jurisdição à atuação da vontade do direito sobre a vontade das partes.

Na jurisdição ordinária, pois, o juiz reconhece o direito (sem colocá-lo em xeque) e o aplica ao caso em julgamento. Destaque-se: não se está dizendo que o juiz não pode exercer o controle difuso de constitucionalidade, mas sim que há uma diferença substantiva de atitude do julgador quando aplica a lei (jurisdição ordinária) ou quando declara a sua inconstitucionalidade (reconhecendo sua aplicação em tese no caso em julgamento, mas deixando de utilizá-la em função do vício da inconstitucionalidade). Igualmente, não se afirma que "o juiz é a boca da lei", mas sim que a atividade judicial padrão deve sim ser concebida como uma atividade secundária e substitutiva (Calamandrei e Chiovenda). Como pondera Ingborg Maus:

> A concepção de Montesquieu do juiz como um autômato (*'inanimé'*) de aplicação da lei contém, na verdade, a excessiva ilusão de que toda sentença em particular no caso de aplicação (singular) seria definitivamente determinada pela formulação da lei (geral). No entanto, Montesquieu profere neste contexto o entendimento correto de que, em todo caso, a vinculação legal da justiça garante, em geral, a liberdade dos cidadãos diante de abusos estatais arbitrários. Sem esta vinculação, 'viveríamos na sociedade sem conhecer exatamente as obrigações que contraímos nela'[12].

---

[11] Sobre esse assunto: QUINTAS, Fábio Lima; GOMES, Luciano Corrêa. A jurisdição do Superior Tribunal de Justiça sobre os Juizados Especiais Cíveis: antecedentes, perspectivas e o controle por meio da reclamação. Revista de Processo 196, p. 433-460, 2011.

[12] MAUS, Ingeborg. Separação dos poderes e função judiciária: uma perspectiva teórico-democrática. In: BIGONHA, Antonio Carlos Alpino; MOREIRA, Luiz (org.). Legitimidade da Jurisdição Constitucional. Rio de Janeiro: Lumen Juris, 2010. p. 30.

Não se vê, por isso, disponível para o Superior Tribunal de Justiça o uso da modulação prevista no artigo 27 da Lei 9.868 nos julgamentos de legalidade. Nesse aspecto, corretos os fundamentos adotados pelo STJ no precedente indicado.

Isso não quer dizer, no entanto, que não estejam disponíveis outras formas de proteger a legítima expectativa dos cidadãos contra alterações bruscas da jurisprudência, em vista da segurança jurídica. Essa construção teórica deve partir, no entanto, de um debate que pondere a origem da legítima expectativa do jurisdicionado (enfrentando o argumento de que a jurisprudência não é fonte do direito, cuja superação demanda a compreensão da função dos precedentes dos Tribunais Superiores no nosso direito contemporâneo) e dos fundamentos jurídicos disponíveis para a proteção dessa expectativa (que pode estar, por exemplo, numa interpretação que parta do disposto nos artigos 140 e 146 do CTN, para o âmbito das lides tributárias, ou no artigo 2º, parágrafo único, XIII, da Lei nº 9.784, de 1999, para questões envolvendo o contencioso administrativo, como sugere o Prof. Tercio Sampaio Ferraz Júnior[13]).

Para lidar com essa árida e complexa questão, é importante, de todo modo, entender a função do Poder Judiciário no Estado Constitucional, ficando atento à advertência de Gustavo Zagrebelsky, para quem "os juízes têm uma grande responsabilidade na vida do direito", mas "não são os senhores do direito". Pelo contrário, são eles "os garantes da necessária e dúctil coexistência entre lei, direitos e justiça"[14].

---

[13] FERRAZ JR., Tercio Sampaio. *Irretoratividade e jurisprudência judicial*. In: FERRAZ JR. Tércio Sampaio; CARRAZA, Roque Antonio; NERY JUNIOR, Nelson. Efeito ex nunc e as decisões do STJ. 2ª ed. São Paulo, Manole, 2009. pp. 1-13.

[14] ZAGREBELSKY, Gustavo. El derecho dúctil. ley derechos, justicia. 8ª ed. Trad. Marina Gascón (da 1ª ed. Italiana de 1992). Madrid: Editorial Trotta, 2008. p. 153.

Supremo Tribunal Federal e Foro por Prerrogativa de Função

Luciano Felício Fuck

Entre as importantes competências conferidas pela CF/1988 ao Supremo Tribunal Federal, uma das mais polêmicas é a de processar e julgar infrações penais comuns (art. 102, I, "b" e "c", da CF/1988), seja pela controvérsia quanto à conveniência do foro por prerrogativa de função, seja pela excepcional oneração da principal Corte do País com matéria estranha, em princípio, à sua principal função: a guarda da Constituição Federal.

Certo é que, a partir da Emenda Constitucional 35/2001 – que revogou a necessidade de licença pela Casa pertinente do Congresso Nacional para processar criminalmente deputados e senadores –, o STF pôde efetivamente exercer esta competência jurisdicional, que paulatinamente domina a pauta de julgamentos e exige cada vez mais dos já sobrecarregados ministros da Corte.

Com efeito, até a EC 35/2001, nenhuma autorização havia sido concedida por qualquer das Casas do Congresso Nacional para o Tribunal iniciar ou sequer continuar inquéritos ou ações penais, que simplesmente permaneciam sobrestados nos escaninhos da Suprema Corte.

Atualmente, tramitam 506 inquéritos e 153 ações penais no STF. Apesar de representarem pouco mais de 1% dos processos em tramitação na Corte, estes feitos requerem inúmeras providências, desdobramentos e atos indispensáveis aos exigentes comandos de ampla defesa e contraditório típicos do processo penal. A complexidade dos casos, a repercussão política, a produção minuciosa de provas, tudo no âmbito dos processos criminais originários demanda esforço imenso por parte da Suprema Corte para julgar as imputações penais antes de consumada a prescrição. O julgamento da AP 470 é só um exemplo de como esses complexos feitos podem, pelo próprio volume, inviabilizar o funcionamento do Tribunal.

De fato, não tardou muito e metade das sessões do Plenário do STF foi destacada para julgar quase exclusivamente os casos penais de competência originária, enquanto pendentes diversas ações diretas de inconstitucionalidade e questões constitucionais de repercussão geral, mais estreitamente relacionadas ao importante papel do STF como guardião da Constituição Federal.

Principalmente a partir de 2008, o STF adaptou suas estruturas para atender adequadamente ao art. 5º, LXXVIII, da CF/1988, de modo a possibilitar a razoável duração do processo criminal. Entre as mudanças implementadas, duas merecem destaque pelo impacto que tiveram, a saber: (i) a instituição do magistrado instrutor; (ii) a criação de seção de processos criminais.

Quanto ao magistrado instrutor, a Lei n. 12.019/2009 permitiu ao STF convocar desembargadores e juízes com competência criminal para a realização de atos de instrução nas ações penais originárias. Aprovada no âmbito do II Pacto Republicano, a medida legislativa deu sensível celeridade à produção probatória no âmbito das ações penais, principalmente quanto às oitivas de testemunhas, que eram realizadas majoritariamente por meio de cartas de ordem enviadas a todos o País. As cartas de ordem – que algumas vezes demoravam mais de ano para serem cumpridas – foram substituídas, em grande parte, pela atuação direta de magistrados destacados exclusivamente para tal finalidade, que colhem as provas em poucos dias.

No que se refere à coordenadoria de processos criminais, criada como núcleo em 2008 e depois transformada em órgão da Secretaria Judiciária do STF, tratou-se de destacar e especializar servidores do Tribunal para cuidar especificamente desses feitos. Parece evidente que as providências próprias dos processos criminais, especialmente intimações, publicações e a confecção de certidões e informações, contêm peculiaridades que se diferenciam substancialmente dos demais feitos que tramitam na Corte. Certamente não é conveniente que a comunicação de uma ordem penal misture-se com aquelas provenientes de ações diretas de inconstitucionalidade, recursos extraordinários ou outros feitos.

Essa especialização é que possibilita a racionalização de procedimentos e a adequada gestão de processos. A título de exemplo, cito pequena alteração procedimental, sugerida pelo núcleo, que teve enorme repercussão na celeridade da tramitação: a redução de deslocamento físico dos autos para prorrogação dos prazos para diligência da polícia federal.

Normalmente, as diligências solicitadas pela Procuradoria-Geral da República (PGR) nas investigações desenvolvidas nos inquéritos que tramitam no STF são determinadas pelo Ministro Relator ao Departamento de Polícia Federal (DPF), por prazo certo, em geral, noventa dias. Caso não cumpridas no prazo apontado, o delegado responsável deve solicitar prorrogação do prazo ao Ministro Relator, após ouvida a PGR. Em primeiro momento, a solicitação era encaminhada junto com os autos, que também eram deslocados à PGR. No entanto, além do custo de transporte desses autos, a cada carga e chegada no STF, os autos físicos precisam ser conferidos folha a folha para evitar o extravio de páginas e elementos juntados.

Alguns feitos penais – dado o número de páginas, entre centenas de volumes e apensos – levavam mais de três dias só para serem conferidos. Não raro, o deferimento de renovação de prazo levava mais tempo que os noventa dias assinalados pelo Tribunal para efetivação das diligências.

Para evitar os deslocamentos desnecessários, que inclusive interrompiam a efetivação das diligências, a coordenadoria de processos criminais passou a receber apenas o ofício de dilação de prazo, encaminhando ao relator e à PGR cópia digitalizada do feito. A tabela abaixo demonstra a sensível redução não só do tempo de tramitação dos inquéritos no DPF e na PGR, como do número de vezes que cada inquérito precisou ser encaminhado a cada órgão:

ESTUDOS SOBRE A JURISDIÇÃO CONSTITUCIONAL

SEMESTRE	TEMPO MÉDIO PGR (em dias)	QTD. MÉDIA PGR	TEMPO MÉDIO PF (em dias)	QTD MÉDIA PF	TEMPO DE TRAMITAÇÃO
2004/1	975,7773852	10,56360424	310,9805654	2,931095406	1942,083039
2004/2	325,3432099	5,637037037	126,8049383	1,017283951	1263,177778
2005/1	384,2599469	5,114058355	74,14854111	0,74535809	951,9257294
2005/2	811,1422846	12,30260521	132,7234469	1,084168337	1572,921844
2006/1	854,9723926	7,588957055	135,595092	1,429447853	1520,41411
2006/2	808,3903061	6,040816327	121,3392857	1,109693878	1546,892857
2007/1	960,5711207	8,090517241	172,169181	1,788793103	1474,707974
2007/2	1358,335951	9,103839442	190,2399651	1,468586387	1477,52007
2008/1	756,7214674	6,930706522	246,9578804	1,919836957	1454,949728
2008/2	803,8371385	6,625570776	229,4977169	1,570776256	1197,43379
2009/1	434,8716707	5,924939467	131,3510896	1,244552058	1200,058111
2009/2	504,4485981	4,93271028	212,2018692	1,373831776	1188,485981
2010/1	468,0144168	4,790301442	187,259502	1,538663172	970,8283093
2010/2	602,6007067	4,992932862	235,5830389	1,507067138	864,5971731
2011/1	407,6724437	5,633737724	100,3408434	0,656268053	932,7868284
2011/2	352,8664825	4,317679558	131,0497238	0,883977901	769,1537753
2012/1	245,9027778	4,114197531	68,81944444	0,518518519	571,9753086
2012/2	183,3194748	3,181619256	61,41356674	0,369803063	443,6105033
2013/1	119,0847458	2,582627119	87,68008475	0,733050847	326,3665254
2013/2	54,69363538	1,884573894	24,91370011	0,281553398	145,8144552

Fonte: Assessoria de Gestão Estratégica/STF.

Nesse sentido, se, no primeiro semestre de 2004, cada inquérito permaneceu, em média, mais de 975 dias na PGR, a média caiu para pouco mais de 54 dias no segundo semestre de 2013. Por outro lado, no primeiro semestre de 2004, cada inquérito foi enviado mais de 10 vezes à PGR, a média foi reduzida a menos de 2 vezes no segundo semestre de 2013. Daí a abrupta redução no tempo de tramitação, de uma média de 1.942 dias no primeiro semestre de 2004 para pouco mais de 145 dias no segundo semestre de 2013.

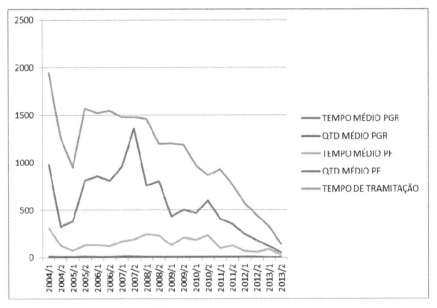

Fonte: Assessoria de Gestão Estratégica/STF.

Em síntese, o STF conseguiu melhorar sensivelmente a agilidade da tramitação dos inquéritos e ações penais originárias, conseguindo julgar o mérito de vários casos, seja para absolver, seja para condenar.

É certo que ainda há muito espaço para racionalizar e acelerar a tramitação dos feitos originários. Vários ministros já externaram sugestões para dinamizar as deliberações em Plenário, a exemplo de recentes sugestões apresentadas pelo Min. Roberto Barroso. Também alguma medida para conter o excessivo acúmulo de documentos, seja nos processos em papel, seja em processos eletrônicos, deve ser pensada.

Entre as providências administrativas mais relevantes que se cogitam no âmbito do Tribunal, destaco duas que terão efeitos quase imediatos: (i) alteração no Regimento Interno do STF (RISTF) para passar a competência de processar e julgar parte dos inquéritos e ações penais para as Turmas, como sugerido pela Comissão de Regimento Interno no Processo Administrativo 353.117; (ii) o emprego de videoconferência para a oitiva de testemunhas residentes fora do Distrito Federal.

Interessante constatar que o incremento de efetividade nos processos penais originários resultou na completa inversão das críticas ao Tribunal. Anteriormente, as principais críticas ao foro especial por prerrogativa de função, pejorativamente denominado "foro privilegiado", relacionavam-se à impunidade decorrente da ausência de autorização para tramitação dos processos criminais. Uma vez que o STF passou a conduzir os feitos criminais e os julgamentos passaram a acontecer, seja para absolver, seja para condenar, o "privilégio" tornou-se "maldição", dada a ausência de recurso ordinário e duplo grau de jurisdição nos feitos apreciados em única instância pelo STF.

Portanto, as mudanças efetivadas desde a EC 35/2001 marcam decisivos avanços na competência do STF de apreciar infrações penais originárias, mas muito ainda pode ser feito. Na realidade, a demora na apreciação de ações penais só favorece ao ímpio que permanece impune, enquanto o inocente sofre tão somente por estar submetido a processo penal.

Interpretação e Argumentação
na Jurisdição Constitucional

Como a Sorte Influencia a Jurisdição Constitucional

Jorge Octávio Lavocat Galvão

Tem-se enfatizado, com grande entusiasmo, a qualidade dos fundamentos apresentados pelos juízes para o deslinde dos casos decididos pelas Cortes Constitucionais. Uma das justificativas normalmente apresentadas em favor da legitimidade da jurisdição constitucional seria a de que os juízes se valeriam de argumentos morais, ou de princípios, para justificar suas decisões, enquanto que os membros do Parlamento agiriam imbuídos de interesses parciais ao votarem as leis. Não por outro motivo Ronald Dworkin qualificou a Suprema Corte norte-americana como um *fórum de princípios*[1], no qual os direitos dos cidadãos estariam mais bem protegidos do que se deixados ao alvitre das maiorias políticas ocasionais.

Uma análise mais detida às circunstâncias que determinam quem sai vencedor ou perdedor dos casos decididos pelo Supremo Tribunal Federal (STF) revela, contudo, que nem sempre o resultado final deriva de um processo decisório racional, no qual prevalece o melhor argumento, mas pode ser, em grande parte, produto do acaso. Dito de outra forma, a sorte (ou azar) do litigante muitas vezes é o fator preponderante na definição de uma questão colocada diante de nosso tribunal constitucional, independentemente de qual interpretação jurídica a maioria da Corte entenda ser a melhor possível. Três casos são representativos nesse sentido.

---

[1] Dworkin, Ronald. **A Matter of Principle**. Cambridge: Harvard Univ. Press, 1985, p. 33-71.

Às vésperas da eleição geral de 2010, uma dúvida jurídica relevante ainda persistia: poderia ser a Lei da Ficha Limpa (Lei Complementar nº 135/10) aplicada no mesmo ano de sua edição ou deveria ser observado o princípio da anualidade eleitoral, previsto no art. 16 da Constituição Federal? O então candidato ao Governo do Distrito Federal, líder nas pesquisas de intenção de voto, que havia tido sua candidatura impugnada com base na referida lei, interpôs Recurso Extraordinário contra acórdão do Tribunal Superior Eleitoral que lhe era desfavorável. Faltando apenas nove dias para o pleito, o plenário do Supremo Tribunal Federal debateu a questão por mais de onze horas, chegando a um inusitado empate na votação em razão da vacância de uma das cadeiras da Corte[2].

A incerteza jurídica decorrente deste julgamento fez com que o litigante renunciasse à sua candidatura, para sorte de seu adversário político, que se elegeu com certa facilidade. Após a nomeação do Ministro Luiz Fux, já no ano de 2011, a questão restou definitivamente decidida, por 6 votos a 5, no sentido da inaplicabilidade da Lei da Ficha Limpa às eleições de 2010[3]. Não há dúvidas que o empate ocorrido no primeiro julgamento influenciou de maneira decisiva o destino dos candidatos, prejudicando a candidatura daquele que se ancorava em interpretação constitucional que, ao cabo, restou acolhida pela maioria da Corte.

Outro caso julgado em 2010 também evidencia como o fator sorte tem o condão de influenciar o resultado final dos casos submetidos à Corte. Em 7 de março, foi levada a julgamento, pelo plenário do Supremo Tribunal Federal, a Ação Penal nº. 433, na qual se discutia a ocorrência de crime contra a Administração Pública praticada por Deputado Federal. A ministra relatora Ellen Gracie e o ministro revisor Cezar Peluso votaram pela condenação criminal do parlamentar, tendo sido acompanhados pelos ministros Joaquim Barbosa, Cármen Lúcia e Ayres Britto. O Ministro Dias Toffoli, por outro lado, abriu a divergência, concluindo pela atipicidade do fato, no que foi acompanhado pelos ministros Ricardo Lewandowski, Gilmar Mendes, Marco Aurélio e Celso de Mello.

---

[2] Cf. http://www.conjur.com.br/2010-set-23/supremo-retoma-julgamento-aplicacao-lei-ficha-limpa.

[3] Cf. http://www.conjur.com.br/2011-mar-23/ministro-luiz-fux-vota-aplicacao-lei-ficha-limpa-2010.

No caso específico, a prescrição criminal ocorreria no dia seguinte à sessão de julgamento (08/03/10) e estava ausente o ministro Eros Grau. Ocorrendo empate de 5 a 5 na votação, a maioria da Corte decidiu que se deveria aguardar o voto faltante, o que ocasionou a prescrição do delito[4]. O réu, por um golpe de sorte, beneficiou-se de uma circunstância contingente: a ausência de um magistrado no dia de seu julgamento.

Em circunstâncias distintas, mas também envolvendo uma obra do acaso, reconheceu-se, em caso único, que ex-Ministro de Estado não responderia por ação de improbidade, mas por crime de responsabilidade, com assento em foro privilegiado. Na Reclamação nº 2.138, a Corte deliberou, por 6 votos a 5, que o juízo da 14ª Vara Federal do Distrito Federal seria incompetente para julgar ação de improbidade contra Ministro de Estado, já que os agentes políticos responderiam por crime de responsabilidade, no foro determinado pela Constituição Federal de 1988 em seu art. 102, I, "c". Anulou-se, assim, a sentença de mérito de primeiro grau que havia julgado procedente a ação do *parquet* e decretado a suspensão dos direitos políticos do réu pelo prazo de 8 anos, bem como a perda da função pública[5].

O curioso é que, julgado o caso em 2007, a maioria vencedora se formou com os votos dos Ministros Ilmar Galvão, Nelson Jobim e Maurício Corrêa, magistrados já aposentados àquela altura. Dos debates travados, percebeu-se que o pronunciamento da Corte não refletia o entendimento de seus atuais membros, dentre os quais três não tiveram direito a voto, pois seus antecessores já haviam se pronunciado. Percebe-se, pois, que, por capricho do destino, o político saiu-se vitorioso nesse processo específico. Desde então, o Supremo Tribunal Federal nunca mais reconheceu direito semelhante a outro agente público[6].

O que esses três casos revelam é que nem sempre a interpretação considerada a mais correta é a que prevalece. Os advogados conhecem bem essa faceta aleatória da prática jurídica. Não raras vezes ações idênticas distribuídas para juízos distintos têm desfechos completamente distintos. Também é prática recorrente torcer para que uma medida urgente seja distribuída para este ou aquele magistrado, que possui um

---

[4] Supremo Tribunal Federal, Ação Penal nº. 433, Relatora: Min. ELLEN GRACIE, Relator(a) p/ Acórdão: Min. DIAS TOFFOLI, Tribunal Pleno, julgado em 11/03/2010, DJe-091.

[5] Cf. http://www.conjur.com.br/2007-jun-13/lei_improbidade_nao_aplica_ministros_estado.

[6] Cf. http://www.conjur.com.br/2007-jul-24/decisao_stf_improbidade_nao_vinculante.

entendimento mais favorável ao pleito do requerente. Estes fatos fazem parte da rotina daqueles que militam perante os fóruns e os tribunais Brasil a fora.

As implicações destes fatores contingentes para a construção de uma teoria da jurisdição constitucional, contudo, ainda estão a merecer maiores reflexões por parte da academia. Obviamente que, em se tratando de questões constitucionais, o mais adequado seria a prevalência da interpretação que a maioria dos membros da Corte considerasse a mais adequada. Eliminar o fator sorte de nossa prática constitucional é certamente impraticável, mas é possível minimizar os seus efeitos por meio de arranjos institucionais bem desenhados. O sistema de votação da Suprema Corte norte-americana, por exemplo, no qual o resultado do julgamento somente é proclamado após os juízes chegarem internamente a um acordo sobre como deve ser decidido o caso, pode ser criticado por vários fatores, mas evitaria o mal-estar causado nos três precedentes mencionados. A nosso sentir, o estudo dos arranjos institucionais, com o diagnóstico das consequências positivas e negativas de cada variação estrutural, apresenta-se, atualmente, como uma das principais tarefas dos estudiosos do direito constitucional.

O STF e o Problema das Excessivas Citações Doutrinárias (Quando o Mais é Menos)

Marcelo Casseb Continentino

Há um aspecto da argumentação jurídica que particularmente me interessa, instiga e intriga deveras: trata-se da citação de fontes doutrinárias. Outro dia, eu relia a decisão do Supremo Tribunal Federal (STF), no caso das células-tronco (ADI nº 3.510/DF, Rel. Min. Carlos Britto, j. 29/05/2008), e chamou-me a atenção a imensa quantidade referida de autores e obras doutrinárias, ao longo de todos os votos que compuseram o acórdão. Claro, dirão alguns, isso mostra que nossos ministros estão herculeamente preparados para enfrentar qualquer julgamento, qualquer matéria, independentemente de sua complexidade inerente. Não discordaria, de todo, de uma tal afirmação, embora saiba que mesmo os juízes têm lá suas limitações.

Contudo, penso que essa prática judicial, esse *modus operandi* de elaborar votos e decisões, tão repleto de referências doutrinárias, possa ter uma outra faceta, pouco ou quase nada explorada até então, que mereça um estudo mais aprofundado, que neste curto espaço, apenas terei a possibilidade de expô-la. É que, ao contrário do que à primeira vista aparente, votos impregnados de referências doutrinárias podem acarretar certa fragilidade para o sistema constitucional, quando examinado em um horizonte mais estendido, minando sua "integridade" (Dworkin).

Falo de integridade no direito, porque, não obstante as diversas teorias da interpretação e da hermenêutica constitucional, não somos autorizados a apontar uma única sequer em torno da qual haja algum consenso teórico. Toda decisão judicial exige uma prévia interpretação, que, por sua vez, pressupõe uma teoria jurídica de base. Para toda linguagem interpretativa, há uma metalinguagem que põe em xeque a legitimidade de quaisquer critérios de interpretação. Não há método interpretativo último para validar uma única interpretação possível. Logo, não seria uma heresia, de minha parte, falar que para todo argumento existe uma teoria ou interpretação que lhe dê suporte, estando naturalmente excluídos os casos extremos ou exemplos *ad terrorem* (*v.g.*: a linguagem da Constituição do Brasil, de 1988, não se permite a nenhuma interpretação razoável que pretenda justificar a pena de morte, salvo em caso de guerra).

A noção de integridade no direito não responde cabalmente a essa angústia do jurista ou à insuficiência teórica, mas ainda é a que melhor avança sobre o crucial problema da aplicação do direito e, sobretudo, da Constituição. Seu diferencial, até onde posso vislumbrar, consiste em não procurar fixar regras ou critérios externos que devam ser seguidos pelos juristas ou pelos operadores do direito, como se fossem uma "cartilha jurídica" a ditar os verdadeiros princípios e regras da interpretação; muito pelo contrário, a partir de uma perspectiva interna (dos participantes), a integridade exige que as decisões e as interpretações tenham coerência com todo o conjunto de decisões até então tomadas sobre a matéria, isto é com a história institucional, e com os *standards* da moralidade política e da justiça.

Compara-se, assim, o direito a um "romance em cadeia" e o jurista a um romancista, a quem cabe dar continuidade ao romance jurídico, ou seja, construir uma história coerente. O passado institucional exerce, assim, uma forte constrição sobre o jurista do presente, ao julgar e interpretar os novos casos. Evidentemente, não se trata de uma vinculação pura e simples, que pudesse gerar um automatismo decisório, mas de restrição que impõe uma produtiva e inerente tensão ao intérprete: de um lado, preservar as mesmas interpretações sempre que possível e, de outro, identificar as contingências da vida e optar por outras soluções que melhor reflitam as concepções de moralidade e justiça.

A integridade, portanto, ao trazer para dentro do processo de interpretação a história institucional de determinada comunidade jurídica, atribui limites semânticos sobre as diversas possibilidades interpretativas das normas, obrigando o intérprete, em cada novo caso, a decidir com base no que já foi anteriormente decidido. E não se diga que, desse modo, correríamos o risco de engessar a jurisprudência, pois esse ônus, na realidade, revela o exercício contínuo da prática interpretativa: reinterpretar-se sempre, seja para manter posicionamentos consolidados nos tribunais, seja para modificá-los se assim o exigirem os princípios da moralidade e da justiça, desde que devidamente fundamentadas as decisões.

Nesse contexto de integridade, é que devemos compreender as dúvidas suscitadas quanto às consequências do número excessivo de citações doutrinárias. Explico. A meu ver, excessivas ou não, as citações doutrinárias, em si, não carregam consigo indícios de uma decisão argumentativamente frágil, inconsistente ou incoerente. No entanto, quando analiso votos repletos de referências e notas de rodapé doutrinárias e, nesses mesmos votos, verifico que os ministros mal discutem suas próprias decisões proferidas em casos similares, penso que haja um motivo sério para uma investigação dos motivos que estão por detrás desse estranho silêncio ou omissão.

Um caso que me chamou muito a atenção, já referido acima, foi o da ADI nº 3.510/DF, em que o STF julgou a constitucionalidade da "Lei de Biossegurança" na parte em que cuida da produção e comercialização de organismos geneticamente modificados e a pesquisa com células-tronco embrionárias. O argumento central, que se extrai de todos os votos dos ministros, gravitou em torno dos direitos à vida e à saúde e do princípio da dignidade da pessoa humana. O processo teve grande impacto para a sociedade e, em especial, para o próprio STF, que, pela primeira vez, valeu-se da prerrogativa de convocar audiências públicas, ouviu vários especialistas e admitiu um número considerável de entidades representativas, a título de *amicus curiae*. Alguns ministros, na oportunidade, a exemplo dos ministros Gilmar Mendes, Celso de Mello, Cármen Lúcia e Ellen Gracie, ressaltaram a relevância da questão e o marco que representava o julgamento para a história do STF, que entraria para o rol dos mais memoráveis e importantes processos jamais julgados, além da excelência e da profundidade com que os votos enfrentaram a questão.

O julgamento ocorreu em maio de 2008 e constitui, conforme reconhecido pelos próprios ministros, um dos mais importantes precedentes da Corte sobre os direitos à vida e à saúde e sobre o princípio da dignidade da pessoa humana. Diante da noção da integridade, na qual o direito é visto como um romance em cadeia, era de esperar-se que esse julgamento configurasse um ponto de partida elementar para a apreciação de outro processo correlato e igualmente relevante, que há mais tempo tramita no STF, a ADPF nº 54/DF (Rel. Min. Marco Aurélio), enfim julgado em abril de 2012. Nessa arguição de descumprimento de preceito fundamental, o STF deparou-se com outra não menos importante questão, referente ao assim denominado "aborto do anencéfalo". Mais uma vez, o centro dos debates girava em torno do direito à vida e do princípio da dignidade da pessoa humana. E o que aconteceu? Dos três únicos votos até então disponibilizados no site do STF, elaborados pelos ministros Marco Aurélio, Luiz Fux e Ricardo Lewandowski, a rediscussão do julgamento da ADI nº 3.510/DF, que, na minha visão, representa o mais importante precedente para a matéria, porque discutiu com extrema profundidade e amplitude os limites do direito à vida, na prática, inexistiu.

Sei que a amostragem de apenas três votos é pequena e que, em outros votos, o julgamento sobre a pesquisa das células-tronco, no qual a extensão do direito à vida e do princípio da dignidade da pessoa humana foi examinada, foi melhor discutido e reinterpretado, a exemplo do ministro Cezar Peluso, que, votando a ADI nº 3.510/DF procedente com ressalvas, manifestou-se pela improcedência da ADPF nº 54. No entanto, o caráter simbólico do caso, e sua não infrequente repetição em outros temas julgados pelo STF, dão-me a certeza que as observações seguem inteiramente válidas e pertinentes.

Primeiro a votar, o relator, ministro Marco Aurélio, foi o único dos três ministros, aqui mencionados, a citar o julgamento na ADI nº 3.510/ /DF, em duas oportunidades. Na primeira oportunidade, com intuito de apenas destacar a laicidade do Estado, a referência, diante da significação do direito à vida e da dignidade da pessoa humana, foi secundária para o exame da questão. Na segunda, contudo, o ministro Marco Aurélio resgatou o conceito de vida, que se sagrou vencedor na ADI nº 3.510/ /DF, para fundamentar seu voto.

O ministro Luiz Fux, recém-chegado ao STF, por sua vez, não se preocupou com o precedente. Entre autores e obras doutrinárias, ele citou, pelo menos, 40 referências distintas, que iam desde Aristóteles

(Ética a Nicômaco) até autores atuais da filosofia, do direito ou da medicina. Relativamente ao STF, falou de três *habeas corpus*: o primeiro, HC nº 84.025, até tratava do mesmo assunto, isto é, aborto do anencéfalo, porém foi julgado prejudicado diante do nascimento do feto; o segundo, HC nº 834, tinha por objeto crime de responsabilidade; o terceiro, HC 90.049, referia-se à progressão do regime na hipótese de crimes hediondos. Em suma, a ADI nº 3.510/DF foi completamente ignorada pelo ministro Luiz Fux.

O terceiro deles, o ministro Ricardo Lewandowski, foi o que mais me surpreendeu; não fez menos de quinze referências doutrinárias (o que, diga-se, é bem razoável), citando desde o cético grego, Xenófanes ("A verdade certa, homem nenhum conheceu, nem conhecerá"), o que, aliás, deu todo o tom do seu voto, passando pelo código de Napoleão, para terminar com autores mais atuais do direito brasileiro, a exemplo do prestigiado professor Paulo Bonavides. Porém, o ministro Lewandowski não citou um único precedente judicial, tampouco o seu próprio voto, de setenta e cinco páginas e com mais de cem referências bibliográficas, proferido no julgamento da ADI nº 3.510/DF, no qual ele acolhera a tese do "embrião inviável", assumindo inevitavelmente uma importante premissa sobre o conceito jurídico do direito à vida. O seu voto, contudo, revela um silêncio estranhamente ensurdecedor...

Já encerrando o presente texto, pergunto-me o que podemos extrair de concreto dessas observações, especialmente a partir do voto do ministro Ricardo Lewandowski? Ao constatar votos excessivamente apoiados em referências doutrinárias ou de direito comparado e pobremente fundamentados em decisões do próprio STF, assumo a seguinte hipótese de trabalho, para posterior investigação: existe um ato de discricionariedade por parte do julgador, que, pretendendo livrar-se das amarras da história institucional, elemento essencial para a integridade do direito, e, por consequência, de uma maior legitimidade da interpretação constitucional, quer-se reconhecer livre para adotar a interpretação que melhor lhe convenha.

O recurso às citações doutrinárias, nessa situação, configuraria uma estratégia retórica de argumentação jurídica para legitimar a liberdade conformadora dos ministros, que, de outra forma, não poderia ser sustentada, pois as decisões anteriores do próprio STF limitariam muitas das interpretações, *a priori*, toleráveis pelo texto da Constituição, caso fosse ele inteiramente autônomo e desvinculado da realidade. Com o apoio dos mais variados pensadores, juristas e não juristas, muitas vezes, os ministros performaticamente pretendem legitimar seus próprios votos à sombra de uma inatingível superioridade teórica ou de uma quase inatacável supererudição e, ignorando intencionalmente ou não os precedentes ou a história institucional da Corte, põem em risco a integridade de nosso sistema constitucional. E, para nossa infelicidade, eles seriam os primeiros a lançar sementes que perpetuariam a cultura jurídica brasileira de descompromisso com os precedentes da Corte e com a integridade da Constituição.

Porque a Ponderação e a Subsunção são Inconsistentes

Lenio Luiz Streck

Todos sabem que há muito abandonei o neoconstitucionalismo. Tenho referido que o neoconstitucionalismo brasileiro, com raras exceções[1], representa, apenas, a superação do positivismo tradicional, na medida em que nada mais faz do que afirmar as críticas antiformalistas deduzidas pelos partidários da escola do direito livre, da jurisprudência dos interesses e daquilo que é a versão mais contemporânea desta última, da jurisprudência dos valores. Minhas críticas ao neoconstitucionalismo valem para as teorias da argumentação e às posturas que professam voluntarismos e defendem o poder discricionário dos juízes.

Com efeito, a partir de campos diferentes do conhecimento, é possível separar o velho e o novo no direito. Em outras palavras, se não há segurança para apontar as características de uma teoria efetivamente pós-positivista e coerente com o que denomino de Constitucionalismo Contemporâneo – fórmula com a qual substituí o neoconstitucionalismo –, há, entretanto, condições para que se possa dizer "o que não é" e "o que não serve" para a contemporânea teoria do direito, mormente em países com sistemas e ordenamentos jurídicos complexos.

---

[1] Cito, por todos, Écio Oto, que trabalha o neoconstitucionalismo como antipositivismo. Nesse sentido, seu livro: *Entre Constitucionalismo Cosmopolita e Pluriversalismo Internacional*: neoconstitucionalismo e ordem mundial. Rio de Janeiro: Lumen Juris, 2014.

De todo modo, vale a pena insistir nos pontos de convergência das teorias críticas e/ou que se pretendem pós-positivistas: diante dos fracassos do positivismo tradicional, a partir da busca da construção de uma autônoma razão teórica, as diversas posturas críticas buscaram, sob os mais diversos âmbitos, (re)introduzir os "valores" no direito. Assim, por exemplo, diante de uma demanda por uma tutela que esteja relacionada com a vida, com a dignidade da pessoa, enfim, com a proteção dos direitos fundamentais, o que fazer? Qual é a tarefa do jurista?

Definitivamente, o novo constitucionalismo – seja qual for o seu (mais adequado) sentido – não trouxe a indiferença. Na verdade, houve uma pré-ocupação de ordem ético-filosófica: a de que o direito deve se ocupar com a construção de uma sociedade justa e solidária. Em outras palavras, o desafio do Estado Constitucional (*lato sensu*) tem sido o seguinte: como fazer com que o direito não fique indiferente às injustiças sociais? Como fazer com que a perspectiva moral de uma sociedade que aposte no direito como o lugar da institucionalização do ideal da vida boa não venha pretender, em um segundo, "corrigir" a sua própria condição de possibilidade, que é o direito que sustenta o Estado Democrático?

Vejamos isso. O tão decantado "neoconstitucionalismo" deveria ser sinônimo de "novo paradigma". Isto porque o direito – do paradigma exsurgido no segundo pós-guerra – deixa de ser meramente regulador para assumir uma feição de transformação das relações sociais, circunstância que pode ser facilmente constatada a partir do exame dos textos constitucionais surgidos nesse período.

Com a desconfiança em relação ao legislativo (e às mutações produzidas pelas maiorias incontroláveis), passou-se a apostar em uma matriz de sentido dotada de garantias contra essas maiorias eventuais (ou não). Fazer democracia a partir do e pelo direito parece que passou a ser o lema dos Estados Democráticos. Isso implicou – e continua a implicar – mudanças de compreensão: como olhar o novo com os olhos do novo?

Pois bem. Quais seriam os elementos caracterizadores desse fenômeno (que uma das vertentes denominou de "neoconstitucionalismo")? Seria uma espécie de positivismo sofisticado? O "neoconstitucionalismo" teria características de continuidade e não de ruptura?

Não há suficiente clareza nas diversas teses acerca do significado do "neoconstitucionalismo". De todo modo, vale lembrar que o neoconstitucionalismo tem sido teorizado sob os mais diferentes enfoques. Écio Oto, de forma percuciente, faz uma descrição das principais propriedades/características desse fenômeno[2]. Essa "planta" do neoconstitucionalismo também possui, de um modo ou de outro, a assinatura de autores como Susanna Pozzolo, Prieto Sanchís, Sastre Ariza, Paolo Comanducci, Ricardo Guastini, com variações próprias decorrentes das matrizes teóricas que cada um segue (no Brasil, Luis Roberto Barroso, Daniel Sarmento, entre outros, com os quais mantenho, nesse particular, por sobejas razões, profundas – porém respeitosas – divergências). Analiso, aqui, a problemática a partir de dois pontos. Assim:

a) O neoconstitucionalismo (não) é "pós-positivista"

O pós-positivismo deveria ser a principal característica do neoconstitucionalismo. Mas não é. Ou seja, o neoconstitucionalismo somente teria sentido como "paradigma do direito" se fosse compreendido como superador do positivismo ou dos diversos positivismos. Pós-positivismo não é uma continuidade do positivismo, assim como o neoconstitucionalismo não deveria ser uma continuidade do constitucionalismo liberal. Há uma efetiva descontinuidade de cunho paradigmático nessa fenomenologia, no interior da qual os elementos caracterizadores do positivismo são ultrapassados por uma nova concepção de direito. Bem, ao menos isso deveria ser assim.

Penso que o ponto fundamental é que o positivismo nunca se preocupou em responder ao problema central do Direito, por considerar a discricionariedade judicial como uma fatalidade. E isso é imperdoável. A razão prática – *locus* onde o positivismo coloca a discricionariedade – não poderia ser controlada pelos mecanismos teóricos da ciência do direito. A solução, portanto, era simples: deixemos de lado a razão prática (discricionariedade) e façamos apenas epistemologia (ou, quando esta não dá conta, deixe-se ao alvedrio do juiz – eis o ovo da serpente gestado desde a modernidade).

---

[2] Ver, para tanto: Oto, Écio e Pozzolo, Susanna. *Neoconstitucionalismo e Positivismo jurídico*: as faces da teoria do direito em tempos de interpretação moral da constituição. Florianópolis, Conceito, 2012. Nessa obra conjunta, Écio Oto, na primeira parte, elenca onze características que vem sendo atribuídas ao neoconstitucionalismo. Todas elas são analisadas por mim no posfácio da referida obra.

Este ponto é fundamental para que fique bem claro para onde as teorias do direito auto denominadas pós-positivistas (ou não positivistas, o que dá no mesmo) pretendem apontar sua artilharia: o enfrentamento do problema interpretativo, que é o elemento fundamental de toda experiência jurídica. Isto significa afirmar que, de algum modo, todas as teorias do direito que se projetam nesta dimensão pós-positivista procuram responder a este ponto; procuram enfrentar o problema das vaguezas e ambiguidades dos textos jurídicos; procuram, enfim, enfrentar problemas próprios da chamada razão prática – que havia sido expulsa do território jurídico-epistemológico pelo positivismo.

Tenho que somente poder ser chamada de pós-positivista uma teoria do direito que tenha, efetivamente, superado o positivismo, tanto na sua forma primitiva (exegético-conceitual), quanto na sua forma normativista-semântico-discricionária. A superação do positivismo implica enfrentamento do problema da discricionariedade judicial ou, também poderíamos falar, o enfrentamento do solipsismo da razão prática (veja-se a crítica que Habermas faz à razão prática eivada de solipsismo). Implica, também, assumir uma tese de descontinuidade com relação ao conceito de princípio. Ou seja, no pós-positivismo, os princípios não podem mais ser tratados no sentido dos velhos princípios gerais do direito e nem como cláusulas de abertura. Eis o desastre representado, por exemplo, pela LINDB (Lei de Introdução às Normas do Direito Brasileiro) em *terrae brasilis*. Que lástima foi a aprovação dessa lei.

b) Ponderações, subsunções e suas impossibilidades filosóficas

Se o pós-positivismo tem sido considerado como o principal elemento diferenciador/caracterizador do neoconstitucionalismo, a ponderação acabou por se transformar no grande problema e, por assim dizer, em um obstáculo ao próprio neoconstitucionalismo.

O que quero dizer é que o neoconstitucionalismo não pode(ria) e não deve(ria) depender de juízos de ponderação, mormente se percebermos que "ponderação" e "discricionariedade" são faces de uma mesma moeda. Afinal, no modo como a ponderação vem sendo convocada (e "aplicada") em *terrae brasilis*, tudo está a indicar que não passa daquilo que Philipp Heck chamava, na jurisprudência dos interesses, de *Abwägung*, que quer dizer "sopesamento", "balanceamento" ou "ponderação". Com a diferença de que, na *Interessenjurisprudenz*, não havia a construção da "regra da ponderação" (claro que essa construção está em Alexy e não nas práticas brasileiras).

Ou seja, na medida em que, nas práticas dos tribunais (assim como na doutrina) de *terrae brasilis*, as "colisões de princípios" são "solucionadas" a partir de uma ponderação "direta", confrontando um princípio (ou valor ou interesse) com outro, está-se, na verdade, muito mais próximo da velha *Interessenjurisprudenz*, com fortes pitadas da *Wertungsjurisprudenz* (jurisprudência dos valores). E, assim, o neoconstitucionalismo acaba revelando traços que dão condições ao desenvolvimento do ativismo judicial[3], que à diferença do fenômeno da judicialização da política (que ocorre de modo contingencial, isto é, na incompetência dos demais Poderes do Estado), apresenta-se como uma postura judicial para além dos limites estabelecidos constitucionalmente.

Neste contexto, não surpreende que, embora citada e recitada *ad nauseam* pela doutrina e pelos tribunais, não seja possível encontrar uma decisão sequer aplicando a regra da ponderação. Há milhares de decisões (e exemplos doutrinários) fazendo menção à ponderação, que, ao fim e ao cabo, é transformada em álibi retórico para o exercício dos mais variados modos de discricionarismos e axiologismos. Ou de argumentos metajurídicos.

De todo modo, podemos "dar de barato" que a falta de concretização das constituições programáticas demandou uma reformulação na teoria dos princípios, representada pelo abandono do chamado critério fraco de diferenciação (que considera princípio e regra com a mesma estrutura lógica hipotético-condicional e com diferentes densidades semânticas) para a adoção do critério forte de distinção, onde os princípios assumiam estrutura lógica diferente daquela que identificava a regra. Isso colocou, infelizmente, os princípios sob o manto metodológico da ponderação (ao passo em que a regra se mantinha na subsunção – *sic*!). Permitiu-se, assim, novas possibilidades para os princípios e não demorou muito para que estivéssemos falando em aplicação direta mediante ponderação controlada pela proporcionalidade (*sic*).

---

[3] Ativismo judicial tem a ver com teses que circulam por aí, tais como a de que decisão judicial é um ato político porque é um ato de escolha... Ora, isso Kelsen já dizia lá no capítulo oitavo de sua TPD. Mas esse era o seu lado decisionista. Ele nunca se preocupou com a decisão judicial. O resto da história todos conhecemos. Ou não.

Mas o fato é que esse giro não conferiu ao princípio suficiência ôntica-semântica, além de ter mantido intacto o erro originário: o mundo prático foi jogado para "dentro" do sistema e, a partir dessa operação, foi pensado como tal (como sistema). Ou seja, o mundo prático que é concreto ou, na falta de uma melhor palavra, pragmático, paradoxalmente é retratado ao modo da abstratalidade própria da ideia de sistema. A percepção originária de que os princípios não possuíam densidade semântica conteve, bem ou mal, o avanço – ao menos no início – da "pamprincipiologia", mas o equívoco no diagnóstico da crise fez com que os princípios elevassem o grau de discricionariedade, decisionismo e arbitrariedade. Facilmente perceptível, assim, o "fator Katchanga Real" que atravessou a aplicação dos princípios.

Em termos práticos (e no interior do pensamento alexiano), a distinção entre regras e princípios perde a função – ao menos no plano de uma teoria do direito calcada em paradigmas filosóficos –, uma vez que não há mais a distinção subsunção-ponderação. E não é assim porque eu quero. Isso é assim porque é impossível sustentar a subsunção no plano dos paradigmas filosóficos pós-giro linguístico. Ao mesmo tempo, isso faz com que a ponderação se transforme em um procedimento generalizado de aplicação do Direito. Desse modo, em todo e qualquer processo aplicativo, haveria a necessidade de uma "parada" para que se efetuasse a ponderação. Nem vou falar aqui da ponderação de regras, por total falta de sentido.

De todo modo, o problema principal da ponderação é a sua filiação ao esquema sujeito-objeto (ou das vulgatas voluntaristas da filosofia da consciência) e a sua dependência da discricionariedade, *ratio* final. Desse modo, se a discricionariedade é o elemento que sustenta o positivismo jurídico nos *hard cases* e nas vaguezas e ambiguidades dos textos jurídicos, não parece que a ponderação seja "o" mecanismo que arranque o direito dos braços do positivismo. Pode até livrá-lo dos braços do positivismo primitivo, mas inexoravelmente o atira nos braços de outra forma de positivismo – axiologista, normativista ou pragmati(ci)sta. Veja-se: a teoria da argumentação, de onde surgiu a ponderação, não conseguiu fugir do velho problema engendrado pelo subjetivismo, a discricionariedade, circunstância que é reconhecida pelo próprio Alexy.[4]

---

[4] Alexy, Robert. *Teoria dos Direitos Fundamentais*. Trad. Luis Virgilio A. Silva. São Paulo: Malheiros, 2008. p. 611.

Aliás, quem escolhe os princípios a serem sopesados? Numa palavra: dizer que a ponderação é um elemento caracterizador do neoconstitucionalismo está correto. Mas é exatamente por isso que, nos moldes em que situo o Constitucionalismo Contemporâneo, não há espaço para a ponderação. Em definitivo: a subsunção – admitida para os *easy cases* – não tem lugar no plano de um paradigma filosófico que ultrapassou o esquema sujeito-objeto. De todo modo, resta uma pergunta: e por que a regra de direito fundamental adscripta (resultado da ponderação) se transforma em uma subsunção de segundo grau ou uma "metassubsunção"?

Na perspectiva do Constitucionalismo Contemporâneo que defendo – portanto, para além das diferentes formas de positivismo – , a juridicidade não se dá nem subsuntivamente, nem dedutivamente. Ela se dá na *applicatio*, em que interpretar e aplicar não são atos possíveis de cisão. Isso implica afirmar – e superar – a distinção entre *easy* e *hard cases*. É sabido que, para as teorias da argumentação, os *easy cases* são solucionados pela via da subsunção, circunstância que, no limite – como que a repetir a tese de um objetivismo ingênuo – dispensa a mediação interpretativa. Permito-me repetir: isso não passa de um objetivismo ingênuo. Afinal, subsunção pressupõe esgotamento prévio das possibilidades de sentido de um texto e um automático acoplamento do fato. Ora, tal perspectiva implica um mergulho no esquema sujeito-objeto, portanto, aquém do giro linguístico-ontológico. A questão, entretanto, assume contornos mais complexos quando as teorias da argumentação (e falo nelas porque o neoconstitucionalismo nelas se sustenta), a partir dessa distinção estrutural *easy-hard cases*, sustentam que os princípios (somente) são chamados à colação para a resolução dos assim denominados hard cases. Mas, pergunto: um caso pode ser fácil ou difícil antes de "acontecer juridicamente"? Veja-se que, aparentemente, a distinção *easy-hard cases* não acarretaria maiores problemas no plano hermenêutico-aplicativo, não fosse o seguinte ponto: o de que é pela ponderação que se resolverão os *hard cases*.

Dito de outro modo, a admissão da cisão estrutural *easy-hard cases* passa a ser condição de possibilidade do ingresso da ponderação no plano da interpretação jurídica. Tudo isso para dizer que não podemos mais aceitar que, em pleno Estado Democrático de Direito, ainda se postule que a luz para a determinação do direito *in concreto* provenha do protagonista da sentença. Isso quer dizer que, para além da cisão estrutural entre *easy* e *hard cases*, não pode haver decisão judicial que não seja fundamentada e justificada em um todo coerente de princípios que repercutam a história institucional do direito. Por isso, a necessidade de superarmos os discricionarismos, que, no mais das vezes, descambam na arbitrariedade interpretativa. O modo como fazer isso procuro delinear em Verdade e Consenso[5] e Jurisdição Constitucional e Decisão Jurídica[6], para onde me permito remeter o leitor.

---

[5] Streck, Lenio Luiz. *Verdade e Consenso*. 5. ed. São Paulo: Saraiva, 2014.
[6] Streck, Lenio Luiz. *Jurisdição constitucional e decisão jurídica*. São Paulo: Revista dos Tribunais, 2013.

Jurisdição Constitucional
em Perspectiva Comparada

Cortes Constitucionais nos Regimes em Transição para a Democracia

ANDRÉ RUFINO DO VALE

Duas decisões da Suprema Corte Constitucional do Egito suscitaram debate político de repercussão mundial. A primeira declarou a inconstitucionalidade da lei que impedia a participação de altas autoridades do anterior regime comandado pelo ditador Hosni Mubarak de participar de eleições democráticas para a Presidência daquele país. A segunda considerou inconstitucional a eleição de um terço dos membros do parlamento no ano de 2011, verificada a violação ao princípio da isonomia na realização do pleito eleitoral sem a participação proporcional de candidatos independentes em relação aos candidatos de partidos políticos.

Ambas as decisões impuseram um abrupto câmbio no rumo até então seguido pela transição de regime desencadeada pelas revoltas populares que caracterizaram a denominada "primavera árabe". Nesse contexto, elas produziram efeitos políticos claros e imediatos: a primeira permitiu a candidatura do ex-Primeiro Ministro de Mubarak (Ahmed Shafiq) nas eleições presidenciais que seriam realizadas poucos dias depois; a segunda, apesar de atingir apenas um terço das cadeiras do parlamento, acabou determinando a dissolução de toda a "Assembleia Popular" – a primeira democraticamente eleita após mais de seis décadas de vigência do regime autoritário – e, com isso, da Assembleia Constituinte formada por membros designados por esse parlamento[1].

Como era de se esperar, a atuação da Corte Constitucional sofreu fortes reações de diversos segmentos da política local e internacional. A Irmandade Muçulmana, organização partidária que havia conquistado o maior número de cadeiras no parlamento e que também contava com a eleição praticamente segura de seu candidato (Muhammad Morsi) à Presidência, reagiu rápida e contundentemente afirmando que a Corte não tem o poder de ordenar a dissolução do parlamento e que outras medidas menos drásticas poderiam ter sido determinadas. Outros partidários islamitas chegaram a alegar que as decisões foram tomadas por juízes do antigo regime que não estavam satisfeitos com o avanço democrático das entidades islâmicas e que a Corte Constitucional seria uma barreira construída pelos militares para conter a revolução em andamento. Liberais e ativistas de esquerda enxergaram nas decisões uma cuidadosa engenharia de manutenção do poder orquestrada pelas autoridades militares do regime anterior. Políticos renomados, como o ganhador do Prêmio Nobel Mohamed El Baradei, demonstraram preocupação com o fato de que a nação estaria prestes a eleger um Presidente que poderia atuar sem o controle de um parlamento e na ausência de um texto constitucional, o que equivaleria a uma autoridade maior do que a detida por qualquer ditador anterior.

Apesar das diversas reações, inicialmente a atitude oficial dos variados segmentos políticos foi a de integral respeito à autoridade da Corte Constitucional egípcia, o que permitiu que o Conselho Supremo das Forças Armadas (SCAF) tomasse as medidas necessárias para a dissolução do parlamento (e, portanto, da Assembleia Constituinte por ele instituída) e a reorganização das tarefas legislativas, assumindo a autoridade para editar normas, fixar o orçamento e, inclusive, nomear uma nova assembleia constituinte.

---

[1] O calendário da transição de regime foi determinado em referendo de março de 2011 e previa (1) eleições democráticas para formação de um parlamento, (2) instituição de uma assembleia constituinte com membros designados pelo parlamento eleito e (3) eleições democráticas para Presidente. Após as decisões da Corte Constitucional, a ordem foi reformulada: primeiro as eleições presidenciais (realizadas em junho de 2012), seguidas da elaboração de uma Constituição e finalmente as eleições para a instituição do parlamento.

Realizadas as eleições presidenciais (nos dias 16 e 17 de junho) e sagrando-se vencedor o candidato do partido islâmico, Muhammad Morsi, a situação se reverteu e o novo Presidente, em um de seus primeiros atos, determinou o descumprimento das decisões da Suprema Corte e o imediato retorno das atividades do parlamento eleito em 2011. O ato de Morsi, porém, foi desconsiderado pela Corte Constitucional, que assegurou a autoridade de sua decisão, mantendo-se suspensas as atividades parlamentares. Em todas as ocasiões, a Corte posicionou-se, por meio de comunicados oficiais, que suas decisões não estavam atreladas a qualquer posição política e tratavam-se, em verdade, do estrito cumprimento do dever de proteção da Constituição. A atual situação política no Egito é permeada pelo embate entre os militares (do antigo regime) e os partidários islâmicos (no poder)[2], que envolve, entre outras discussões, a divergência sobre os poderes da Suprema Corte Constitucional.

Independentemente da apreciação positiva ou negativa dos acontecimentos políticos no Egito ou de qualquer previsão dos rumos que possam assumir num futuro bastante próximo, o importante é constatar que eles retratam o papel que Cortes Constitucionais desempenham (ou podem desempenhar) em transições de regimes autoritários para democracias incipientes.

Transições de regime são eventos complexos que se desenvolvem de formas diferenciadas em cada momento e local em que se realizam. Não obstante, de modo geral, pode-se dizer que processos políticos de mudanças abruptas na sistematização e redistribuição dos poderes soberanos de uma nação se caracterizam pelos conflitos protagonizados, por um lado, pelas autoridades e elites políticas que estão em vias de perder o poder e pretendem mantê-lo a qualquer custo e, por outro, por aqueles que ascendem democraticamente ao comando dos novos rumos da nação e têm como objetivo primordial por fim às injustiças históricas que levaram à saturação do antigo regime. As elites tradicionais, que durante a transição podem continuar sendo bastante poderosas, não medirão esforços para manter privilégios e bens conquistados no regime anterior, e normalmente o farão por meio de acordos políti-

---

[2] No decorrer dos últimos meses de julho e agosto, o Presidente Muhammad Morsi empreendeu uma série de demissões de autoridades militares do antigo regime que ainda permaneciam em cargos públicos estratégicos e passou a anunciar que as normas editadas pelo SCAF que limitam os poderes presidenciais seriam anuladas.

cos (como anistias) que possam ser traduzidos e garantidos através de normas e instituições que se mantenham no novo regime. Os novos líderes, uma vez detentores do monopólio da força estatal e do poder de legislar, terão todo o interesse em varrer os obstáculos legais e institucionais, oriundos do regime anterior, que possam de alguma forma atrapalhar o cumprimento de sua agenda de mudanças. Ambos, o conservadorismo elitista e o entusiasmo revolucionário, devem ser contidos para que a transição possa ocorrer dentro de parâmetros de normalidade institucional.

A via encontrada pela maioria das mesas de negociação próprias dos momentos de transição de regime tem sido a manutenção ou a instituição de um terceiro com autoridade política e jurídica para fazer cumprir os acordos realizados e solidificados na forma de compromissos constitucionais. Assim se justifica a recorrente opção por democracias constitucionais qualificadas pela existência de uma Constituição organizadora dos poderes estatais, garantidora de direitos básicos (especialmente a propriedade e as garantias do devido processo legal) e instituidora de órgãos especiais (integrantes ou não da estrutura do poder judicial) encarregados de sua proteção. A história recente do surgimento de novas democracias no mapa mundial assim o demonstra. Confiram-se, por exemplo, as transições ocorridas em finais do século XX em países do leste europeu e na realidade latino-americana, assim como o emblemático caso sul-africano, no qual o delicado câmbio de um duro regime de *apartheid* para a democracia constitucional tornou-se possível através da atuação da Corte Constitucional na fiscalização prévia da redação final do novo texto constitucional. A superação de regimes autoritários normalmente tem resultado em democracias constitucionais caracterizadas principalmente pela instituição de sistemas de jurisdição constitucional que, com variações em cada modelo, são dotados de Tribunais Constitucionais.

O fato é que as Cortes Constitucionais passaram a fazer parte do instrumental básico que tornam possíveis negociações exitosas em transições para o regime democrático. Em momentos de engenharia institucional, normalmente permeados por conflitos políticos de difícil solução, as Cortes Constitucionais podem funcionar como árbitros dos jogos de poder em que se enfrentam elites tradicionais e novos protagonistas políticos. Da mesma forma, a aplicação intransigente das normas legais e constitucionais (não se considerando aqui se elas são remanescentes do antigo regime ou se originam dos pactos constituintes próprios dos momentos iniciais da transição política) pode ser um fator impeditivo do desenvolvimento de formas populistas de democracia, que com o passar do tempo acabam se convertendo em regimes autoritários ainda mais perversos do que os que visa superar.

Especialmente as autoridades e elites do regime anterior terão todo o interesse em construir mecanismos institucionais que limitem a atuação das novas maiorias políticas. Ante um futuro completamente incerto quanto à manutenção do *status quo ante*, e constatada a precariedade de outras vias institucionais despidas de garantias de execução pelo uso da força, as elites políticas encontram nessa fórmula básica das democracias constitucionais a opção mais racional para assegurar seus bens e prerrogativas sob a forma de direitos e entregar sua proteção a um órgão decisório pretensamente neutro ante os conflitos políticos de ocasião.

Não por outro motivo, diversos pesquisadores dessa realidade (que ainda se mostra bastante recente na história da democracia) têm constatado que a instituição da jurisdição constitucional em novas democracias funciona como uma espécie de "seguro" (*insurance*) contra os riscos imanentes aos sistemas com eleições periódicas e democráticas. Como em democracias multipartidárias os diversos segmentos políticos não têm nenhuma certeza sobre sua permanência no poder e sabem que mais cedo ou mais tarde tornar-se-ão minoria, a jurisdição constitucional acaba funcionando como um seguro para os futuros perdedores das disputas eleitorais, um foro independente onde a ação política das maiorias pode ser contestada pelas minorias.

Com base nessa constatação empírica, Tom Ginsburg, por exemplo, afirma categoricamente que a expansão da jurisdição constitucional ao redor do mundo, ocorrida principalmente nas últimas décadas, é o produto dos processos de democratização ou redemocratização em diversos países e, portanto, não pode ser considerada antidemocrática, como muitos estudiosos ainda sustentam. Ao fornecer um foro de disputa apartidário com autoridade suficiente para decidir as controvérsias políticas com base nos compromissos constitucionais a que todos estão submetidos, as Cortes permitem a convivência política sob uma mesma ordem constitucional, favorecendo a manutenção de um quadro de pluralismo político próprio das democracias. Por isso, em regimes não democráticos, a instituição de Cortes Constitucionais acaba não fazendo muito sentido. Jurisdição constitucional e democracia desenvolvem-se juntas (numa espécie de simbiose) nesses novos regimes políticos. "A jurisdição constitucional pode ser contramajoritária, mas não é antidemocrática", conclui Ginsburg[3].

No Egito, o conflito político inicial em torno das decisões da Suprema Corte Constitucional parece ter sido transformado em diálogo constitucional entre os poderes. Apesar das profundas divergências e das fortes reações (que ainda não transpuseram os limites entre o mero discurso e a efetiva ação política), os protagonistas desses episódios – por um lado, autoridades militares do antigo regime; por outro, partidos islâmicos que ascenderam democraticamente ao poder – parecem ter reconhecido a importância, para ambos os lados, de se preservar a autoridade das decisões do mais alto tribunal do país. A médio e longo prazo, a manutenção de um sistema de jurisdição constitucional – ou mesmo a reinstituição, se no iminente processo constituinte se considerar necessário a reformulação do atual modelo – parece ser uma via adequada para dar continuidade ao processo de transição e, num futuro próximo, efetivar a construção de uma nova democracia naquele país.

---

[3] GINSBURG, Tom. *Judicial Review in New Democracies*. Cambridge: Cambridge University Press; 2003.

Corte Interamericana de Direitos Humanos Decide Pela Vinculação a Sua Jurisprudência

Ana Paula Carvalhal

O Brasil tem estado na mira da Corte Interamericana nos últimos tempos. A situação dos presídios brasileiros já deu ensejo a várias Medidas Cautelares: no Caso da Penitenciária de Urso Branco, em Rondônia, para evitar mais mortes de detentos, além das 37 já ocorridas; no Caso da Penitenciária de Araraquara, ordenando a permissão de acesso a médicos, redução da população carcerária, permissão de visita de familiares dos presos, realização de investigação das denúncias existentes e tomada de medidas para preservar a vida e integridade dos detentos; no Caso das Crianças e Adolescentes Privados de Liberdade na Fundação Casa do Tatuapé, em São Paulo; no Caso do Complexo Penitenciário de Pedrinhas, na cidade de São Luís do Maranhão, pela situação de risco em que se encontram os presos, decorrente de vários atos de violência com violação do direito à vida e à integridade física, como visto em graves conflitos mais recentes; e, mais recentemente, no Caso do Presídio Central de Porto Alegre, Estado do Rio Grande do Sul, com a edição da Resolução 14/2013 (Medida Cautelar n. 8-13).

Em relação à Lei de Anistia, no Caso Gomes Lund e outros (Guerrilha do Araguaia) vs. Brasil, a sentença da Corte Interamericana de Direitos Humanos, de 24 de novembro de 2010, responsabilizou o Brasil por violar a Convenção, declarando, entre outros pontos, que

3. As disposições da Lei de Anistia brasileira que impedem a investigação e sanção de graves violações de direitos humanos são incompatíveis com a Convenção Americana, carecem de efeitos jurídicos e não podem seguir representando um obstáculo para a investigação dos fatos do presente caso, nem para a identificação e punição dos responsáveis, e tampouco podem ter igual ou semelhante impacto a respeito de outros casos de graves violações de direitos humanos consagrados na Convenção Americana ocorridos no Brasil (...) 5. O Estado descumpriu a obrigação de adequar seu direito interno à Convenção Americana sobre Direitos Humanos, contida em seu artigo 2, em relação aos artigos 8.1, 25 e 1.1 do mesmo instrumento, como consequência da interpretação e aplicação que foi dada à Lei de Anistia a respeito de graves violações de direitos humanos. Da mesma maneira, o Estado é responsável pela violação dos direitos às garantias judiciais e à proteção judicial previstos nos artigos 8.1 e 25.1 da Convenção Americana sobre Direitos Humanos, em relação aos artigos 1.1 e 2 desse instrumento, pela falta de investigação dos fatos do presente caso, bem como pela falta de julgamento e sanção dos responsáveis, em prejuízo dos familiares das pessoas desaparecidas e da pessoa executada, indicados nos parágrafos 180 e 181 da presente Sentença, nos termos dos parágrafos 137 a 182 da mesma.

Diante destes casos concretos, mostra-se oportuno aprofundar o estudo da jurisprudência da Corte Interamericana de Direitos Humanos, especialmente no que se refere às consequências de suas decisões.

Com base na experiência europeia, a Corte Interamericana vem firmando uma jurisprudência impositiva do controle da Convenção Americana pelos juízes nacionais. No seu entender, os juízes dos países signatários da Convenção devem aplicar, diretamente, a Convenção e a interpretação dada pela Corte Interamericana.

No Caso Almonacid *versus* Chile, de 26 de setembro de 2006, ao condenar o Chile por violar direitos consagrados na Convenção ao omitir-se na investigação e sanção dos culpados pela execução do senhor Almonacid, a Corte explicitou o entendimento de que todos os tribunais internos dos países signatários da convenção estão obrigados a aplicar a convenção e a jurisprudência da Corte.[1] O controle da convenção não é monopólio da Corte Interamericana, devendo ser feito por todos os Estados. Assim constou do parágrafo 124 da decisão:

---

[1] VALLE, Rubén Hernández. La Tutela supranacional de los derechos en América.

124. A Corte está ciente de que os juízes e os tribunais estão sujeitos ao império da lei e, portanto, são obrigados a aplicar as disposições vigentes no ordenamento jurídico. Mas quando um Estado ratifica um tratado internacional, como a Convenção Americana, seus juízes, como parte do aparelho do Estado, também estão sujeitos a ela, o que os obriga a garantir que os efeitos das disposições da Convenção não sejam prejudicados pela aplicação de leis contrárias a seu objeto e finalidade, que desde o início carecem de efeito jurídico. Em outras palavras, o Poder Judiciário deve exercer uma espécie de "controle de convencionalidade" entre as normas jurídicas nacionais aplicáveis aos casos concretos e na Convenção Americana sobre Direitos Humanos. Nesta tarefa, o Poder Judiciário deve levar em conta não só o tratado, mas também a interpretação dada pela Corte Interamericana, intérprete última da Convenção Americana.[2]

No Caso Aguado *versus* Peru[3], de 24 de novembro de 2006, a Corte, ao declarar que o Estado peruano violou o direito a um recurso efetivo, amplia o alcance do controle de convencionalidade.[4] O parágrafo 128 da decisão reafirma o entendimento exarado na sentença Almonacid *versus* Chile. Os votos fundamentados dos juízes Sergio García Ramírez e Cançado Trindade reforçam os conceitos usados pela Corte em sua decisão.

García Ramírez enfatiza que o entendimento da Corte em relação ao controle de convencionalidade da Convenção Americana pelos juízes nacionais também vale para os demais tratados de idêntica natureza, que compõem o "*corpus juris* convencional dos direitos humanos" a que o Estado está vinculado (Protocolo de São Salvador, Protocolo relativo à abolição da pena de morte, Convenção para prevenir e punir a Tortura, etc.). Explicou o efeito vinculante das decisões da Corte Interamericana nos seguintes termos:

> 7. Posto que a CADH e o Estado da Corte Interamericana – ambos, produtos da vontade normativa dos Estados Americanos que as emitiram – conferem à Corte a função de interpretar e aplicar a Convenção americana (e, em seu caso e espaço, outros tratados: protocolos e

---

[2] Disponível em: http://www.corteidh.or.cr/docs/casos/articulos/seriec_154_esp.pdf.
[3] Disponível em: http://www.corteidh.or.cr/docs/casos/articulos/seriec_158_esp.pdf.
[4] VALLE, Rubén Hernández. La Tutela supranacional de los derechos en América.

convenções que preveem, com múltiplas fórmulas, a mesma atribuição dentro do *corpus juris* de direitos humanos), incumbe a esse tribunal fixar o sentido e alcance das normas contidas nesses ordenamentos internacionais.

8. Dentro da lógica jurisdicional que sustenta a criação e operação da Corte, não caberia esperar que ela se visse na necessidade de julgar centenas ou milhares de casos sobre um só tema convencional – o que entranharia um enorme desamparo para os indivíduos –, é dizer, todos os litígios que se apresentam em todo tempo e em todos países, resolvendo um a um os fatos violadores e garantindo, também um a um, os direitos e liberdades particulares. A única possibilidade de tutela razoável implica que, uma vez fixado o "critério de interpretação e aplicação", esse seja acolhido pelos Estados no conjunto de seu aparato jurídico: por meio de políticas, leis e sentenças que deem transcendência, universalidade e eficácia aos pronunciamentos da Corte constituída – insisto – mercê a vontade soberana dos Estados e para servir a decisões fundamentais deles, explícitas em suas constituições nacionais e, desde logo, em seus compromissos convencionais internacionais.

Já Cançado Trindade observa que os órgãos do Poder Judiciário dos Estados parte da Convenção devem conhecer em profundidade e aplicar corretamente, juntamente com o direito constitucional, o direito internacional dos Direitos Humanos, devendo exercer, mesmo que *ex officio*, o controle da convencionalidade.

Assim, desde 2006, a Corte Interamericana estabeleceu que todos os Estados obrigados à sua jurisdição estavam obrigados a fazer o controle de convencionalidade, inclusive observando a jurisprudência da Corte. Ou seja, hoje, para a Corte Interamericana, sua jurisprudência é vinculante para todos os países que aderiram à sua jurisdição.[5]

Esse entendimento é compartilhado por Valerio de Oliveria Mazzuoli, que destaca a "redação imperativa da Corte" nas decisões em que estabelece "ser um dever do Poder Judiciário interno" controlar a convencionalidade das leis nacionais em face dos tratados de direitos humanos,

---

[5] VALLE, Rubén Hernández. La Tutela supranacional de los derechos en América.

inclusive com base na interpretação dada à Convenção pela Corte Interamericana em sua jurisprudência.[6]

Tal entendimento vem ganhando espaço nos ordenamentos internos dos Estados signatários da Convenção. De um modo geral, os tribunais nacionais têm sido, progressivamente, mais respeitosos às sentenças da Corte. No Peru, a legislação obrigou os juízes a interpretar as normas relativas aos direitos fundamentais à luz da jurisprudência dos tribunais internacionais de direitos humanos constituídos nos termos de tratados e convenções que o Estado peruano faça parte. As sentenças internacionais de direitos humanos, assim, servem como "instrumento interpretativo" para os órgãos competentes para o controle de constitucionalidade. Já a Costa Rica, por entendimento jurisprudencial de sua Sala Constitucional, considera vinculante a jurisprudência da Corte Interamericana, tanto pela via consultiva quanto pela contenciosa. No mesmo sentido tem sido a posição adotada pela Suprema Corte da Argentina e pelo Tribunal Constitucional da Colômbia.[7]

No Brasil, no entanto, é objeto de grande polêmica doutrinária e pouca utilização jurisprudencial. Segundo Virgílio Afonso da Silva, "a jurisprudência da Corte Interamericana de Direitos Humanos não tem ressonância nas decisões dos tribunais nacionais".[8] André de Carvalho Ramos, por sua vez, defende que "o Supremo Tribunal Federal e os juízos locais devem também zelar pelo cumprimento dos dispositivos convencionais e expurgar as normas internas que conflitem com as normas internacionais de direitos humanos".[9]

---

[6] MAZZUOLI, Valerio de Oliveria. O Controle Jurisdicional da Convencionalidade das Leis., p. 73.

[7] VALLE, Rubén Hernández. Las sentencias básicas de La Corte Interamericana de Derechos Humanos, p. 34.

[8] SILVA, Virgílio Afonso da. "Integração e diálogo constitucional na América do Sul", In: Direitos humanos, democracia e integração jurídica na América do Sul. Organizado por Armin von Bogdandy, Flávia Piovesan e Mariela Morales Antoniazzi. Rio de Janeiro: Lumen Juris, 2010, p. 522-523.

[9] RAMOS, André de Carvalho. "A interpretação internacional dos direitos humanos: choque ou diálogo com o Supremo Tribunal Federal?", In: Novos Caminhos do Direito no Século XXI: Direito Internacional, Filosofia Jurídica e Política, Dogmática Jurídica e Direitos Fundamentais: Homenagem a Celso Lafer. Coordenação Luiz Olavo Baptista e Tercio Sampaio Ferraz Junior. Curitiba: Juruá Editora, 2012, p. 286-287.

O certo é que o controle de convencionalidade, especialmente no contexto europeu, tem permitido a existência de um "diálogo" entre a justiça nacional e a internacional ou supranacional. No Brasil, apesar de o Supremo Tribunal Federal ter julgado constitucional a Lei de Anistia, indo em um sentido contrário ao apontado pela Corte Interamericana, as tentativas do Ministério Público Federal de levar a matéria novamente à apreciação do Poder Judiciário poderão servir como um teste, também, para a adoção ou não do controle de convencionalidade em nosso país.

A Jurisdição Constitucional nos Microestados Europeus

BEATRIZ BASTIDE HORBACH

Ao estudarmos o sistema constitucional no direito comparado, normalmente voltamos nossa atenção às grandes democracias. A jurisdição constitucional da Alemanha e dos Estados Unidos, por exemplo, são amplamente divulgadas como referência mundial em estudos e decisões. Estamos acostumados a observar nações mais conhecidas, esquecendo-nos de que há diversos arranjos constitucionais, inclusive nos menores países do mundo, os denominados microestados.

Os microestados são países com população, territórios e recursos naturais escassos. Na Europa, enquadram-se nessa descrição Mônaco, Andorra, Liechtenstein, Malta, Vaticano e San Marino[1]. Com tais peculiaridades, cada uma dessas micronações também está, como nós, voltada ao direito comparado – não como forma de aprimorar o direito local, mas, muitas vezes, por questão de praticidade e de necessidade.

É usual que os microestados tenham suporte de países vizinhos, com os quais têm algum vínculo histórico e cultural. É o caso de Mônaco, monarquia constitucional situada ao sul da França, que recebe apoio francês em várias áreas essenciais à sua soberania – como em assuntos ligados à defesa nacional, já que não possui marinha, nem aeronáutica.

---

[1] O artigo foi elaborado com base nas informações disponíveis nos *sites* oficiais do Poder Judiciário e do Governo dos países mencionados no texto.

O mesmo ocorre no âmbito jurídico. A Suprema Corte monegasca, considerada, pelo seu país, a corte constitucional mais antiga do mundo, foi estabelecida pela Constituição de 1911, cujo texto foi elaborado por renomados juristas franceses, Louis Renault, André Weiss, Jules Roche. A Constituição vigente, datada de 1962, dispõe sobre a competência da Suprema Corte, junto com a Lei n. 2.984, de 1963.

O tribunal máximo de Mônaco tem jurisdição administrativa e constitucional. Na esfera constitucional, é responsável por verificar a conformidade do regimento interno do órgão legislativo monegasco, o Conselho Regional, com dispositivos constitucionais, e apreciar os *recursos de anulação*, que podem ser interpostos em hipóteses de violação de direitos e garantias constitucionais.

A Corte é composta por cinco membros efetivos e por dois substitutos, indicados pelo Príncipe após proposta dos principais órgãos do país. Os eleitos devem ter pelo menos 40 anos de idade e são selecionados "dentre juristas com particular competência". Na prática, os juízes da Suprema Corte são professores de direito público de instituições francesas ou juízes aposentados do *Conseil Constitutionnel* da França.

Bastante influência francesa também recebe Andorra, microestado localizado nos Pirineus e único país a adotar o catalão como língua oficial. O país é uma diarquia constitucional governada por dois copríncipes: o francês e o episcopal.

Essa questão remonta ao século IX, época em que a região foi defendida e dominada pelo Conde de Urgell, nobre espanhol que a anexou ao Condado de Urgell. Dois séculos seguintes, o Conde, impossibilitado de governar a região sozinho, pediu ajuda a um outro nobre espanhol, que, por herança, acabou passando seu domínio ao Conde de Foix, francês. Começou uma disputa que apenas foi encerrada com tratado assinado em 1278, que determinou o governo conjunto. Essa fórmula, com algumas alterações, é a base do governo adotado hoje, em que o coprincipado francês é exercido pelo Presidente da França e o denominado copríncipe episcopal é o Bispo de Urgell, diocese localizada na Espanha.

A Corte, estabelecida com base na Constituição de 1993, é formada por quatro membros, os *Magistrats Constitucionals*, cada um indicado por cada copríncipe e dois pelo Conselho Geral dentre pessoas com reconhecida experiência jurídica e com mais de 25 anos de idade. O mandato dura oito anos, sem possibilidade de renovação. Em 2011, chegou ao fim o exercício de Didier Maus, conhecido jurista francês e indicado pelo copríncipe da França.

É a própria Corte Constitucional de Andorra que determina o procedimento de seus julgados. Ela é competente para apreciar ações de inconstitucionalidade contra leis, decretos e regulamentos do Conselho Geral; pedidos de declaração de inconstitucionalidade de leis e tratados; casos de proteção constitucional e conflitos entre órgãos constitucionais. Os debates e as votações são secretos e em 2011 o Tribunal recebeu 43 causas e resolveu 47.

Liechtenstein, microestado cravado nos Alpes entre Suíça e Áustria, também recebe bastante influência dos vizinhos. Com base na antiga Constituição de 1862, as últimas instâncias do Judiciário nacionais seriam exercidas por tribunais suíços e austríacos.

Criado pelo novo texto constitucional de 1924, o *Staatsgerichtshof* de Liechtenstein – "a coroa da Constituição" – é composto por cinco membros efetivos e por cinco suplentes que possuem mandato de cinco anos. No país, é dito que o Tribunal é a primeira corte europeia com amplas competências para realizar o controle abstrato e o concentrado de constitucionalidade, décadas a frente de seu famoso similar alemão, o *Bundesverfassungsgericht*.

Cercados por solo italiano, encontramos mais dois microestados: San Marino e Vaticano. Este, por conhecido motivo, tem características únicas, mas que não nos impede de fazer algumas considerações sobre seu sistema constitucional. É possível afirmar que o controle exercido no Vaticano é bastante concentrado, no seu sentido literal. A Lei Fundamental, outorgada pelo Papa João Paulo II, em 2001, firma o Sumo Pontífice como soberano e detentor do pleno poder do Legislativo, Executivo e Judiciário. Na prática, o único controle de constitucionalidade que há é o preventivo, já que, de acordo com a Lei Fundamental, projetos aprovados pelo Legislativo (a chamada Pontifícia Comissão para o Estado da Cidade do Vaticano, composta por cardeais indicados pelo Papa) devem ser submetidos à verificação do Pontífice.

Já a "Sereníssima República de San Marino", nome oficial desse microestado, cuja defesa nacional é feita por uma força de segurança pública composta por 50 pessoas, é a menor república do mundo. San Marino não tem uma Constituição oficial, mas uma série de documentos que remontam aos "Estatutos de 1600". Em 1974 foi promulgada uma lei com *status* constitucional, a "Declaração dos Direitos dos Cidadãos e dos Princípios Fundamentais da Ordem Constitucional de San Marino".

O órgão de defesa dos direitos fundamentais dos cidadãos é o "Colégio de Garantidores da Constitucionalidade das Leis e dos Procedimentos", instituído em 2002. Até então, o controle de constitucionalidade das leis era feito pelo Conselho Geral e pelo Grande Conselho, o Parlamento local, que, reunido no "Conselho dos 12", apreciava a validade de normas por ele mesmo elaboradas.

A corte suprema de San Marino é composta por três juízes titulares e três substitutos, que possuem mandato de quatro anos e são eleitos por membros do Parlamento e escolhidos dentre juristas com mais de 20 anos de experiência. A composição é feita de tal modo que a cada dois anos um terço da corte seja renovada.

O Colégio Constitucional tem a competência para julgar a constitucionalidade de leis e procedimentos a pedido de ao menos vinte conselheiros do Congresso; de cinco conselheiros municipais; de 1,5% dos eleitores ou a pedido de juízes ou das partes envolvidas em um caso julgado em cortes inferiores. Além disso, é responsável pela resolução de conflitos entre órgãos constitucionais, para determinar se referendos podem ser feitos e para realizar "intervenções de censura" nas atividades dos regentes.

Finalmente, Malta, país formado por três ilhas em um ponto considerado estratégico no mediterrâneo, recebeu forte influência britânica. Até 1964 esteve sob domínio do Reino Unido, quando se tornou uma democracia parlamentarista ligada ao *Commonwealth*. Uma década depois, transformou-se em república, por meio de reforma constitucional.

A Corte Constitucional maltesa foi instituída pela Constituição de 1964, o 11º texto constitucional que o país já teve – o primeiro é de 1813. É composta por apenas três juízes, sendo que um é eleito o Presidente da Corte e não há mais o cargo de vice, extinto em reforma recente.

O *site* do Poder Judiciário de Malta é moderno e bastante explicativo. De acordo com seu texto introdutório, a página se presta a indicar o trabalho dos "42 membros do Judiciário de Malta: 21 juízes e 21 magistrados". Um número que, sem dúvida, facilita qualquer ação no sentido de demonstrar a transparência desse órgão maltês.

A diferença entre juízes e magistrados é a instância nos quais estão lotados. Os juízes são membros das Cortes Superiores e precisam ter exercido advocacia em Malta por não menos do que 12 anos ou ter trabalhado com ou atuado como magistrado pelo mesmo período. Para ser magistrado, ou seja, ser julgador da primeira instância, deve-se ter experiência de sete anos na área do direito. Ambos os cargos são nomeados pelo *Prime Minister*.

Esses exemplos servem para demonstrar, ainda que em linhas gerais, como países com recursos geográficos, materiais e humanos quantitativamente limitados preservam sua ordem jurídico-constitucional.

Os microestados necessitam, muitas vezes, transferir funções essenciais e diretamente vinculadas ao seu poder soberano ao auxílio externo. Moldam sua soberania contando com o auxílio de nações vizinhas. Com arranjos que incluem participação de estrangeiros em seus Tribunais Constitucionais, firmam a jurisdição constitucional como importante meio de proteção dos direitos e garantias constitucionais nacionais.

Julgamento de Ações Afirmativas nos EUA Oferece Lições

THOMAZ H. JUNQUEIRA DE A. PEREIRA

Na última semana de junho, logo antes do recesso que põe fim a este ano judiciário, a Suprema Corte dos Estados Unidos finalmente se pronunciou sobre o caso *Fisher v. University of Texas*, no qual se discute a constitucionalidade do uso de critérios raciais no programa de ação afirmativa desta universidade[1] – pronunciamento aguardado desde as sustentações orais em outubro de 2012, e que se insere em uma série de precedentes da Corte sobre esse tema (já discutidos em outra coluna neste espaço[2]).

Muitos esperavam uma decisão significativa que alterasse substancialmente o entendimento consolidado em precedentes anteriores[3], ou mesmo fosse tragicamente além – caso os outro quatro juízes conservadores (Antonin Scalia, Clarence Thomas, John Roberts e Samuel Alito) conseguissem atrair Anthony Kennedy para o seu lado – e declarasse o fim da adoção de critérios raciais por programas de ação afirmativa nos

---

[1] http://www.supremecourt.gov/opinions/12pdf/11-345_l5gm.pdf.
[2] http://www.conjur.com.br/2012-out-13/observatorio-constitucional-licoes-eua-acoes-afirmativas.
[3] Reva Siegel, *A Restriction of the Status Quo: Fisher v University of Texas*. (http://ohrh.law.ox.ac.uk/?author=50).

Estados Unidos. No entanto, o que resultou foi uma decisão sustentada por uma maioria de sete votos, com apenas Ruth Bader Ginsburg divergindo (e Elena Kagan não participando do julgamento). Um decisão que segundo muitos basicamente confirmou a jurisprudência anterior sobre o tema – ou foi mesmo isso que ocorreu?

Na verdade o caso não foi encerrado. A maioria, liderada por Kennedy, decidiu que o tribunal inferior (*United Court of Appeals for the Fifth Circuit*) não aplicou adequadamente os critérios estabelecidos em *Grutter v. Bollinger* e *Regents of University of California v. Bakke* e, consequentemente, reenviou o caso ao tribunal para que ele o decida novamente.

O critério em questão, "*strict scrutiny*", é o mais intrusivo parâmetro para controle de constitucionalidade empregado pela Suprema Corte dos Estados Unidos – o mesmo adotado para invalidar leis segregacionistas do passado. Nas situações em que ele é o critério empregado (que incluem qualquer uso de classificações raciais), um ato só será considerado constitucional caso seja justificado por um interesse governamental convincente, seja estreitamente desenhado e seja o meio menos restritivo para alcançar seu objetivo. Um teste geralmente tão difícil de ser superado que muitos se referem a ele como "*strict in theory, but fatal in fact*" ("rigoroso na teoria, mas de fato fatal", em tradução livre).

Em *Fisher* o tribunal inferior manifestou deferência à experiência e especialidade da instituição de ensino tanto para decidir se diversidade é importante para sua missão acadêmica quando para determinar quais os meios mais adequados para atingir esse objetivo. No entanto, apesar de estar de acordo com a primeira parte, quanto à segunda, em vista dos requisitos de que tais políticas sejam desenhadas estreitamente e sejam o menos restritivas possível, a maioria afirmou caber ao tribunal verificar a sua adequação sem agir com deferência para com a universidade, que deve ser capaz de provar a compatibilidade de suas políticas com tais critérios.

É nesse ponto que residem as incertezas quanto ao significado de *Fisher*. Alguns consideram (ou esperam) que seja apenas uma reafirmação dos parâmetros de controle que já governavam tais políticas segundo *Grutter*[4]. Porém é possível que isso leve à aplicação de tal parâmetro de

---

[4] Linda Greenhouse, *Current Conditions* (http://opinionator.blogs.nytimes.com/2013/06/26/current-conditions/).

maneira mais rígida, ou signifique uma demanda exagerada em relação ao ônus da prova esperado das universidades. Sendo que qualquer dessas duas hipóteses levaria a uma maior dificuldade para que programas de ações afirmativas fossem capazes de passar pelo escrutínio judicial.[5]

É essa incerteza que poderia explicar tanto a concordância silenciosa de Roberts e Alito (que apenas assinaram a decisão majoritária), como aquela expressa nos votos individualizados de Scalia e Thomas. Este último reafirmando clara e longamente que, apesar de concordar com a decisão da maioria, gostaria de ir além e declarar a completa inconstitucionalidade de programas de ação afirmativa. Uma vez que, segundo Thomas, tais programas jamais poderiam passar pelo *strict scrutiny*. Esses juízes, incapazes de formar uma maioria nesse momento, podem assim esperar que a aplicação dessa decisão na prática alcance "de fato" os resultados que eles prefeririam, ou que a passagem do tempo permita compor uma nova maioria quando essa questão for novamente apreciada.

Essa mesma incerteza sobre os resultados práticos dessa decisão explica também o voto divergente de Ginsburg. Um voto vencido que serve duas funções: em primeiro lugar, manifestar a desnecessidade de se devolver o caso para o tribunal inferior, uma vez que este já teria avaliado adequadamente a política de ação afirmativa em questão – a qual seria perfeitamente constitucional. Em segundo, criticar aqueles que defendem que medidas que não usam expressamente critérios raciais, mas que são desenhadas de maneira a gerar maior inclusão racial de maneira indireta, seriam mais adequadas do que programas como o adotados nesse caso – que, portanto, não passaria no *strict scrutiny* por não ser o meio menos restritivo. Imaginar que um plano de admissão especialmente desenhado para produzir diversidade racial não é um caso de uso de raça seria, segundo Ginsburg, uma atitude que remete à famosa citação de Thomas Reed Powell: "Se você pensa que você pode pensar a respeito de uma coisa intrinsecamente ligada a outra coisa sem pensar na coisa em que está ligada, então você tem uma mente jurídica".

Apesar de os efeitos concretos de *Fisher* para o futuro dos programas de ação afirmativa ainda serem incertos, uma vez que dependem do rigor empregado por tribunais inferiores ao analisarem o desenho desses

---

[5] Jack Balkin, *Why Fisher is Important* (http://balkin.blogspot.com/2013/06/why-fisher-is-important.html).

programas e ao exigirem a produção de provas pelas universidades que os empreguem[6], três coisas parecem certas nesse momento:

(i) A busca por diversidade é um interesse público adequado a ser fomentado e o judiciário deve mostrar deferência para com instituições de ensino quanto à decisão em alcançar esse objetivo[7].

(ii) Cabe ao judiciário analisar detalhadamente se os meios empregados para atingir maior diversidade são efetivamente necessários, ou seja, se não haveria maneira menos restritiva de direitos de se atingir os mesmos objetivos. Uma decisão que coloca juízes no controle de tais programas, exercendo assim um papel potencialmente exagerado quanto ao desenho de políticas educacionais[8].

(iii) Políticas públicas que não empreguem critérios raciais expressamente, mesmo que tenham por objetivo alcançar maior diversidade racial, são constitucionais. Uma decisão que, por um lado, protege tais iniciativas de críticos conservadores que considerariam essas iniciativas igualmente inconstitucionais em vista de seus objetivos, mas por outro, coloca tais políticas como potenciais concorrentes aos programas de ação afirmativa que consideram raça expressamente, uma vez que seriam a alternativa constitucionalmente preferível à utilização de raça como um fator em processos seletivos.

As consequências de *Fisher* podem ser particularmente relevantes para a discussão brasileira porque tem ressonância nas discussões correntes sobre esse tópico em território nacional.

Da mesma maneira que a Suprema Corte, as decisões do Supremo Tribunal Federal[9] não deixam dúvida de que a busca de diversidade é um interesse público adequado a ser fomentado por meio de políticas públicas.

---

[6] Reva Siegel, *A Restriction of the Status Quo: Fisher v University of Texas*. (http://ohrh.law.ox.ac.uk/?author=50).

[7] Jack Balkin, *Why Fisher is Important* (http://balkin.blogspot.com/2013/06/why-fisher-is-important.html).

[8] Mary Dudziak, *Why Affirmative Action Took a Hit* (http://www.cnn.com/2013/06/24/opinion/dudziak-supreme-court-ruling/index.html).

[9] ADPF 186, ADI 3.330 e RE 597.285.

Também de forma análoga aos Estados Unidos, parece haver consenso no judiciário quanto ao seu próprio papel na verificação desenhada sobre a adequação específica do desenho de cada um desses programas – nos Estados Unidos por meio de "strict scrutiny", no Brasil por meio da "proporcionalidade".

Tal conjugação de controle judicial intrusivo e método de análise judicial detalhista, somados a certas idéias sobre programas que não utilizam expressamente critérios raciais, poderiam de tal maneira levar ao fim de programas de ações afirmativas, substituídos por programas que camuflam seus verdadeiros objetivos inclusivos, ou pior, sacrificam de fato esses objetivos no altar de uma pretensa neutralidade.

Quanto a isso, importante ter em mente que é grande a diferença entre, de um lado, discutir tais alternativas no âmbito do debate político, e de outro, afirmar tal posição como a única constitucionalmente permissível. Enquanto a primeira alternativa abre o tema para a discussão pública, a segunda potencialmente a encerra por trás de tecnicismos metodológicos e ônus probatórios irrealizáveis.

Em oposição a essa atitude, parece importante salientar mais uma vez o que se estrai do voto vencido de Ginsburg. Nele encontramos a humildade institucional da deferência às instituições de ensino quanto ao melhor desenho de seu próprios programas de inclusão. Mas encontramos também a coragem institucional de declarar que "entre opções constitucionalmente autorizadas, aquelas que expressam francamente considerações raciais são preferíveis àquelas que as ocultam". Exigindo assim que defensores e opositores de ações afirmativas discutam os méritos de suas opiniões de maneira clara, expressem o resultado desse debate em políticas públicas transparentes, e que o judiciário respeite o produto de decisões políticas e institucionais que objetivam alcançar fins constitucionalmente protegidos. Lições que merecem nossa atenção.

A Interação Entre a Suprema Corte e a Academia

Sérgio Antônio Ferreira Victor

No dia 28 de junho de 2012, a Suprema Corte dos Estados Unidos tornou conhecida sua decisão no caso *NFIB v. Sebelius*. Trata-se do julgamento sobre o *Affordable Care Act*. Apesar de recente, a decisão já é considerada um marco, seja pela repercussão do caso mesmo antes do julgamento, seja pela solução engenhosa construída pelo *Chief Justice* John Roberts para as intrincadas questões constitucionais que dividiram a Corte e a opinião pública norte-americana.

Os Estados Unidos são um país em que não há um sistema de saúde pública abrangente. A cobertura é deficiente e restrita, basicamente, a casos de emergência. Somando-se a isso o fato de que grande parcela da população não tem condições ou prefere não arcar com o pagamento de planos de saúde privados, tem-se como resultado um significativo déficit no que concerne à prestação de serviços de saúde à população em geral. Um dos principais pontos do programa de governo apresentado durante a campanha eleitoral do Presidente Obama foi exatamente a aprovação de lei que veiculasse uma política pública ampla, capaz de dar a todo cidadão norte-americano acesso à saúde em patamares minimamente aceitáveis.

Eleito Presidente dos Estados Unidos, Obama foi buscar na Academia, mais precisamente na *Harvard Law School*, a colaboração de Cass Sunstein, sem dúvida um dos mais prestigiados acadêmicos de Direito daquele país na atualidade. Obama e Sunstein lecionaram juntos na Faculdade de Direito de Chicago, berço político do Presidente. Foi nesta faculdade que Obama pode notar a inovadora abordagem do Direito proposta pelo professor, muitas vezes baseada no que se denomina *behavioral economics*. Desde a campanha presidencial, Sunstein demonstrou ser ativo colaborador de Obama. Convidado pelo Presidente eleito para trabalhar na Casa Branca como administrador-chefe do poderoso *Office of Information and Regulatory Affairs – OIRA*, Sunstein tomou posse no cargo e, desde o princípio, foi apelidado pela imprensa norte-americana de *'Regulatory czar'*.

Em uma de suas obras mais recentes – *Nudge: o empurrão para a escolha certa* –, escrita em parceria com o economista Richard Thaler, Sunstein pretende demonstrar que avanços significativos podem ser atingidos por meio de "cutucões" que direcionem as pessoas rumo às melhores escolhas. Os autores querem dizer que não é preciso criar regras que obriguem os indivíduos a agir nesse ou naquele sentido, o que implicaria cerceamento da liberdade de escolha individual, mas apenas estabelecer normas que estimulem, sem obrigar, determinados comportamentos.

Esse espírito e essa forma de pensar estão por trás da elaboração do chamado *Health Care Act*. O diploma legislativo, aprovado pelo Congresso norte-americano após calorosos debates entre republicanos e democratas, possui um ponto que gerou especial polêmica: a lei criou o que os americanos chamam de *individual mandate*, isto é, obrigou os indivíduos (com exceção de uma minoria) a optar entre contratar um plano de saúde privado (comprovando-o na declaração anual de imposto de renda) ou arcar com uma multa em razão da não contratação. A Suprema Corte respaldou esse ponto da lei.

Para demonstrar a interação entre a Corte e a Academia é importante destacar o fato de as manifestações dos professores de Direito terem acontecido em grande intensidade durante os vários momentos da discussão acerca do *Health Care Act*. Antes de proferida a decisão, os docentes mais respeitados dos Estados Unidos escreveram diversos artigos – publicados em jornais, *sites* especializados, *blogs*, entre outros meios – emitindo suas respectivas opiniões sobre o caso, e ofertando à comunidade jurídica, à sociedade em geral e aos juízes da própria Suprema Corte as suas análises da matéria em debate.

Vale ressaltar a relevância, nesse debate, de dois expoentes da Academia jurídica norte-americana: Ronald Dworkin, professor de Filosofia e de Direito da *New York University*; e Jack Balkin, professor de Direito Constitucional da *Yale Law School*. Ambos publicaram artigos sobre o *Health Care case* na imprensa americana antes e depois de proferida a decisão pela Suprema Corte.

Dois meses antes da prolação da decisão, Balkin escreveu o artigo intitulado *The Health Care Mandate Is Clearly a Tax – and Therefore Constitutional*. No texto, o professor afirma que o *individual mandate* enquadra-se à perfeição na definição de tributo de qualquer manual de Direito norte-americano: serve ao bem-estar geral, gera receita para o governo e não é uma pena no sentido criminal. Ademais, a disposição altera uma lei tributária (*Internal Revenue Code*) e cria taxa calculada com base na renda das pessoas, cuja sistemática de apuração dá-se por meio da declaração de renda individual anual.

O Partido Democrata sempre fez constar do debate o argumento de que o *individual mandate* é um tributo, mas não quis realçar este ângulo da questão, porque o Presidente Obama prometeu, durante sua campanha, que não criaria ou aumentaria impostos incidentes sobre pessoas de renda inferior a dado valor, bem como reiterou, em entrevista, que o dispositivo não criava tributo. Politicamente a questão era delicada, por isso Balkin oferecia uma solução que evitava o debate acerca da abrangência dos poderes do Congresso de regular o comércio. Por outro lado, os Republicanos, opositores da medida, não queriam conceder a saída mais fácil ao Governo e, portanto, firmavam posição no sentido da inconstitucionalidade do *mandate*, por violação à *Commerce Clause*. Ressalte-se, ainda, que é objetivo dos Republicanos restringir a interpretação dessa cláusula constitucional.

Os quatro juízes liberais (Ruth Bader Ginsburg, Stephen Breyer, Sonia Sotomayor e Elena Kagan) declararam a constitucionalidade do *individual mandate*, pois entenderam que o Congresso apenas regulara o comércio, o que estaria autorizado pela *Commerce Clause*. Outros quatro (Antonin Scalia, Anthony Kennedy, Clarence Thomas e Samuel Alito), de viés conservador, declararam a inconstitucionalidade da lei neste ponto, entendendo que o Congresso não estava a regular comércio existente, mas a obrigar os indivíduos a comerciar, isto é, a contratar planos de saúde. A solução seria dada pelo voto de John Roberts, o presidente da Suprema Corte, por lá chamado de *Chief Justice*.

O voto do *Chief Justice* não ignorou as ponderações do professor Jack Balkin. Tido como conservador e indicado para o comando da Corte pelo ex-Presidente George W. Bush, Roberts declarou a constitucionalidade do *individual mandate*, juntando-se, quanto ao resultado, aos quatro juízes liberais. Todavia, fundamentou seu voto de modo distinto, pois acatou a tese antecipada por Balkin ao afirmar tratar-se de um tributo. Roberts, no entanto, não passou ao largo da interpretação da *Commerce Clause*. Afirmou expressamente que a Constituição atribuiu ao Congresso o poder de regular o comércio, não de obrigá-lo. Isso significaria uma licença para que o Legislativo federal regulasse o que as pessoas não fazem, incrementando sobremaneira sua autoridade.

Ultrapassada a questão e fixada a interpretação restritiva da *Commerce Clause*, Roberts prosseguiu afirmando que o Congresso goza de legitimidade democrática e que o Judiciário está obrigado a considerar todas as interpretações possíveis, desde que razoáveis, para evitar declarar a inconstitucionalidade de uma lei federal. Dessa forma, ainda que admitisse não se cuidar da interpretação mais comum ou natural, o *Chief Justice* assentou ser o *mandate* um imposto e, portanto, protegido pela cláusula da Constituição que confere ao Congresso poderes para criar tributos.

O professor Ronald Dworkin publicou artigo analisando a decisão cerca de dez dias após a sua prolação. Intitulado *Why did Roberts Change His Mind?*, o texto parte do pressuposto de que o *Chief Justice* não votaria, de início, como terminou por votar. Essa assertiva é corroborada por vários professores que analisaram o voto de Roberts, os quais afirmam que, até mesmo por algumas características do texto e da linguagem utilizada, pode-se perceber que o juiz teria alterado sua posição na última hora.

Dworkin, procurando entender as razões pelas quais o conservador Roberts salvara a essência do programa de Obama – o *individual mandate* – afirma que, na condição de Presidente da Suprema Corte, Roberts deve zelar pela respeitabilidade e legitimidade da instituição. Informa, então, que pesquisas de opinião concluíram que a população vem se convencendo (por conta da série de decisões prolatadas por placar de 5x4, em razão de uma divisão político-ideológica) que a Suprema Corte não é propriamente um Tribunal de Justiça, mas apenas outra instituição política, não merecedora de especial respeito. Tomado por essa preocupação, Roberts teria aproveitado este caso de grande publicidade e decidido contra suas próprias convicções políticas. Agindo assim, pretenderia dar mostras de independência e de que a Suprema Corte não é apenas mais uma instituição política.

O fato do voto de Roberts declarar a constitucionalidade do *mandate*, ponto essencial da principal peça legislativa da Administração de Obama, por um lado, e, por outro, conferir interpretação restritiva à *Commerce Clause*, levou Dworkin a acreditar que sua intenção, a par de preservar a Corte de possível desconfiança por parte da opinião pública, foi abrir caminho para uma série de decisões de viés conservador que deverá editar neste e nos próximos anos. O professor afirma que a *Corte Roberts* tentará eliminar ou restringir a política de cotas raciais para ingresso nas universidades, proibir avanços relativos à questão do casamento homossexual, bem como restringir ou abolir o aborto naquele país. O *Chief Justice* Roberts teria feito uma concessão ao Governo e à opinião pública visando reforçar a legitimação da Corte para futuras decisões conservadoras.

O *Health Care case*, considerado em sua amplitude, demonstrou uma grande interação entre professores de Direito e a Suprema Corte. A peça legislativa, tal como pensada e redigida, transparece a grande influência que Cass Sunstein exerceu em sua concepção, na qualidade de membro importante da Administração de Obama. Ressalte-se que Sunstein, logo após a prolação da decisão da Corte, resolveu deixar o Governo e voltar à docência na *Harvard Law School*. Deve-se salientar, também, que Jack Balkin antecipou em grande medida a solução engendrada por Roberts, bem como que Ronald Dworkin, além de críticas, fez previsões interessantes e polêmicas concernentes aos prováveis próximos julgamentos da Corte, cujos resultados podem reforçar seu ponto de vista sobre a posição adotada pelo *Chief Justice* Roberts. Que essa profícua interação nos sirva de exemplo e nos estimule ao diálogo.

Médicos Cubanos e o Art. 4º da Constituição

Ana Paula Carvalhal

O Professor Ives Gandra da Silva Martins, em artigo publicado no jornal Folha de São Paulo em 17 de fevereiro desse ano, ao analisar o Contrato firmado com a sociedade "Mercantil Cubana Comercializadora de Serviços Médicos Cubanos S/A" à luz do art. 7º da Constituição brasileira, concluiu que a contratação de médicos cubanos no âmbito do programa Mais Médicos do governo federal "consagra a escravidão laboral não admitida no Brasil".[1]

Ao analisar o Contrato firmado entre o Brasil e Cuba (via empresa cubana de comercialização de serviços médicos), com a intermediação da Organização Pan Americana de Saúde – OPAS, destacou as seguintes cláusulas:

i) Cláusula 2.1, j, que determina que o médico receberá 400 dólares no Brasil e 600 dólares em Cuba como contraprestação pelo serviço prestado, valor muito inferior aos R$ 10.000,00 reais pagos pelo governo brasileiro diretamente aos demais médicos do programa, brasileiros ou estrangeiros;

ii) Cláusulas 2.1, n, e 2.2, r, que estabelecem o dever de confidencialidade sobre as informações não tornadas públicas e qualquer dado fornecido por Cuba ou pelo Brasil;

---

[1] Disponível em: http://www1.folha.uol.com.br/opiniao/2014/02/1413133-ives-gandra-da-silva-martins-o-neoescravagismo-cubano.shtml (acesso em 27/03/2014).

iii) Cláusula 2.2, e, que proíbe que o médico cubano que vier para o Brasil exerça qualquer outra atividade sem a expressa autorização da "máxima direção cubana no Brasil";
iv) Cláusula 2.2, j, segundo a qual o casamento de cubano com não cubano no Brasil se submete à legislação cubana;
v) Cláusula 3.5, que estabelece punição para o profissional que abandonar o programa, segundo os termos da legislação cubana.

Para Ives Gandra, estas cláusulas evidenciam que a contratação viola os artigos 1º, III (dignidade da pessoa humana) e IV (os valores sociais do trabalho e da livre iniciativa); art. 3º, IV (proibição de qualquer forma de discriminação); art. 4º, II (prevalência dos direitos humanos como princípio vetor das relações internacionais); art. 5º, I (princípio da igualdade), III (tratamento desumano ou degradante), XV (livre locomoção em território nacional) e art. 7º, XXX (proibição de diferença de salário) e XXXIV (igualdade entre trabalhador com vínculo permanente e sem vínculo), entre outros.

A par das polêmicas que envolvem o programa Mais Médicos como um todo, o tratamento diferenciado dispensado aos médicos cubanos desperta algumas dúvidas quanto ao porque desta diferença de tratamento dispensada pelo Brasil: Por que um médico cubano é contratado via OPAS e recebe um valor inferior aos outros médicos estrangeiros, que são contratados diretamente pelo governo brasileiro e recebem o mesmo tratamento que os médicos brasileiros?

De início, a falta de transparência no processo de contratação dos médicos cubanos já chama a atenção. Em plena vigência da Lei de Acesso à Informação (Lei Federal nº 12.527/2011) é de se estranhar que o contrato não tenha sido disponibilizado no site do Ministério da Saúde para controle da população, só tendo vindo a público no Brasil quando uma médica cubana resolveu romper com o contrato[2]. Também não se entende as normas sobre confidencialidade estabelecidas no contrato, especialmente em relação à informações repassadas pelo Brasil.

Mas o que mais desperta dúvidas sobre a sua constitucionalidade é, sem dúvida, o tratamento desigual em relação aos outros médicos do

---

[2] O contrato foi disponibilizado pela médica Ramona Matos Rodriguez ao romper com o programa. Disponível em: http://oglobo.globo.com/pais/mais-medicos-por-contrato-cubana-so-podia-passar-ferias-na-ilha-11517724 (acesso em 27/03/2014).

programa e as restrições aos seus direitos e liberdades, garantidos pela Constituição aos brasileiros e estrangeiros no território brasileiro.

As cláusulas que fazem remissão à legislação cubana, especialmente em relação ao casamento com não cubanos e punições por abandono do programa, deixam claro que trata-se de um contrato com o governo cubano. Ou seja, trata-se de ato do governo brasileiro que deve submeter-se aos princípios que regem suas relações internacionais, nos termos do art. 4º da Constituição de 1988.

A importância do art. 4º da Constituição é destacada por Celso Lafer ao identificar em seu inciso II (prevalência dos direitos humanos) a "clara nota identificadora da passagem do regime autoritário para o Estado democrático de direito". Em suas palavras:

> Este princípio afirma uma visão do mundo – que permeia a Constituição de 1988 – na qual o exercício do poder não pode se limitar à perspectiva dos governantes, mas deve incorporar a perspectiva da cidadania.[3]

Celso Lafer identifica no art. 4º o "marco normativo a partir do qual o Executivo, no exercício de suas competências, traduz os interesses nacionais em ação diplomática do país", cujos princípios funcionam como diretrizes para as ações de política externa brasileira, tornando possível a fiscalização e o controle político pelo Congresso Nacional (cf. CF, art. 49, X) e pela opinião pública e, inclusive, o controle jurídico por meio da apreciação de constitucionalidade.[4]

A possibilidade de controle jurisdicional dos atos do governo brasileiro no âmbito de suas relações internacionais a partir do princípio constitucional da prevalência dos direitos humanos foi defendida por Eduardo Pannunzio em tese de doutorado apresentada à Faculdade de Direito da USP[5].

---

[3] LAFER, Celso. A Internacionalização dos Direitos Humanos: Constituição, racismo e relações internacionais. Barueri, SP: Manole, 2005, p. 14-15.
[4] LAFER, Celso. A Internacionalização dos Direitos Humanos: Constituição, racismo e relações internacionais. Barueri, SP: Manole, 2005, p. 19.
[5] PANNUNZIO, Eduardo. A judicialização das relações internacionais no Brasil em face do princípio constitucional da prevalência dos direitos humanos. Tese de Doutorado. Faculdade de Direito da Universidade de São Paulo, 2012.

Destaca o autor que "em várias ocasiões, atos e decisões do Estado na área de política externa têm sido objeto de críticas, justamente por colocar o respeito e promoção dos direitos humanos em um plano inferior a outros objetivos políticos", o que justifica a necessidade de submeter tais atos ao controle jurisdicional. As normas conformadoras da política externa trazidas pela Constituição de 1988 tornaram as relações internacionais tema jurídico-constitucional, com todas as implicações daí decorrentes, a ensejar o controle dos atos estatais na matéria.

Defende o autor que tal controle permitirá "rever os alicerces de uma cultura político-jurídica que assegura ao Executivo, no plano externo, uma relativa imunidade frente aos mecanismos de freios e contrapesos que operam no âmbito doméstico", especialmente a partir do dever imposto ao Estado brasileiro pelo art. 4º, II, de adotar posturas sempre coerentes com a prevalência dos direitos humanos.

A partir do princípio vetor estabelecido pelo art. 4º, II, da Constituição, a contratação de médicos cubanos pelo governo brasileiro deve guiar-se não só pelos direitos humanos previstos em tratados internacionais ratificados pelo Brasil, como pelos próprios direitos fundamentais estabelecidos pela Constituição brasileira. Tais princípios determinam que alegações quanto à soberania cubana ou à relativização dos direitos humanos sejam afastados em prol de um tratamento igualitário e livre aos cidadãos que, independentemente de sua nacionalidade, relacionarem-se com o Estado brasileiro.

O programa federal é objeto de impugnação junto ao Supremo Tribunal Federal em duas ações diretas de inconstitucionalidade (ADI nº 5035 e ADI nº 5037). O relator, Ministro Marco Aurélio, já realizou, inclusive, Audiência Pública para instruir a matéria, permitindo a participação da sociedade civil na análise de tema tão relevante para o respeito dos direitos humanos no Brasil.

Acreditamos que a decisão do Supremo, além de outros dispositivos, poderá lançar luzes sobre o papel fundamental do art. 4º na limitação da discricionariedade dos atos estatais dedicados às relações internacionais brasileiras, especialmente quando tais atos podem atingir direitos fundamentais, quer de cidadãos brasileiros, quer de estrangeiros, especialmente quando estes estrangeiros estiverem em território brasileiro e prestando relevante serviço ao Brasil.

SOBRE OS AUTORES

Ana Paula Carvalhal
Doutora em Direito Do Estado pela USP. mestre em Ciências Jurídico-Políticas pela Universidade de Coimbra. Assessora de Ministro do STF. Professora Universitária.

André Rufino do Vale
Procurador Federal e Professor do Instituto Brasiliense de Direito Público (IDP). Doutor em Direito pela Universidad de Alicante (Espanha) e pela Universidade de Brasília e mestre em Direito pela Universidade de Brasília e em Argumentação Jurídica pela Universidad de Alicante.

Beatriz Bastide Horbach
Mestre em Direito pela Eberhard- Karls Universität Tübingen, Alemanha. Assessora de Ministro do Supremo Tribunal Federal.

Bruno Vinícius Da Rós Bodart
Master of Laws (LL.M.) pela Harvard Law School (2018). Mestre em Direito Processual pela Universidade do Estado do Rio de Janeiro (2012).

Carlos Bastide Horbach
Advogado em Brasília, professor doutor de Direito Constitucional da Faculdade de Direito da USP e professor do programa de mestrado e doutorado em Direito UniCEUB.

Celso de Barros Correia Neto
Doutor em Direito pela USP, assessor de Ministro do STF e professor da graduação e do mestrado da Universidade Católica de Brasília e da pós-graduação *lato sensu* do Instituto Brasiliense de Direito Público.

Christine Oliveira Peter da Silva
Doutora em Direito, Estado e Constituição pela UnB. Professora de Direito Constitucional do UniCeub. Assessora de Ministro do Supremo Tribunal Federal.

Eliardo Teles
Advogado, professor de direito do Centro Universitário de Brasília – UNICEUB, doutorando em direito pela École des Hautes Études en Sciences Sociales – EHESS, de Paris

Fábio Lima Quintas
Editor-chefe do Observatório da Jurisdição Constitucional

Gilmar Ferreira Mendes
Ministro do Supremo Tribunal Federal. Doutor e Mestre em Direito pela Universidade de Münster, Alemanha. Professor de Direito Constitucional nos cursos de graduação e pós-graduação da Faculdade de Direito da Universidade de Brasília (UnB) e do Instituto Brasiliense de Direito Público (IDP).

Jorge Octávio Lavocat Galvão
Procurador do Distrito Federal, Mestre em Direito pela New York University (NYU), Doutor em Direito Constitucional pela Universidade de São Paulo (USP) e Visiting Researcher – Yale Law School (2012).

José Levi Mello do Amaral Júnior
Professor de Direito Constitucional da Faculdade de Direito da USP e do Programa de Mestrado e Doutorado em Direito do UniCEUB. Procurador da Fazenda Nacional.

José S. Carvalho Filho
Doutorando em Direito Público pela Sciences-PO/Aix-Marseille Université (França). Analista judiciário do Supremo Tribunal Federal.

Lenio Luiz Streck
Jurista, professor de Direito Constitucional e pós-doutor em Direito.

SOBRE OS AUTORES

Léo Ferreira Leoncy
Professor Adjunto de Direito Constitucional da UFMG. Doutor em Direito do Estado pela USP. Mestre em Direito pela UnB. Procurador do Distrito Federal.

Luciano Felício Fuck
Professor no Instituto Brasiliense de Direito Público, doutorando em Direito pela Universidade de São Paulo, Mestre em Direito pela Ludwig--Maximilians-Universität de Munique e membro do conselho editorial do Observatório da Jurisdição Constitucional.

Marcelo Casseb Continentino
Doutor em Direito, Estado e Constituição pela Universidade de Brasília (UnB)/Università degli Studi di Firenze. Mestre em Direito (UnB). Procurador do Estado de Pernambuco e Advogado.

Marco Túlio Reis Magalhães
Doutorando em Direito, mestre em Direito pela Universidade de Brasília, membro do Conselho Editorial do Observatório da Jurisdição Constitucional, e Procurador Federal (AGU) em Brasília-DF

Rodrigo de Bittencourt Mudrovitsch
Advogado, professor do IDP, mestre em direito público pela UnB e doutorando em direito constitucional pela USP.

Rodrigo de Oliveira Kaufmann
Professor de Direito Constitucional e de Filosofia do Direito em cursos de graduação e pós-graduação em Brasília. Foi assessor e chefe de gabinete de três ministros do Supremo Tribunal Federal. Doutor em Direito, Estado e Constituição pela Universidade de Brasília (UnB), mestre em Direito e Estado (UnB).

Sérgio Antônio Ferreira Victor
Doutor em Direito do Estado pela Universidade de São Paulo. Mestre em Direito e Políticas Públicas pelo Centro Universitário de Brasília. Professor de Direito do Centro Universitário de Brasília – UniCeub e do Instituto Brasiliense de Direito Público – IDP, onde também é Coordenador

Adjunto do Programa de Mestrado em Direito Constitucional. Membro do Conselho Editorial do Observatório da Jurisdição Constitucional. Assessor de Ministro do Supremo Tribunal Federal.

Thomaz H. Junqueira de A. Pereira
Doutorando (J.S.D. candidate) e Mestre (LL.M.) em Direito pela Yale Law School, Mestre em Direito Empresarial pela PUC-SP, Mestre em Direito Processual Civil e Bacharel em Direito pela USP. Pesquisador do Centro de Justiça e Sociedade da FGV Direito Rio.